日本再興

世界が江戸革命を待っている

増田悦佐

Etsusuke Masuda

ビジネス社

はじめに

権力が集中したり分散したりするタイミングが、遠く離れた地域で一致することがある。西暦0年前後の約50年間、西暦1000年前後の約50年間、ユーラシア大陸の西と東の端で、ほぼ同時に急激に集中した権力が一転して分散に向かった。

昨今の世界情勢を見ていると、どうやら今回、西暦2000年前後の50年間も同じような展開となりそうだ。同時性を示す理由はよくわからないが、集中が極点に達したときに分散に転ずるメカニズムから、いろいろと学べることはある。

第1章では、古代ローマの共和制から帝政への転換と、前漢《ぜんかん》と後漢《ごかん》にはさまった一代限りの新王朝について、その役割を検討する。またキリスト教も儒教もそれぞれの文明圏の権力移動の混乱の中で、後世に多大な影響を及ぼすきっかけをつかんだことを指摘する。

第2章では、980〜1030年の神聖ローマ帝国、東ローマ帝国、北宋《ほくそう》について、やはり権力集中から分散への同時性を跡付ける。この章では、千年王国の到来が500年遅れて1500年になるという「予言」と、神聖ローマ帝国・スペイン王国同君連合のピークが一致していることも考察する。

第3章では、日本はこの2度の混乱期を巧みにやり過ごしてきたことを紹介し、成功の要因をさぐる。ひとつは日本が政治を離れても魅力的な貿易相手であったことであり、もうひとつは日本には戦争の到来を前もって察知する嗅覚《きゅうかく》があったのではないかということだ。

第4章では、その嗅覚を育てた最大の「功労者」は、日本列島がひんぱんに自然災害の起きる地域だったことではないかと考察する。大きな自然災害の頻発は、日本独特の権力分かち合いのシステムを誘発した。日本の権力闘争は殺す情熱ではなく、産み育てる情熱で貫かれていたことを明らかにする。

第5章では、第二次世界大戦後、いかにして戦争は戦争もどきに変質したかを説明する。また戦争が損得勘定では引き合わないものだとわかるにつれて、戦争が起きる頻度は下がるが、唯一引き合わない戦争に踏み切る国があるとすれば、それは宗教的な勢力が強い国だと予測する。

日本はおそらく世界でただ一国、信仰の自由だけではなく信仰からの自由も確立した国として、戦争のない恒久平和の世界を実現するために多大な貢献ができる。

第6章では、現代の世界経済が抱える最大の問題は、明らかにサービス化した経済の中で投資の役割は縮小すべきであるにもかかわらず、経済権力を握っている巨大寡占企業と大手金融機関が過剰投資によって、自分たちの権力を守ろうとしていることにあると分析する。

再生エネルギーによる二酸化炭素排出量削減も、新型コロナに関するワクチン接種の常態化も、意図的に過剰投資・重複投資を推進する努力の一環と見ると納得がいく。

第7章では、日本人があまり気づいていない日本経済の強さについて興味深いデータを俎上《そじょう》に乗せる。

またサービス化経済では必ずしも規模の拡大を目指すべきではないにもかかわらず、欧米の経済研究者の多くが「規模の経済」という固定観念にとらわれていることを示す。

第8章では、江戸時代の日本がサービス化経済の究極の姿を先取りしていたことを提示するとともに、なぜ明治維新によって克服されなければならなかったかを解明する。そして希望と一抹の不安が交錯する中で、世界から孤立していたからこそ可能だった平和な江戸を世界規模に広げる条件は整いつつあると主張する。

千年に一度の世界史のうねりを縦糸に、現代世界経済に漂う閉塞《へいそく》感を横糸に、災害列島日本を相手に独自の発展を遂げた日本人の資質を現状打破にどう役立てるか、考えてみた。ぜひ、ご批判、ご叱正《しっせい》を頂戴《ちょうだい》したい。

なお本文中の引用箇所の多くで著者名とページ数のみを記載し、著者、タイトル、出版社、出版年次はまとめて巻末の参考文献一覧に表示させていただいた。大変失礼な引用法となってしまったが、ご寛恕《かんじょ》いただければ幸いです。

第3章　世界から消えたり、また出たりする不思議の国

第4章 災害列島の恵みを再認識しよう

第5章 信仰からの自由が無戦争時代をリードする

第6章　経済の主導権を握るのは投資か、消費か？

第7章　欧米諸国は日本の何を恐れているのか

第8章　地球には今、江戸時代が必要だ！

第1章

最初の権力溶解期、紀元前20～紀元30年

なぜか千年に一度の周期で集中した権力が溶解する

世界史には、ほとんど交流のなかった地域でほぼ同じころに同じような現象が起きるという奇妙な同時性を示す時期がある。権力の集中・一元化傾向が分散・多元化傾向に激変するタイミングのみごとな一致がよい例だろう。

西暦で紀元前20年から紀元30年までの50年間は、権力が集中・一元化の急坂を登り詰めたとたんに、崖《がけ》から転げ落ちるように分散・多元化に向かう時代だった。もしこれが当時は共和制から帝政へと移行しつつあったローマを中心に、ヨーロッパだけで見られる現象だったとしたら、聖書の中の『ヨハネ黙示録』の影響を受けた初期キリスト教徒たちみんながそう考えたので、結果的に「自己実現的予測」になったという説明が付くかもしれない。

関連箇所を引用しておこう。

彼は、悪魔でありサタンである龍、すなわち、かの年を経たへびを捕えて千年の間つなぎおき、そして、底知れぬ所に投げ込み、入口を閉じてその上に封印し、千年の期間が終るまで、諸国民を惑わすことがないようにしておいた。その後、しばらくの間だけ解放されることになっていた。

また見ていると、かず多くの座があり、その上に人々がすわっていた。そして、彼らにさばきの権が与えられていた。また、イエスのあかしをし、神の言を伝えたために首を切られた人々の霊がそこにおり、また、獣をもその像をも拝まず、その刻印を額や手に受けることをしなかった人々がいた。彼らは生きかえって、キリストと共に千年の間、支配した。

……千年の期間が終ると、サタンはその獄から解放される。

『ヨハネの黙示録』(口語訳)、ウィキソースより引用

いや、『ヨハネ黙示録』自体が書かれたのは2世紀で、397年にカルタゴで開かれた会議で新約聖書正典に収録すると決められたのだから、やはり紀元前20～紀元30年の世界情勢に影響を及ぼすわけがない。ただ980～1030年の転換期については、当時のヨーロッパに生きていたキリスト教徒たちのあいだでは、自己実現的予測になっていた可能性もある。

しかし、この急激な権力集中から崩壊への激変は、紀元前20～紀元30年当時のユーラシア大陸の西と東の端にあった二大国ローマと前漢でほぼ同時に起きていた。さらに西暦980～1030年もまったく同じようにユーラシア大陸の東西で集中・一元化を極めた権力が、もろくも崩壊する時代だった。

西側から挙げていくと、神聖ローマ帝国、東ローマ帝国、北宋帝国が、このころ中央集権化のピークに登り詰め、その後急速に権力が分散する時代に入っていった。なお紀元1000年が世界の終わりとならなかったのを見たキリスト教徒たちのあいだでは、なんらかの理由で終末は500年遅れて1500年前後に起きると唱える人々がいた。

実際に神聖ローマ帝国は「神聖ローマ帝国の大愚図《おおぐず》」と呼ばれ強敵が現われれば逃げ回るだけで、とにかく長生きしたフリードリヒ三世（在位1452〜93年）の治世末期から、「中世最後の騎士」と呼ばれたその息子マクシミリアン一世（同1493〜1519年）の治世にかけて急激に求心力を強めていた。

しかし次代皇帝でスペイン国王も兼ねたカール五世（神聖ローマ皇帝としての在位1519〜56年、スペイン国王カルロス一世としての在位1516〜56年）は、1527年にローマ教皇を懲罰するための軍勢を「永遠の都」ローマに差し向けた。悪名高いローマ劫掠《ごうりゃく》だ。この事件を節目に神聖ローマ帝国は、またしても権力の分散・多元化へと急転していく。

そう考えると、東ローマ帝国の首都コンスタンティノープルがオスマントルコ軍によって陥落したのは1453年。1500年終末説を唱える人たちからすれば、約半世紀繰り上がってしまっただけなのかもしれない。

となれば当然1980〜2030年もまた、集中・一元化の極限に達した権力があっという間に崩壊する時期に来ていると見ることもできるだろう。しかも世界経済で1位、2位を占めるアメリカと中国がそろってグローバル化＝環球化を呼号しているのだから、今回の権力溶解は全地球規模で進むことになる。

紀元前20～紀元30年、生まれたばかりの帝政ローマの権力が溶解した

紀元前30～20年、ユーラシア大陸の西側、中東・地中海世界では、皇帝となる野望を隠さなかった大伯父カエサルが紀元前44年に暗殺された経緯を熟知するオクタウィアヌスが着々と皇帝への道を登り詰めようとしていた。彼は紀元前31年にギリシャ西岸の海峡を扼《やく》する戦略的拠点アクティウムの海戦でカエサル後継者争いの宿敵アントニウスとエジプト女王クレオパトラの連合軍を破ると、一気にエジプトの首都アレキサンドリアまで陥落させた。

そして紀元前27年に、元老院から賦与《ふよ》されてきたあらゆる地位を元老院に返還して「権威において突出するも、権力は他の元老院議員と同等」と宣言する大芝居を打った。こうしてオクタウィアヌスは尊厳なるもの《アウグストゥス》として皇帝（在位紀元前27～紀元14年）の位に就く。慎重さと大胆さを兼ね備えた計略によって多くの元老院議員たちが喝采する中、まんまと永世元首の座を手に入れたわけだ。

主としてカエサルとオクタウィアヌスが拡大したローマの版図は、次の地図に見るとおりだ。

護民官として民衆の権利擁護に奮闘したグラックス兄弟の改革（紀元前133～122年）は失敗に終わっていた。そして紀元前43年にオクタウィアヌス、アントニウス、レピドゥスの第二回

ローマの紀元14年頃までの版図

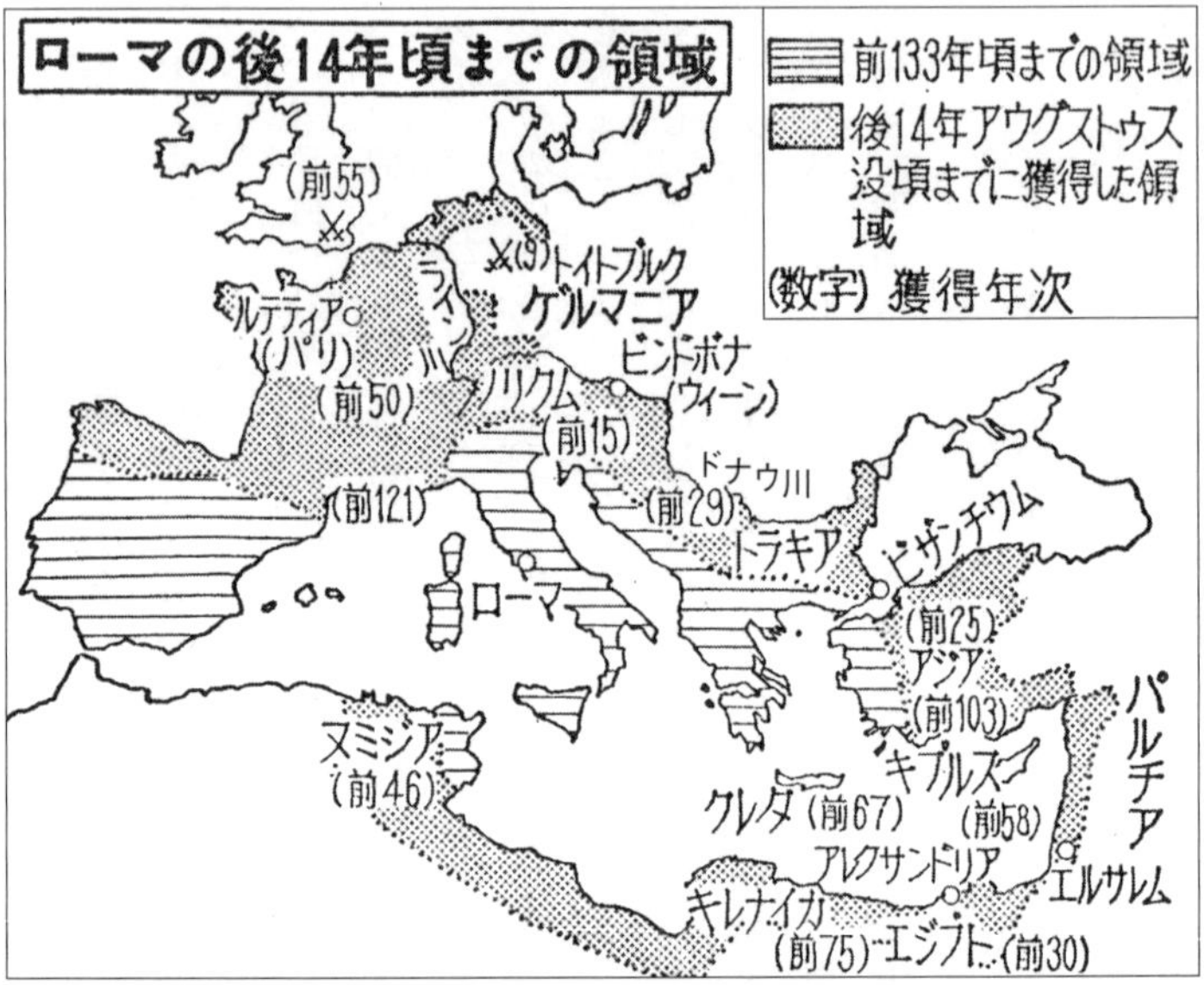

出所：三省堂編修所編『地図対照　世界史年表――改訂増補版』(三省堂、1975年)、32ページより引用

三頭政治が成立した共和制末期のローマは、元老院議員・騎士、その他の自由民、奴隷《どれい》という3層からなる身分制度が乱れに乱れていた。祖父までさかのぼって自由民でなければ、ほんものの自由民の資格はないとされていたのに、奴隷の息子やときには逃亡奴隷が軍隊の指揮を執ったりしていたのだ。

奴隷が軍隊に所属すること自体、伝統主義者にとっては「世も末」としか表現しようのない事態だった。紀元1～2世紀に実在したかもしれないマルクス・シドニウス・ファルクスなる人物著とされる『奴隷のしつけ方』では、富裕層が小規模自由農民の土地を奪って奴隷に耕作させることの卑劣さをこう表現している。

この新たな大土地所有者たちは、買い

上げた農地を元の持ち主である農民に耕させたわけでもなければ、ほかから自由農民を雇ってきて耕させたわけでもなく、奴隷を買ってきて農作業をさせたのである。なぜかというと、奴隷は兵役に駆り出される心配がないからだ。戦争が多かったので、自由人であればいずれ戦に行くことになるのは目に見えていた。兵役はあくまでも自由人の義務であって、信頼できない奴隷を軍に入れることなど考えられもしなかったのだから。

（同書、22～23ページ）

そういう著者自身がかなり広い土地と大勢の奴隷を所有していたのだから、古代ローマにおける奴隷制がいかに普及していたかわかる。マルクスによれば、奴隷を使役することにはもうひとつの利点があった。

奴隷はたくさんの子供を産むので、主人にとって大いに利益になる……。この二つの利点によって大土地所有者はますます豊かになり、同時に奴隷人口も急増した。逆に、イタリア半島の自由人の人口は少なくなり、その中の貧しい人々は長い兵役と税に圧迫されてますます貧しくなっていった。つかの間兵役から解放されたとしても、仕事がないので稼ぎようがない。土地はほとんど大土地所有者に押さえられ、そこでは自由人ではなく奴隷が働いていたのだから。

（同書、23ページ）

徐々に生存の場を奪われていった貧しい自由人たちは「パンとサーカス」、つまり無償配布される食料と娯楽を求めていた。サーカスの元の意味は戦車競技場《キルクス》でおこなわれる戦車競走のことだが、コロッセウムで開催される殺戮《さつりく》ショーもふくめて見物人を熱狂させる見世物はすべてサー

コロッセウムの構造図

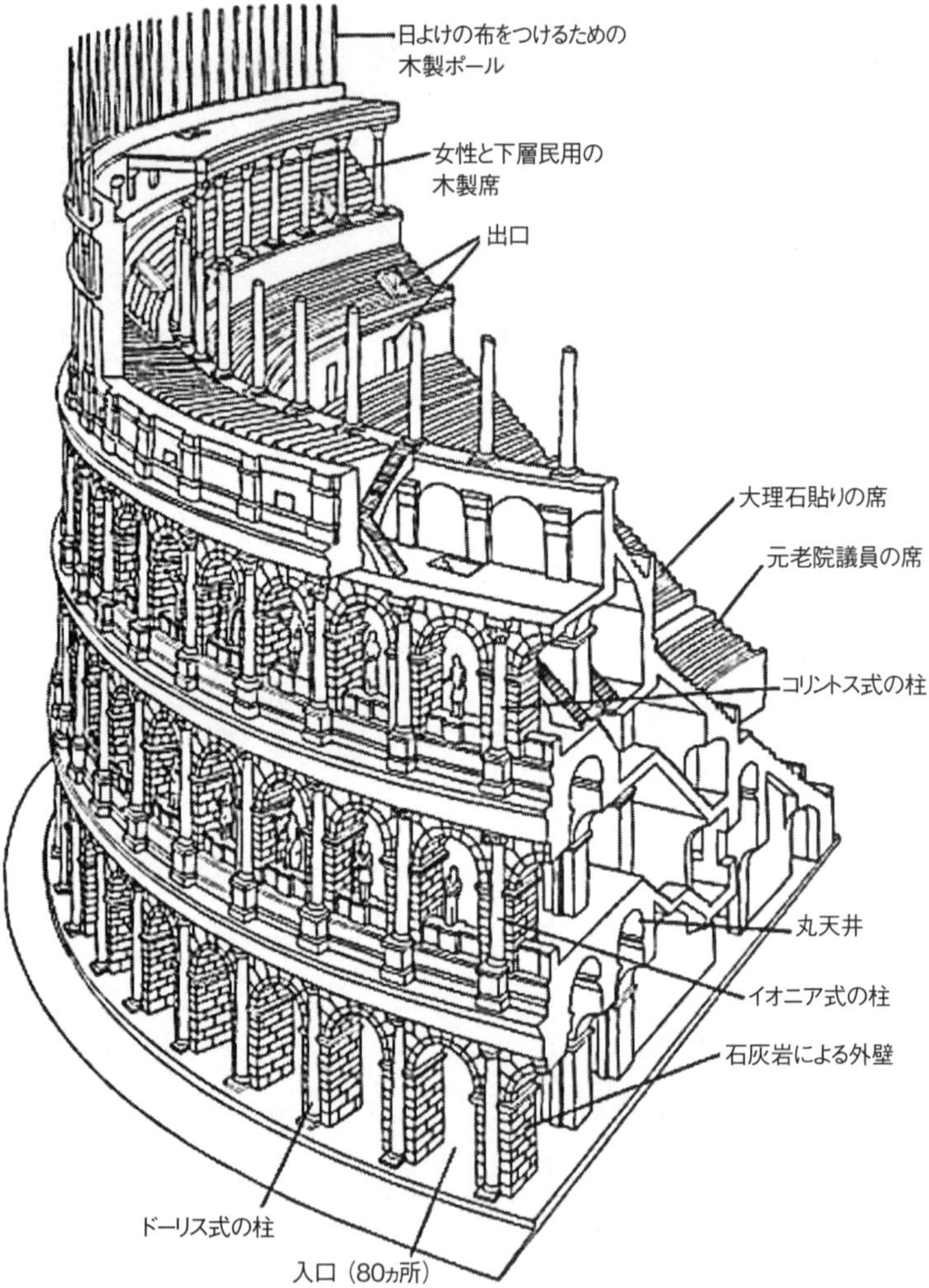

出所：島田誠『コロッセウムからよむローマ帝国』（講談社選書メチエ、1999年）、10ページより引用

カスと呼ばれた。

紀元80年にはほぼ完成し、収容人員約5万人と言われるコロッセウムはローマ人が巨大プロジェクトを企画し、遂行する能力をあますところなく示している。

そのサーカスの実態たるや、剣闘士対剣闘士、剣闘士対野獣、有罪の確定した死刑囚の公開処刑（奴隷や剣闘士など身分の低い死刑囚の場合には野獣に食い殺させることもあった）などの残虐な殺戮ショーだった。そしてローマ人のサーカス好きは、このコロッセウムが完成してから始まったことではなかった。

大風呂敷を広げたがったカエサルに比べて、オクタウィアヌスは冷静沈着な実務家と見られがちだ。だがカエサルが「サーカス」見物中に手紙や書類を読んでいて民衆の批判を買ったのに対して、オクタウィアヌスは民衆の先頭に立って殺戮ショーに熱狂する軽薄で他人の痛みに冷酷な人間でもあった。当時のローマ人のうち、いったいどれくらいの人々が奴隷や剣闘士を人間と見ていたか疑問も残るが。

どんなに残虐な殺戮ショーでも「こんなつまらんもの観る気にならん」とこれ見よがしに手紙や書類に読みふけるのは、たしかに傲慢《ごうまん》で無礼な態度だ。ローマの有力政治家たちが「こいつをいつまでも独裁官にしておいたら、そのうち自分は生き神様だとか言い出してやっかいなことになる。いっそ殺してほんものの神様にしてやろう」と衆議一決したのも無理はない。

すでに現代アメリカに近い金権政治がまかり通っていた帝政ローマ

オクタウィアヌスのサーカスでの熱狂ぶりは、その反省を踏まえた演技だったのかもしれない。いわばだまし討ちで共和制を帝政に変えてしまったオクタウィアヌス自身は、紀元14年に正真正銘の老衰で平和な自然死を遂げた。だが帝政期ローマは、ほとんど皇帝の意を迎える評決に終始する形式だけの議決機関元老院の議員になるために必要な費用が100万セステルティウス（現代日本の貨幣価値で約3億円）にのぼる金権政治の国になり果てていた。

もちろん候補者たちは名誉や、あまり実権のない政治的地位のために元老院議員の座を欲しがったのではない。大変な集金力を持っていた歴代の皇帝たちからおこぼれ、おすそ分けにあずかりたくて、こんなに莫大な費用を投じたわけだ。

古代ローマには、国家財政と帝室費を区別する発想はなかった。インフラ整備も軍人兵士の給与も、ローマ市民全体の約3分の1に当たる貧しい民衆に与える無償配布のパンも、皇帝が自分の金庫（フィスクス・カエサーリス）からまかなっていた。

だから皇帝がその膨大な支出を支えるために、ありとあらゆる手段で資金をかき集め蓄財するのは当然どころか、皇帝としての責務だった。初代皇帝としてアウグストゥスの称号を奉られたオクタウィアヌスの場合、まず大伯父であるとともに養父でもあったカエサルからの遺産が現金だけで1億セステルティウスあった。ほかに預金、貸付金、不動産もあったはずだ。

さらに戦利品の処分は軍事指揮官に任されていた。捕虜は殺すのも、奴隷として売り払うのも指揮官の意のままだった。何度も勃発《ぼっぱつ》した内乱を勝ち抜いて最終勝利者となったオクタウィアヌスが奴隷売却から得た利益は、莫大なものになっていただろう。「ヨーロッパでは古代から人権尊重の伝統があり、戦争捕虜を殺さないことが多かった」と主張する人もいるが、殺すより奴隷として売ったほうが儲《もう》かっただけのことだ。

またローマの金持ちたちには、遺産の一部を有力者に贈ることで子孫の安泰・繁栄を図る習慣があった。ひらの元老院議員でもかなり他人からの遺贈があったし、オクタウィアヌスのように偉大な皇帝ともなると、遺贈された金額もケタ違いだった。

オクタウィアヌスが20年間に遺贈された金額の合計は、当人の自主申告で14億セステルティウスにのぼった。1年当たりにした7000万セステルティウスという金額は「じつに当時のガリア（現フランス）とエジプトの税収合計に近い」（新保、『ローマ帝国愚帝列伝』、37ページ）と推定されている。

皇帝を先頭に元老院議員たちも地位が高いほどカネをかき集めるのは、当然という行動を取っていたわけだ。どこにしわ寄せが行っていたかと言えば、戦時には兵士として駆り出される自由民だった。

比較的無難な後継者だった二代目皇帝ティベリウス（在位14～37年）が即位した年には祝賀パ

レードどころか、待遇改善を求める軍隊の暴動が起きたほどだ。だが、それ以外にはさしたる事件も失策もなく37年に亡くなったときには、27億セステルティウス（約8100億円）もの現金を貯めこんでいた。紀元1世紀ごろの皇帝金庫への入金額は年間でほぼ8億セステルティウスと推計されているので、国家予算3年分以上を自分の資産として遺したことになる。

初代皇帝の妻だったリウィアの孫で、二代皇帝ティベリウスの養子という毛並みの良さから当然三代目皇帝と目されていたゲルマニクスが出征中に夭折《ようせつ》した。その遺児カリグラには皇帝への至近距離にある血統と、若くして陣中に仆《たお》れた勇将の息子という政治的な資産が遺された。

だが37年におそらく老衰でティベリウスが亡くなるまでのカリグラの人生は、苦難の連続だった。帝位を狙う政敵たちに何度も死の寸前まで追い詰められ、彼らによる迫害で3人の妹と祖母以外の肉親をすべて失っていた。なんとか即位に漕《こ》ぎつけたカリグラの治世は後世の史料の多くに「ティベリウスの死を待ちきれなかったので、自分で手をまわして殺させて帝位に就いた」と書かれるほど、すさんだものだった。

当初は猫をかぶって名君を演じていたカリグラは徐々に本性を現わして、若き日の自分を追い詰めた政敵を次々に殺していった。しかも私生活は妹たちと近親相姦《そうかん》にふけっていたことが確実視されるほど乱れていた。妹たちの中でも最愛のドルシラが亡くなってからは、タガが外れたような暴君に変貌《へんぼう》した。そして在位わずか4年で41年には暗殺される。

オクタウィアヌスが苦心惨憺《くしんさんたん》して確立した帝政ローマは、当人の治世後半には屋台骨にひびが入り、事なかれ主義の二代目の時代にはそのひびが直しようのない亀裂に深まっていた。自分の死期を早める以外になんの目的もなさそうな三代目カリグラの暴君ぶりはあくまでも同輩中の第一人者を装いながら、実際には唯一絶対の権力者を志向したオクタウィアヌス自身が築いた権力基盤の弱さを象徴していた。

皇帝の座を継承するには、血統が重視されていた。だが一応は元老院の承認が必要だった。そして緊急事態に際しては、元老院の意向が決定的な影響をおよぼすこともあった。そのうえ血筋でつながっていなくとも、現皇帝と姻戚《いんせき》関係を結んだり、現皇帝の養子になったりすれば、皇帝の座を争う資格を得たことになるのだ。野心家には現皇帝に取り入りながら、陰謀や暗殺などの手段で皇帝にのし上がるチャンスがいくらでも出てきた。

「五賢帝」時代という幻想

帝政ローマの歴史をよくご存じの方は、二代皇帝ティベリウスの時代にすでに皇帝権力の空洞化が始まっていたという主張に首をかしげるかもしれない。ヨーロッパではいまだに古代ローマ帝国を理想視する人が多い。中でも一二代ネルウァ帝（在位96～98年）から一六代マルクス・アウレリウス帝（在位161～180年）までの5人は五賢帝と呼ばれ、いずれ劣らぬ名君揃いだったとされている。

なお帝位継承表では、兄マルクス・アウレリウスと同時にルキウス・ウェルス（在位161～169年）も皇帝となっていた。だが兄に先立って夭折したのでルキウスが一六代、マルクス・アウレリウスは一七代と表記されている。

「好きな時代の好きな国に生まれ変わることができるなら、ぜひ五賢帝時代のローマに」という人も多い。ところが、これが大変な買いかぶりなのだ。まず五賢帝のうち最初の4人は自分の実子に帝位を譲らず、元老院議員の中から優秀な人材を選んで養子として帝位を継承させたという「美談」がある。実際には4人とも息子がなかったので、仕方なく養子に帝位を譲らざるを得なかったのだ。

その証拠にしんがりのマルクス・アウレリウスは8男6女の子沢山だったが、成人するまで生き延びた息子はコンモドゥスただひとりだった。即位後の行状から判断すると、コンモドゥスは明らかに皇帝には不適格だった。それなのに我が子かわいさでコンモドゥスに帝位を譲ったとしか思えない。

この不肖の息子が皇帝に即位してから判断力の高さを示したのは、父がマルコマンニ族に対する戦争でゲルマン系諸部族が蟠踞《ばんきょ》するカルパチア山脈奥深くまで戦線を拡げようとしていたのに対し、その遺志に反してあっさり撤退してしまったことぐらいだ。だが、この決断も兵站《へいたん》を維持できる見込みのない無謀な進軍だったからではなさそうだ。日常生活でも著書の『自省録』に書いているようなお説教ばかりしていた父親に対する感情的な反発から出た「好判断」だった可能性が高い。

ローマに戻ってからのコンモドゥスはおきまりの美女数百人を集めての乱交パーティとか、美少年との情事とかにうつつを抜かして、政治はお気に入りの廷臣に任せっきりだった。どれくらい無責任な放蕩《ほうとう》ぶりだったかは、実の姉に暗殺者を差し向けられたことでもわかる。不幸にもこの暗殺計画は失敗に終わり、姉は都から追放されたあと殺される。

それでもコンモドゥスは、寵臣《ちょうしん》クレアンドルに政治を丸投げしていた。だが、この奴隷出身の成り上がり者があまりにも強欲で民衆の怨嗟《えんさ》の的となり、民衆蜂起《ほうき》の中でクレアンドルを処刑せざるを得なくなる。ようやく寵臣任せではなく親政に踏み切ったコンモドゥスは、こんどは剣闘士として戦うことに凝《こ》ってしまう。腕は確かで、素早く走り回るので仕留めづらいダチョウの首を射貫いたとか、ライオン100頭を一撃必殺の槍捌《やりさば》きでまたたく間に殺しきったとか言われている。

だが残虐なショーには熱狂する市民の入場者数が激減したところを見ると、目の肥えた市民たちにはやらせだとわかっていたのかもしれない。市民は見たくないものは見ないで済むが、元老院議員や騎士は皇帝陛下の剣闘士としてのすばらしさを拍手喝采《かっさい》しないと命が危ない。この異常な恐怖政治が終わったのは、近衛長官、侍従、愛妾《あいしょう》の3人が結託してコンモドゥスが入浴中に若く屈強な剣闘士を送りこんで絞め殺させたときのことだった。

実の息子がこれほど異常な性格を持っていたことに、哲人皇帝として名高いマルクス・アウレリウスはまったく気づかなかったのだろうか。気づかなかったとすれば、彼の哲学者としての思索はすぐそばの人間観察にさえ役に立たないしろものだったとしか評価できない。実際には欠点の多い子だとわかっていたが、親の欲目で成長すれば直るだろう程度に見ていたのではないだろうか。

その前の4人が優秀な元老院議員を選んで養子にしたという通説にも根拠はない。即位した時点で60歳を超える高齢だったネルウァ帝は激しい権力闘争の中で、元老院多数派によって次期皇帝のトラヤヌス（在位98〜117年）との養子縁組を強要されたというのが真相だった。

そのトラヤヌスは、ローマ帝国最大の版図《はんと》を後継のハドリアヌス（在位117〜138年）に遺したことで名高い。だがカエサルやアウグストゥスの征服戦争は食糧基地を確保するためとか、植民地周辺の蛮族を平定するためとかの大義名分のあるものだった。それに対してトラヤヌスの獲得した領土はダキア、アルメニア、メソポタミアということになっている。しかし、これがどうも「トラヤヌス名君説」を擁護するためにかなり誇張された戦果なのだ。

ダキア征服で得た戦利品には、戦費を補ってあまりある価値があったという。ダキアは現在のルーマニア中央部だ。だがメソポタミアとアルメニアの征服は隣接する大国パルティアの介入を招き、結局パルティアの城塞都市、ハトラを占領できずに未完のまま撤兵している。パルティアとは現在のイランを領土としていたアルサケス朝ペルシャを指す。つまり少なくともトラヤヌス帝時代には、メソポタミアとアルメニアを平定できなかったし、戦費もほとんど回収できていいなかったはずだ。

またトラヤヌスは、このメソポタミア征服戦争の決着が付かないうちにローマに戻る途中で亡くなっている。そのほかの業績を見ると、デナリウス銀貨の銀含有量を93・5%から89%に落としてインフレを起こしている。

民衆の歓心を買うために3ヵ月ぶっ続けの剣闘士格闘大会長期興行をおこなって、観衆500万人を動員し、奴隷・剣闘士1万1000人が亡くなったとの記録もある。これはかなり誇張された数字だろう。しかし、こんなにお粗末な実績の皇帝について「惜しむらくは、東方遠征を始めたときの年齢が、アレキサンダー大王よりずっと高かったことだ」などと評価するのは身びいきにもほどがある。

実際にローマ帝国の版図が最大になったのは、トラヤヌスの二代あとで皇帝になったアントニヌスの治下だったらしい。トラヤヌスの後継者ハドリアヌスが現在のイングランド北端に築いた城壁を、アントニヌスはさらにスコットランド低地地方と高地地方の境界あたりまで押し広げている。

そのトラヤヌスは、生前に後継者を決めていなかった。死後開封された遺書にハドリアヌスを後継者として指名してあったのは、じつはトラヤヌス妃のねつ造だったと見られている。またハドリアヌスは同時代人、とくに元老院議員や騎士たちの史料では徹底的に嫌われていた暴君だった。その本性は、即位直後に自分の帝位継承に疑問を唱えた4人の執政官経験者を処刑したとこ

ローマ帝国の最大版図

出所：弓削達『永遠のローマ』（講談社学術文庫、1991年）、208ページより引用

ろに現われている。

ただ五賢帝の中でハドリアヌスだけがこれまでの定説どおり、生前に自分の意思でアントニヌス（在位138～161年）を後継者として養子にしていた。アントニヌスはのちに「敬虔《けいけん》な」という意味のピウスを付けて呼ばれるほど善良で誠実な人柄で、その治世にはほとんどなんの事件もなかったという。権力にのぼせ上がって人格に異常を来してしまった皇帝たちが多い中で、これはどう考えても大変な偉業だろう。五賢帝のうちで「賢帝」の名に値するのは、この人ひとりだけではなかろうか。

しかし後任人事だけはかしこくやってのけたハドリアヌスは、どこかで余計なことをする人間だった。アントニヌスにも、マルクス・アウレリウスとルキウス・ウェルスの兄弟をそろって養子として帝王教育をするように命じていた。こうしてローマ帝国初のふたり皇帝が実現するわけだ。

幸いというのも妙な表現だが、アントニヌスはハドリアヌスに養子にされた時点ですでに51歳の高齢で実の息子を喪っていた。また、ルキウスが即位後たった8年で亡くなっていたのも運が良かった。それにしても、もしルキウスが自己主張の強い人間で兄と違う政策を推進しようとしたら、混乱は必至だっただろう。

江戸時代の大名や旗本の大身《たいしん》は暗愚《あんぐ》だったり粗暴だったりする息子が育つと、「これで堂々と廃嫡して優秀な養子を迎えられる」と喜んだ。肉親の情より万が一にもお家取り潰しになって家臣団が浪人することがないようにという配慮を優先していたのだ。

江戸時代の商家も同じことで不出来な若旦那はさっさと隠居させて捨て扶持《ぶち》を与え、娘に優秀な婿を取ったり、極端な場合には夫婦養子に家を継がせたりすることさえあった。武家でも商家でも責任ある立場にいる人たちほど、自分の家は事業共同体でもあることをわきまえていた。

それに比べたらローマ帝政初期の「五賢帝」時代の実態は、あまりにもお粗末だ。刹那《せつな》的な刺激を求める民衆に惜しげもなく与えた「サーカス」の頻度にも、それが出ている。

ローマの街で見世物が開催される日数は、帝政の成立したアウグストゥスの時代には年間六五日程度であったが、二世紀後半の皇帝マルクス・アウレリウスの治世には約一三〇日に増えていた。不定期ないし臨時に催される見世物を含めると、ローマの住民のためにほぼ二日に一

回は見世物が行われていた計算となるのである。（島田、19ページ）

「五賢帝時代」は、その後延々と残虐な君主の気まぐれに翻弄《ほんろう》されつづけたヨーロッパの諸国民が「君主はこうあってくれればいいのに」という願望を投影しただけの、幻想だったのではないか。

世界宗教としてのキリスト教はキリストの死後誕生

このころ後世への影響という点では帝政ローマの内部崩壊に優るとも劣らない、もうひとつの変化が中東パレスチナ半島で起きていた。ローマによる支配に何度も反抗してきたユダヤ王国が紀元6年からローマの属州として直接統治されることになった。そしてユダヤ教の聖職者《ラビ》たちはローマ総督に迎合しがちだった。

この事態に不満を爆発させたイエス・キリストが、既存のユダヤ教各派に反対する辻説教をして多くの信者を獲得するようになった。ユダヤ教の守旧派たちはローマ総督に秩序破壊者としての彼の罪状を訴え、その結果紀元30年にはキリストが磔《はりつけ》の刑に処される。

そのキリストが復活する姿を見たと称する人が続出して、それまでは存在しなかった世界宗教としての一神教、すなわちキリスト教が形成される。ここで重要なのは、この世界宗教としてのキリスト教の基礎を築いたのは生前のキリストには一度も会ったことさえなく「キリスト復活を

パウロの伝道経路

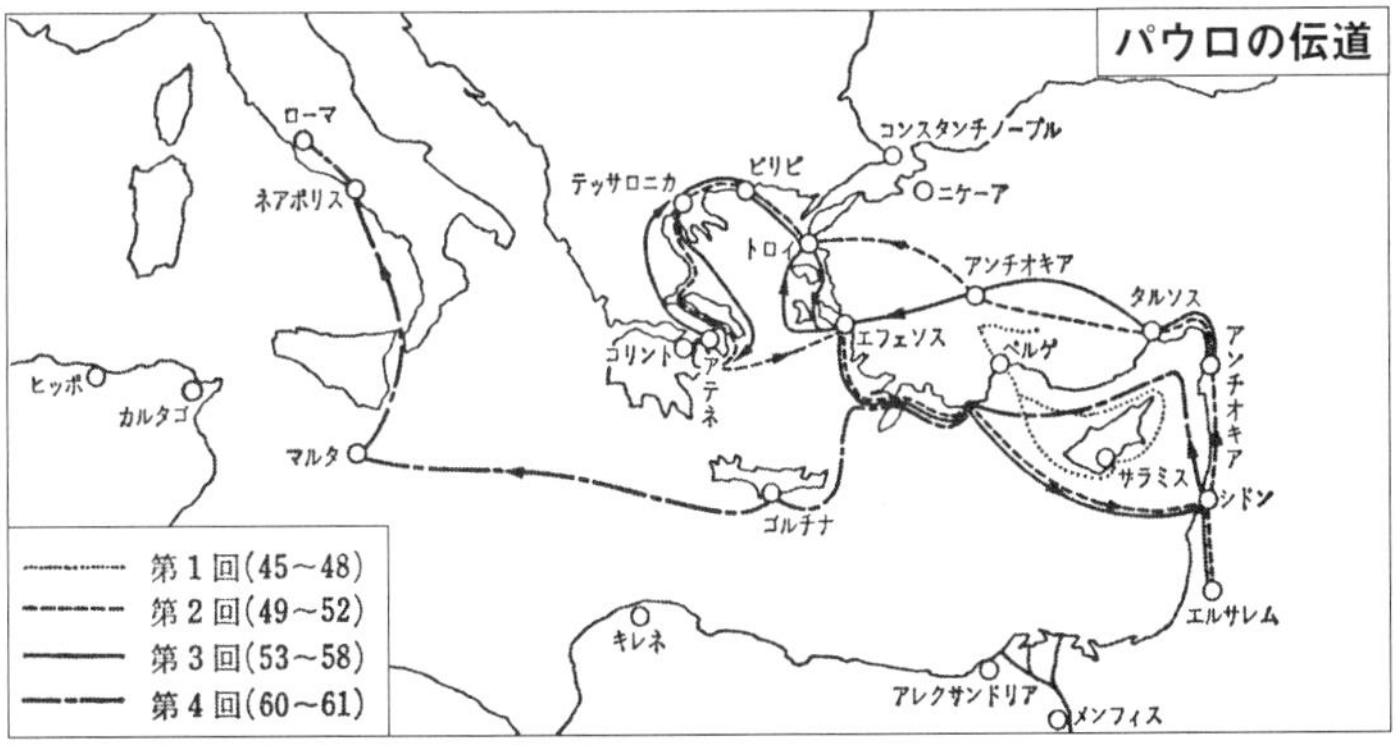

出所：三省堂編修所編『地図対照　世界史年表――改訂増補版』(三省堂、1975年)、35ページより引用

この目で見て、そのお言葉を聴いて改宗した」と自称していたパウロだったことだ。

キリスト自身がユダヤ教を民族宗教から世界宗教に変貌させようとしていたという形跡はあまりない。むしろ腐敗堕落したユダヤ教を本来の素朴な姿に戻そうとしていただけの可能性が高い。

だがパウロはユダヤ教キリスト派に入信した直後から明白に、ユダヤ民族の宗教としてではなく、ありとあらゆる民族に共通する宗教としてキリスト教を布教する野心を持っていた。ユダヤ教徒にとっては絶対的な戒律であった男子の割礼《かつれい》を、パウロはキリスト教徒としては守る必要のない戒律だとしたことからも、それがわかる。だが、もっとはっきりパウロの「世界派志向《ヘレニスト》」を示しているのは、彼の伝道経路となった都市の数々だ。

アナトリア半島（現トルコ）の地中海岸からキプロス、コンスタンティノープル（現イスタンブール）、ギリシャ、マルタ島、ナポリ、ローマなどとなっている。当時のヨーロッパ世界で2大共通語だった古代ギリシャ語とラテン語による布教活動に力を入れていた証拠だろう。
キリスト生存中からの愛弟子《まな》だった十二使徒の中では、キリストに「お前を我が教えを広めるための礎《いしずえ》としよう」と指名されたペトロだけが指導力を発揮した。だが彼がパウロ同様ローマで殉教してからは、ひとりとしてヘブライ語でキリスト教の宣教活動を拡大した実績を残した人が出ていない。

実態としてはパウロ教に変質してしまったとさえ言えるキリスト教は、国家権力によって迫害されているうちは多くの気高い殉教者を出しながら教えを守る。だが、いったん国家権力の公認を得ると異教、異端を排斥し、迫害する偏狭な宗教となってしまう。

パウロ直系の正統派からは異端として追放された、ネストリウス派、アリウス派、コプト派は細々と中東より東側や、アフリカ大陸に伝わっていった。これらの「異端」各派に正統派の偏狭さはほとんど見られない。

だが中東から西側、とくにローマ帝国の首都ローマを拠点として布教活動をつづけたパウロ派キリスト教徒たちは、たくみに国家権力を利用して地球最大の宗教へとのし上がっていった。それはキリストが唱えたであろう「原初ユダヤ教」とは似ても似つかない、自分たちの組織が危機に陥るたびに異教徒や異端者に対する十字軍を呼号することで生き延び、権力を拡大する排他性の強い宗教に変質していた。

政治的、世俗的な意味では、ローマ帝国がヨーロッパ人の理想とする普遍帝国と見なされた。

同様に精神的、宗教的な意味では、ローマ総大司教（現ローマ教皇）を頂点とするキリスト教が普遍宗教とされた。

はるかのちにプロテスタント諸派がローマ教皇庁の権威に激しく反発して血みどろの宗教戦争を戦った。だが彼らも自派が支配的な国でカトリックを始めとする「異端」を弾圧することにかけては、カトリックと大差のない残虐さを示した。

それがすでに磔の刑で亡くなっていたイエス・キリスト自身の理想の姿だったかどうかは、わからない。キリスト没後の十二使徒たちがほとんど歴史に足跡を残すことなく消えていったところを見ると、あれほど強大な宗教組織を築こうなどとは思っていなかったのではないだろうか。

中華文明圏では前漢が終わり、三国鼎立の混乱期を招く

世界で初めて中央集権的な官僚制によって国内を支配しようとした秦《しん》の始皇帝《しこうてい》（皇帝としての在位紀元前247〜210年）の壮大な実験は、紀元前206年にわずか三代限りで失敗した。その後、各地で蜂起した武将たちの権力争奪戦を勝ち上がったのは、漢の劉邦《りゅうほう》（高祖《こうそ》、在位紀元前202〜195年）だった。

漢王朝を開いた劉邦は、ライヴァルだった南方、楚《そ》の項羽《こうう》に対しては決定的な勝利を収めて伝統的な中華文明圏を再統一した。しかし北方の「蛮族」匈奴《きょうど》に対しては、臣従の礼を尽くして朝《ちょう》

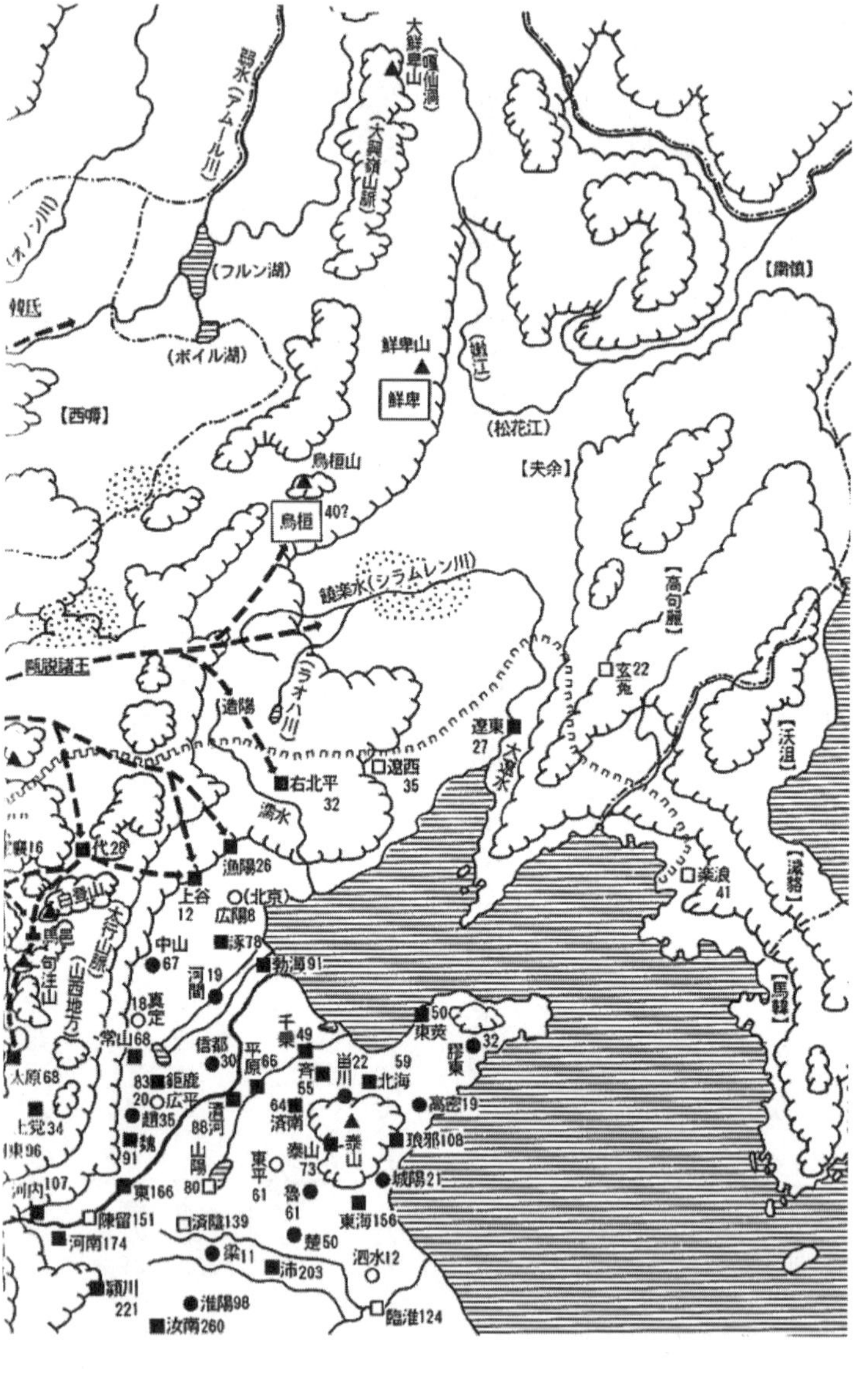

大鮮卑山(嘎仙洞)
弱水(アムール川)
(大興安嶺山脈)
(オノン川)
(フルン湖)
【粛慎】
韓氏
鮮卑山
(ボイル湖)
鮮卑
(嫩江)
【西部】
(松花江)
烏桓山
【夫余】
烏桓
40?
饒楽水(シラムレン川)
【高句麗】
匈奴諸王
玄菟22
(ラオハ川)
遼陽
遼東
27
【沃沮】
大遼水
右北平
32
遼西
35
濡水
雁門16
代28
漁陽26
楽浪
41
【濊貊】
白登山
上谷
12
(北京)
広陽8
馬邑
中山
67
涿78
勃海91
句注山
河間19
(太行山脈)
(山西地方)
18真定
【馬韓】
常山68
千乗
49
50
東萊
信都
30
平原66
斉
55
菑川22
59
北海
膠東
32
太原68
83鉅鹿
20広平
趙35
済河
64
済南
高密19
上党34
魏
91
88
泰山
73
泰山
琅邪108
東平
61
山陽
80
魯
61
城陽21
河内107
東166
東海156
陳留151
済陰139
楚50
河南174
梁11
沛203
泗水12
潁川
221
淮陽98
臨淮124
汝南260

前2世紀～前1世紀の北アジア

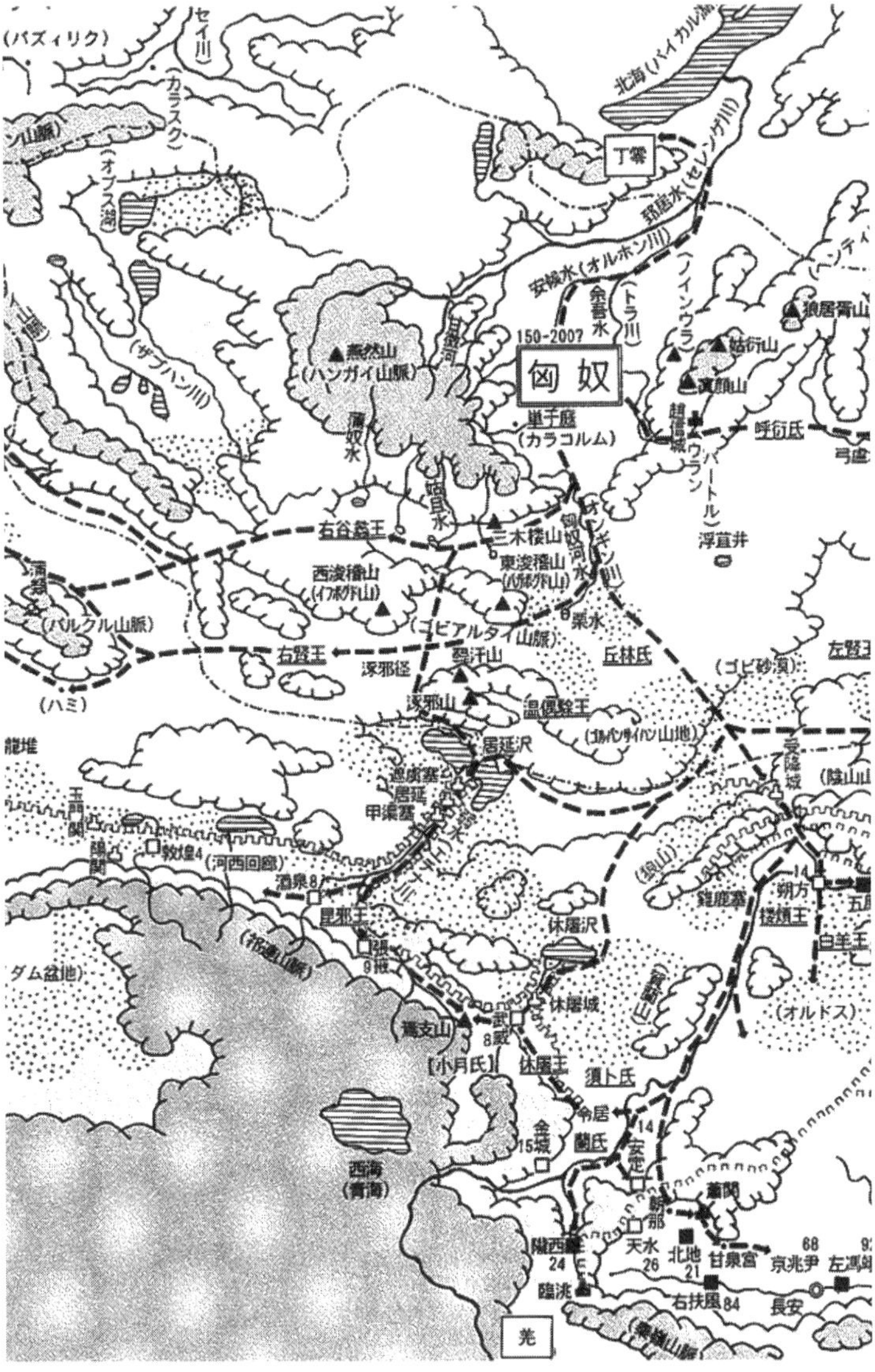

出所：加藤謙一『匈奴「帝国」』(第一書房、1998年)、330～331ページより引用

貢《こう》するほど脆弱《ぜいじゃく》な権力基盤しか築けていなかった。白登山での匈奴「討伐」戦争に惨敗した劉邦は冒頓単于《ぼくとつぜんう》に自分の娘を嫁にやり、毎年真綿《まわた》、絹、酒、米、食物を納めるという条件で和約を結んでいた。単于とは匈奴の王を指す称号だ。

もちろん漢族のあいだには自分たちの定住地こそ世界の中心であり、それ以外の地域に住む人々はすべて蛮族という中華思想が浸透していた。これは秦に先立つ長期統一王朝で、紀元前1027年に始まり「共和政」時代を挟んで紀元前650年ごろに終わる周《しゅう》の時代、四囲の異民族たちを「東夷《とうい》、北狄《ほくてき》、西戎《せいじゅう》、南蛮《なんばん》」と呼んでいたことからうかがえる。

その漢族にとって匈奴に朝貢するのは、屈辱的なことだったに違いない。それでも前漢の初期には、匈奴に対して宥和《ゆうわ》的な政策をとっていたわけだ。秦滅亡直後の、楚と中原《ちゅうげん》の覇を争っていた混乱期には、南と北から挟み撃ちにされるのはまずいという、外交・軍事面での配慮も働いていただろう。だが北方の匈奴に対する弱腰外交の背景には、おそらくもっと深刻な問題があった。

遊牧民である匈奴と農耕民である漢族の戦いは、世界史的に見ても非常に早い時期に勃発した非対称型戦争だった。しかも、この非対称型戦争において、農耕民は遊牧民に対してつねに不利な立場にあった。

遊牧民は何頭もの替え馬をともなって迅速に襲来し、形勢が悪くなれば機敏に逃げていく。彼らは毎年巡回しているいくつかの牧草地のどれかに安全にたどり着けば、再起を図ることができた。また他の遊牧民が飼う羊や馬に食い荒らされていない草原なら、どこでも仮の根拠地とすることができた。

一方、農耕民には守るべきものがあまりにも多かった。農作物を育てる田畑があり、商業がおこなわれ、王侯の住む都市があり、かんたんに持って逃げることのできない家屋や資産があった。定住農耕民には、旗色が悪ければどこまでも逃げていくという選択肢がなかった。

だから経済的にはずっと高度な発展を遂げていた漢族の国家は、軍事的には遊牧民国家に対して劣勢に回ることが多かった。この戦争になれば「蛮族」が優位という構図が成立していたのは、漢対匈奴の時代だけではなかった。

後漢から三国時代にかけての混乱を収拾して265年に統一政権を樹立した西晋《せいしん》王朝は王族同士の戦争をきっかけに、316年にいったん途絶える。そして東に逃れた王族が南京に都を移して317年に東晋を建国した。だが東晋には伝統的中華文明圏全域を支配する力はなかった。

4世紀初めから581年に隋《ずい》が伝統的中華文明圏を統一するまでの期間は、五胡十六国時代と呼ばれている。この時代には漢族の正統王朝である東晋が江南（揚子江南岸以南）地方に逼塞《ひっそく》していて、軍事的には北方や西方から侵入してきた胡《こ》（異民族）王朝のほうが優勢だった。

さらに久しぶりに統一政権を樹立したが短命に終わった隋（581〜618年）を経て、はるかに長期政権となった唐《とう》（618〜907年）の統一政権が崩壊し始めた末期にもさまざまな異民族が中華文明圏に侵入してきた。こちらは五代十国時代と呼ばれるが、戦争になれば遊牧民族系が有利という基本的な構図は変わらなかった。その五代十国の混乱を収拾した宋王朝の対遼《りょう》、対金《きん》外交、あるいは宋対モンゴル（元《げん》）の場合もほぼ同じことがくり返されていた。

中華王朝は井の中の蛙だった

実際に漢王朝の場合にも、「蛮族」対策はつねに頭痛のタネだった。前漢初期には、朝鮮半島に勃興したいくつかの独立王朝を倒して半島ほぼ全域を直轄の4郡に再編することができた。だが北方の匈奴に対しては分の悪い闘いが続いていた。

周王朝ほどの文治性はなかったにしても、漢はのちに中華文明を代表する王朝のひとつと評価されるようになった。現代にいたっても伝統的な中華文明圏を担ってきた民族は漢族と呼ばれ、中華文明圏で発達した文字は漢字と呼ばれている。

これだけ漢王朝が理想視される理由のひとつに高祖以降の後継皇帝たちも自分たちが劣勢にあることを理解していて、無理な「蛮族平定」路線をとって自爆する失態を演じなかったことが大きいのではないか。少なくとも前漢初期の皇帝たちは、有能な臣下に権限を委譲して匈奴に全面降伏するほど惨憺《さんたん》たる負け方はしないように慎重な外交政策をとっていた。

中国では異例とも言えるほどの長期政権となった七代皇帝武帝《ぶてい》（在位紀元前141～前87年）の治世では、反転攻勢に出た時期もあった。だが、あくまでも反転攻勢であって、持続的な優位を確立したわけではない。対遊牧民外交・軍事の実務に当たる人たちは、その困難さを良く理解していた。

それでも皇帝のお后《きさき》たちの父親や兄弟を指す外戚、あるいはお后たちの身の回りの世話をするために去勢された家臣たちである宦官《かんがん》などは実務に責任を負わずに済む気楽さから、威勢のいい言辞を弄《ろう》しがちだった。社会が安定し、危機意識が薄れた後年の皇帝たちの中からは、そうした外戚や宦官をお気に入りとして高い地位に就けたり、本来の職分を超えた権限を与えたりする暗愚な人物も出てきた。

匈奴の軍事的な優位は、紀元前1世紀半ばごろまで続いた。紀元前100年に漢の正式の使者として匈奴に派遣された蘇武《そぶ》は、匈奴に幽閉されたまま、極寒の中で食料もろくに与えられず20年近く抑留されていた。白髪でやせ衰えた老人となって漢に帰った蘇武は大歓迎された。だが、なんでもっと早く救出してやらなかったのかと言えば、やりたくてもできなかったというのが当時の漢と匈奴のありのままの力関係だったのだ。

翌紀元前99年、対匈奴戦争に出陣した将軍李陵《りりょう》も奮戦むなしく匈奴の捕虜となった。匈奴に寝返ったと主張する群臣たちの中で司馬遷《しばせん》ひとりが李陵を擁護したため、宮刑《きゅうけい》（去勢）に処され、その後中国史の古典『史記』の執筆に専念することになる。

それほど匈奴優位の軍事情勢は変わらなかったのに、劣勢の中で精一杯戦った当事者たちは中華意識をむき出しにして外野席から野次を飛ばす人たちに足を引っ張られつづけた。紀元前1世紀半ばにやや漢有利の方向に形勢が変わり始めたのは、大所帯となった匈奴の内部で分裂抗争が頻発するようになってからだった。

まず紀元前60年ごろに北の本隊から分離独立した南匈奴が漢に降伏し、その後は漢側について北匈奴に対する防衛戦に加わるようになる。さらに紀元前54年には北匈奴が東西に分裂し、西匈奴は東匈奴に追いたてられて西域方面に進出していった。

のちの紀元5世紀半ばにアッティラ王を擁するフン族は、たびたび東ローマ帝国領内に侵入したあと、453年にはイタリア半島に進出し、あわやローマ陥落かと思わせるまでヨーロッパ中心部に迫った。このフン族は西匈奴の直系の末裔《まつえい》と、その西側に定着していた白人《コーカソイド》もふくむ中央アジア系の諸民族の混血と考えられている。彼らが誇りをこめて匈奴の中国語発音を受け継いで「フュンヌ」と自称していたので、ヨーロッパ諸国ではフン族と呼ばれるようになったわけだ。

しかし西匈奴を追い払って、現代の華北から北シベリアにかけて広大な領土を支配するようになった東匈奴の国力は明らかに低下した。東西分裂からわずか3年後の紀元前51年には、匈奴の王呼韓邪単于《こかんやぜんう》が漢に入朝する。この時期、匈奴にはもうひとり単于を自称する人物がいて、呼韓邪単于は自軍の旗色が悪いので漢に救いを求めたようだ。

敵失による地位向上とは言え、開祖だった劉邦の時代には朝貢していた側が朝貢される側に回ったのだから漢は大喜びしたかというと、まったくそうではなかった。中華思想によってつねに匈奴を軽視していた漢の人々は、蛮族が中国の天子に朝貢するのは当然と思っていた。

それどころか紀元前33年に朝貢に対する引き出ものとしてときの皇帝元帝《げんてい》(在位紀元前49〜33年)

が側室のひとり王昭君《おうしょうくん》を呼韓邪単于の嫁に下賜してやったときには、王昭君を大変な悲劇の主人公に仕立て上げた。王昭君はまったく天子の寵愛を受けられなかったため、自発的に呼韓邪単于のもとに嫁いでいったのが真相らしい。

外交・軍事の前線に立つ人たちの苦労を知らずに、中華思想という特権意識ばかり振り回す外戚や宦官たちが実権を握る風潮はますます高まった。元帝の後継者成帝《せいてい》（同紀元前33～7年）治世の末期、紀元前8年には外戚のひとり王莽《おうもう》が大司馬という軍事最高指揮官の役職に就いた。

成帝の後継者哀帝《あいてい》は紀元前7年に即位し、紀元前1年には亡くなるという短い治世だった。主な実績としては、大司馬を王莽から自分の同性愛の相手に代えるという公私混同もはなはだしい人事があったくらいだ。

哀帝の死後、幼少の平帝《へいてい》（在位紀元前1～紀元5年）が即位すると、養祖母に当たる後宮の実力者王太后は自分の姻戚であった王莽を大司馬に戻す。だが王莽は漢王朝のもとで実権を揮うだけで満足している人間ではなかった。前帝にあっさり大司馬職を取り上げられたことも、影響していたのだろう。彼は紀元8年に禅譲（平和な政権委譲）のかたちを取って漢を滅ぼし、その名も「新《しん》」という新しい王朝を開く。

前漢末期に強まりすぎていた外戚や宦官の権限を抑制するという意味では、革新的な王朝になるはずだった。だが王莽の政策は、もう伝説となっていた周王朝時代の制度を孔子《こうし》（紀元前551～479年）が理想化した姿そのままに再現するという、非現実的な復古主義だった。そのため各地で反乱が勃発した。23年には王莽が内乱の中で敗死する。こうして新王朝は一代限りであっけなく終焉する。

キリスト教同様に不思議な儒教の「国教」化

不思議なことがある。この一代限りで終わった新が、はるか昔に生きていた孔子の教えとされる四書五経にもとづく「儒教」を中華文明圏正統王朝のいわば「国教」として定着させたことだ。孔子自身は中国戦国時代の混乱の中で、なんとか自分が理想とする政治を実現するために、諸侯に自説を説いて回った数多くの思想家たちのひとりに過ぎなかった。のちに諸子百家と呼ばれることになる遊説家たちの中で、約1世代下の戦闘的平和主義者である墨子《ぼくし》や、約200年後輩の法律厳守を唱えた韓非子《かんぴし》ほど際だった主張を持っていた人ではなかった。

「君子、怪力乱神を語らず（立派な人物は、超自然現象のような自分の理解力を超えたことについてあれこれ言わないものだ）」という名言にも示されているように、孔子は同時代の人たちの中では合理主義的な常識の持ち主とさえ言える思想家だった。ところが王莽は自分では孔子の理想を体現しているつもりなのに、迷信や占いを信じこむ人間だった。

前漢末期には高句麗《こうくり》が漢の設置した朝鮮半島四郡をほぼ平定して、独立の機運を高めていた。高句麗がすでに新朝を開いていた王莽の出兵命令に従わなかったとき、高句麗を武力でねじ伏せることはできなかった。王莽がどんな対策を取ったかというと、高句麗という国号を下句麗と呼ぶように臣下に命じたのだ。それで高句麗に対する懲罰ができたと思うほど、言霊《ことだま》の力を信じていたのかもしれない。だが同時に瑞兆《ずいちょう》や凶兆が現われるたびにころころ方針を変える、無定見な政権でもあった。

とにかく、ほぼ同時期にユーラシア大陸の西と東で、ともに創始者の意向とはかなり違ったかたちで西欧文明圏、中華文明圏を精神的に支える「国教」が誕生した。西は当時磔の刑で亡くなったばかりのキリストを始祖とするキリスト教であり、東は約500年前に生きていた孔子を始祖とする儒教だ。

誕生直後の姿はともに危なっかしかったが、生き延び発展した。そして東西両文明を担ってきたさまざまな時代のさまざまな帝国を支える宗教＝倫理基準として機能しつづけている。偶然の一致と片付けるには、あまりにも奇妙な同時性を示していると言えないだろうか。

前漢後期には匈奴側の内部分裂に乗じて対外的な権威も高まり、内政面でも権力集中の傾向が強まっていた。しかし形式的にはその傾向を一層強めたように見えた王莽の新朝はあっさり崩壊し、後漢から三国、そして西晋から五胡十六国へと権力の分散化傾向が強まっていく。

新王朝が崩壊してわずか2年後の25年には、前漢劉氏の血統を引く劉秀《りゅうしゅう》が光武帝《こうぶてい》（在位25〜57年）として即位し、後漢王朝が始まる。後漢初期には班超《はんちょう》などの優秀な武人が出て、一時的に前漢最盛期を思わせる繁栄と秩序を取り戻す。だが外では匈奴などの異民族への和戦両面での対応に追

後漢時代の西域

出所：西嶋定生『秦漢帝国』（講談社学術文庫、1997年）、487ページより引用

われ、内では外戚や宦官が実権を握る悪弊はさらに誇張されたかたちで続いた。

２２０年まで後漢王朝は存続するが、１９０年前後からは『三国志』が描く群雄割拠の時代になだれこんでいく。結局、三国志に描かれた魏《ぎ》の曹操《そうそう》、蜀《しょく》の劉備《りゅうび》、呉《ご》の孫権《そんけん》は統一政権を樹立できず、魏の家臣だった司馬炎《しばえん》（在位２６５～２９０年）が中華文明圏を統一して西晋王朝を樹立する。しかし西晋は司馬氏一族の内輪もめが絶えない上に、北方からの異民族による侵攻を受ける弱体政権だった。

西晋は３１６年に匈奴系勢力によって滅ぼされ、その後中華文明圏の中核だった華北・華中は異民族系国家が乱立し、司馬氏は江南地方を領土とする地方政権東晋として細々と生き延びる。この時代が五胡十六国と呼ばれるのだが、華中・華北では目まぐるしく王朝が交代する、長い中国の歴史の中でもとくに混迷を極めた時代となってしまった。

第2章

第二の権力溶解期、980～1030年

ローマで戴冠した神聖皇帝オットー一世が帝国のピーク

時代は約800年跳び、西暦800年のクリスマスにカール大帝（フランス読みではシャルルマーニュ、在位はフランク王時代をふくめて768～814年）がときのローマ教皇レオ三世の手によって戴冠された。すでに滅亡して久しい（西）ローマ帝国の皇帝としての戴冠だった。

メロヴィング朝フランク王国の宮宰《きゅうさい》（日本風に言えば、筆頭家老）だったピピン三世が主家を乗っ取って創始したカロリング朝は、ピピンの息子、カール大帝の代で現在のドイツ、フランス、イタリア、スイス、オーストリアの大半を領有する大帝国になっていた。だが、カール大帝の孫に当たる3人の男子にイタリアとドイツ西部（中央フランク）、ドイツ東部（東フランク）、フランス（西フランク）に3分割した領土を相続させたために衰退する。

結局、彼らのあいだでの領地争いによって中央フランクと西フランクは自滅し、残った東フランク王国のカール三世（肥満王）が一時フランク帝国を再統一する。カール三世の病没後は、現ドイツ、イタリアは小さな領邦国家群に分裂し、比較的まとまりのよかったフランスは諸侯間の選挙でユーグ・カペーに王位を授けることに決まってカペー朝という新王朝となった。

だが統一政権の継承者が出なかったヨーロッパ中央部では、なんとか西ローマ帝国の栄光を再現しようとする領邦君主たちによる合従連衡《がっしょうれんこう》が続いた。その中から頭角を現したのが、当初はザ

10世紀中頃のヨーロッパ

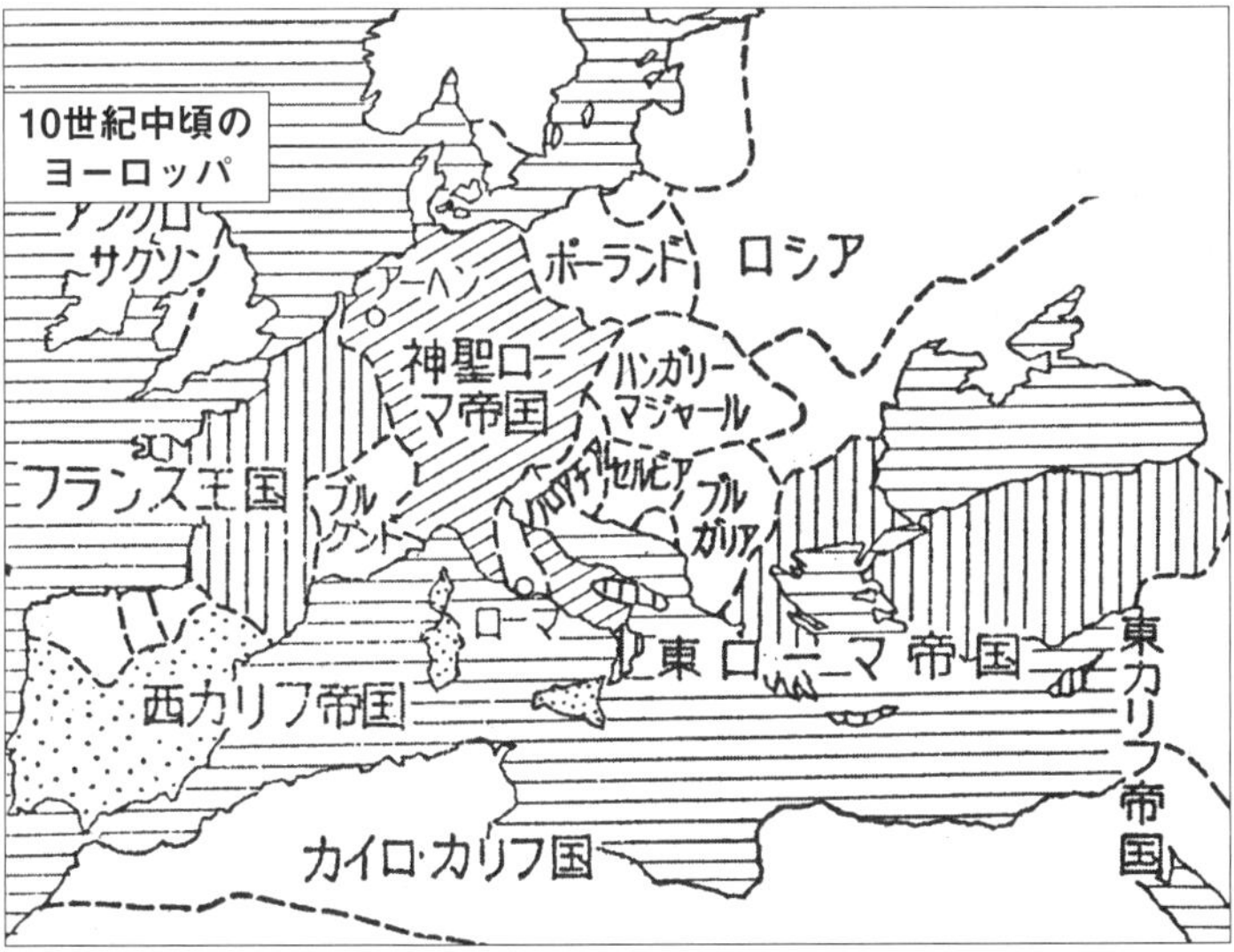

注：西カリフ帝国は後ウマイア朝、東カリフ帝国はアッバース朝、カイロ・カリフ国はファーティマ朝
出所：三省堂編修所編『地図対照　世界史年表——改訂増補版』（三省堂、1975年）、54ページより引用

クセン公として出発し、のち919年に東フランク崩壊後のドイツ王国を宿敵フランケン家のコンラート一世（在位911〜918年）から受け継いだハインリヒ一世（同919〜936年）だった。

ハインリヒの息子オットー一世（同936〜973年）は、さらにイタリア王国を領土に加えた。こうしてフランスをのぞくカール大帝の領土の大部分を再統一したオットー一世は、962年にときのローマ教皇ヨハネス十二世から「神聖帝国の皇帝」としてローマで戴冠を受ける。

神聖ローマ帝国はこの962年から、第一次世界大戦の敗戦によってオーストリア＝ハンガリー帝国が解体されるまで千年近く続く。だが国名にはローマと謳《うた》うものの、ローマで戴冠した神聖ローマ皇帝は初代のオットー一世以下むしろ少数派だった。

帝位がザクセン家内で継承されていた時代には、まだ領地の中に入っていないローマを僭称《せんしょう》するほど虚勢を張る必要を切実に感じていたわけではなかったようだ。少なくとも初代と二代目のオットーたちは、身の丈に合わせてローマ抜きの神聖皇帝を名乗っていた。

しかしザクセン家が背伸びせずに西ヨーロッパ最大の領土を掌握できていたのは、オットー二世（在位973〜983年）までだった。孫のオットー三世（同983〜1002年）のころには、なんとか名実ともにローマ皇帝になりたいという願望から、たびたびイタリア北部都市国家群への遠征をおこなうようになった。この遠征の負担も重くのしかかったので、家臣団の多くが離反して戦場への動員にも応えず自分の領地にこもりっきりというありさまだった。

ふつうの手段では戦費をまかなえない三代のオットーたちがその代償として諸侯たちに与えた特権が、領地購入権と「相互相続契約」締結権だった。領地購入権は、カネのある領主にとってどんどん領地を増やせる世の中になったと同時に、カネに困れば皇帝からいただいた所領を売ってしまう諸侯も出ていたことを意味する。

また「相互相続契約」とは、自分の息子に嫁を取る家と、自分の娘を嫁にやる家を同じにして、どちらかの世継ぎが絶えたら、世継ぎのいるほうが両家の領土を独り占めにする契約のことだ。自分の領地を「お世継ぎづくり」というギャンブルの賭け金にしてしまった制度と説明すれば、わかりやすいだろう。

後年、ヨーロッパ中で数えきれないほどの王位継承戦争が起きた。代表的なものをふたつだけ挙げれば1701～14年のスペイン継承戦争と、1740～48年のオーストリア継承戦争だ。世継ぎの途絶えた王家の領地を巡って往々にして同じような顔ぶれの領主たちが執拗に「王位継承権は我にあり」と争うタネは、10世紀末から11世紀初めのオットー三代のころに蒔《ま》かれていた。

ローマ教皇庁が世俗権力を揮いはじめたわけ

もともと公爵家は世襲の領地を持っていたのだが、本来役職だけで領地は持てないはずの伯爵家まで自分たちが実効支配する土地を世襲するようになった。ザクセン家が頼れるのは少数の子飼いの家臣団と、結婚が認められていないので絶対に領地を世襲することはできない聖職者しか領主になれないローマ教会領や大司教領、修道院領だけになっていった。

この状況が、ローマ教会が世俗的な権力を揮うようになるきっかけをつくった。やがて司教座都市に送りこむ司教を皇帝が決めるのか、ローマ教会が決めるのかを巡ってイタリアやドイツの諸都市で皇帝派、教皇派による叙任権闘争がくり広げられ、神聖皇帝の地位は徐々に空洞化していく。それは同時にイタリアやドイツではいつまでも都市国家が強く、なかなか広い領土を持った統一国家ができないことも意味していた。

オットー三世から神聖皇帝の座を受け継いだのは、母方でザクセン家の血を引き、父方はフランケン家のコンラート二世（在位1027〜39年）だった。彼は信用のおけない公爵家、伯爵家、ローマ教会に依存しないで政権を確立するために、日本流にいえば家の子郎党に当たる自分直属の家臣団を取り立てて重要な役職に就けた。

日本ではたとえ天皇家以外の主人を持っていたとしても、そのために武士が下等身分とされることはない。だがヨーロッパでは逆に、王家の家臣団であっても特定の主人に直属する家臣団は不自由身分とされていた。契約で主従関係を結ぶわけではなく、生まれたときから仕えるご主人様が決まっていたからだ。

その不自由身分に属する人たちが高い地位に抜擢されることが多くなり、伝統的な公爵家、伯爵家の権威は弱まった。もとは半ば家内奴隷的な立場だった直属家臣団の中から高い役職に就き、貴族に成り上がる人も出てくるようになったわけだ。貴族として王や皇帝から封土を得れば、彼らもまたその領地を世襲する。

ますます中央集権的な組織が形骸《けいがい》化し、地方分権の封建制への歩みが加速することになる。こうして「あわや西ローマ帝国の復活か」と思わせるほど形式的には集権化を進めたオットー三代とコンラート二世の時代に、西ヨーロッパが地方分権の封建制へと移行するための道具立ては整っていったのだ。

神聖ローマ帝国は、その後何度かの試練に直面する。ローマ王を名乗っていた当時のハインリヒ四世（在位1056〜1106年）が、カノッサ城にこもるローマ教皇の許しを請うために厳寒の雪の中3日間裸足で立ちつくしていた1077年のカノッサの屈辱をきっかけに司教任命権を巡る叙任権闘争が本格化した。

これがいかに延々と続く根深い対立だったかは皇帝派にギベリン、教皇派にゲルフという名詞が定着したことでもわかる。中世ヨーロッパ屈指の詩人ダンテは、13世紀末から14世紀初めにかけて叙任権闘争の渦中に身を投じていた。

彼は故郷フィレンツェで多数派の教皇派の中でも、富裕市民層の自治権拡大を目指す白党に属していた。当初は白党が優勢だったので、市政最高執行機関である3人の統領のひとりにも任命された。だが、その後のクーデターで教皇との結びつきを重視する黒党が優勢となり、ダンテはフィレンツェから追放されてしまった。

そのダンテがラテン語ではなく、当時としては異例のトスカナ方言で書いた長編叙事詩3部作が『神曲』だった。叙任権闘争がなければ、地獄、煉獄、天国を遍歴するこの傑作は生まれなかったとも言える。だがダンテにとって故郷フィレンツェから永久追放されたことは、一生癒やすことのできない傷となっていた。

神聖でもローマでも帝国でもないが、持久力はあったハプスブルク家

980～1030年に焦点を絞るなら、このへんで神聖ローマ帝国とお別れするところだ。し

かし前章冒頭でお伝えしたように、ヨーロッパ諸国には「１５００年終末」説もあった。そして、この１５００年終末説と神聖ローマ帝国の国力消長がみごとに符節を合わせているので、もう少しこの奇妙な帝国とお付き合い願いたい。

神聖ローマ皇帝の地位が大司教３人、伯爵３人、ボヘミア王の計７人からなる選帝侯の全員一致による推挙で決まるようになったのは、13世紀のことだった。この制度が定着してほどなく、１２７３年に「こいつなら操縦しやすそうだ」という選帝侯たちの思惑が一致してスイスの片田舎の小領主ルドルフ・ハプスブルクが神聖ローマ皇帝（在位１２７３～91年）に推挙される。

ところが、いったん帝位を確保したハプスブルク家は、７選帝侯の想像を超えてしぶとかった。この決定に不満だったボヘミア王オタカルは１２７８年にほとんど実態のない神聖ローマ帝国軍に戦いを挑む。

ウィーン近郊のマルヒフェルトの戦いだ。オタカルはオーストリア公領を結婚詐欺同然の手口でせしめてボヘミア、メーレン、シュタイアーマルク、ケルンテン、オーストリアを領有するにいたった、当時ヨーロッパで有数の大領主だ。金満王オタカルと、スイスの貧乏伯爵では勝負にならないはずだった。

ワンサイドゲームに終わるはずだったマルヒフェルトの戦いは、予想外の展開となった。オタカルが騎士道精神にのっとって正々堂々と戦ったのに対し、50～60騎の伏兵を配置する奇策に出たルドルフが勝利し、オタカルは戦死した。

一世一代の戦いでの用兵術でもご推察いただけるだろうが、ルドルフは名より実を取る人だった。「ローマ皇帝を名乗る以上、ローマで戴冠しなければならない」などという見栄は張らず、足もとを固めることに専念する俗物《リアリスト》だったからこそ、あれだけ長続きする王朝を築けたのだろう。

徐々に神聖ローマ皇帝の地位を世襲化していったハプスブルク家だったが、ときおりその座を他家に奪われることもあった。とくに家柄も良く人望も厚いルクセンブルク家のハインリヒ七世（神聖ローマ皇帝としての在位は1312～13年）が即位したときには、かなりのピンチだった。

ところがハインリヒはフリードリヒ二世のローマでの戴冠以来約100年ぶりの1310年に、ローマ王としてローマで戴冠したほど「ローマ皇帝」としての面目にこだわる人間だった。ローマで戴冠すれば、数え切れないほどの都市国家が合従連衡をくり返すイタリア政局に首を突っこまざるを得なくなる。しかもハインリヒが対決した相手が、悪党揃いのフランス国王の中でも図抜けて肝の据わった悪党フィリップ四世（在位1285～1314年）ときていた。

すでにフィリップは1303年に時のローマ教皇ボニファティウス八世の身柄を拘束して2年後に憤死させ、ボルドー大司教をクレメンス五世としてローマ教皇に据えていた。そしてハインリヒのローマでの戴冠の前年、1309年にはもう自国の傀儡《かいらい》となっていたローマ教皇を教皇庁ごとフランス領アヴィニヨンに移転させるという暴挙に出たのだった。このキリスト教がローマの国教になってから初めての異常事態を巡って、イタリア中に陰謀が渦巻いていた。

フィリップ四世は即位直後から、十字軍貿易とそれにともなう金融業でたっぷり儲けていたテンプル騎士団の豊富な財産に目を付けていた。そしてパリ市民が暴動を起こしたのを良い機会に、テンプル騎士団フランス本部に「避難」して、どれほど莫大な資産を蓄積しているかを存分に下見しておいた。

その後、１３０７年に「テンプル騎士団はバフォメットという悪魔を崇拝する異端集団だ」という完全なでっち上げ裁判を起こした。この裁判はかなり長期化したが、１３１４年にはフランス国内のテンプル騎士団幹部を火あぶりの刑に処し、騎士団領没収を図る。拷問にかけられていたころは助かりたい一心で醜態を演ずることもあった団長ジャック・ド・モレーは、刑が決まると潔《いさぎよ》く火刑台に立った。

だが火刑台から「フランスの傀儡に堕ちたアヴィニヨンの教皇と、フランス宰相とフィリップ四世を年内に神の法廷に呼び出して裁きを受けさせる」と叫んだという伝説がある。しかも１３１４年のうちに教皇は病死、宰相は遣いこみがバレて絞首刑。あの肝の据わった悪党フィリップも乗馬中に突然出てきた鹿に驚いて落馬して死亡と、なんとも間抜けな死に方をしてしまった。派手な蓄財ぶりで反感を買っていたテンプル騎士団の声望はむしろ壊滅後に高まったらしい。

テンプル騎士団の一斉検束と火あぶりの刑のあいだに、ローマ教皇の「アヴィニヨン捕囚」という大事件があったわけだ。フィリップがローマ教皇庁そのものを移転するという強硬策に出たについてはほかにもいろいろ事情があっただろう。それにしてもフランス傀儡色の濃かったクレメンス五世でさえフランス王室によるテンプル騎士団領没収には難色を示したことが、ダメ押しとなったのかもしれない。結局、アヴィニヨンの教皇庁は没収したテンプル騎士団の資産をフランス王室には渡さず、同じく十字軍に起源を持つ病院騎士団に与えて意地を見せた。

ハインリヒはローマに入ったものの、教皇はアヴィニヨンにいる。窮余の一策としてラテラノ教会で枢機卿のひとりから戴冠を受けた。なんとかローマでの戴冠という形式を整えて意気揚々と領地に戻ったハインリヒは、ローマ王として即位してからわずか3年後の1313年に急死してしまう。神聖ローマ皇帝としての在位はもっと短く、1312～13年とたった2年の治世だった。「神聖ローマ帝国の影響力がイタリアで強まるのを恐れたフランス王国の手先に毒殺された」との説もある。

ハインリヒ七世急死のあと、神聖ローマ皇帝の座はハプスブルク家のフリードリヒ三世（1314～30年）とバイエルン家のルートヴィヒ四世（1314～47年）とのふたりで分け合うこととなった。しかも1325年まではともに単独皇帝を名乗る対立皇帝だったが、1325年からは両者間の戦争に勝ったルートヴィヒが上位皇帝で負けたフリードリヒが下位という、ハプスブルク家にとってはみじめな帝位だった。

しかもフリードリヒはハプスブルク家にはめずらしい根性なしで、長寿競争でもルートヴィヒに負けてしまった。ルートヴィヒ四世のあとは、ルクセンブルク家のカール四世（1346～78年）が継いだ。このカールがルートヴィヒの業績をすべて白紙に戻して、神聖ローマ皇帝の座を事実上ルクセンブルク家の私有財産にするために奮闘する。

金印勅書発布前後の神聖ローマ帝国

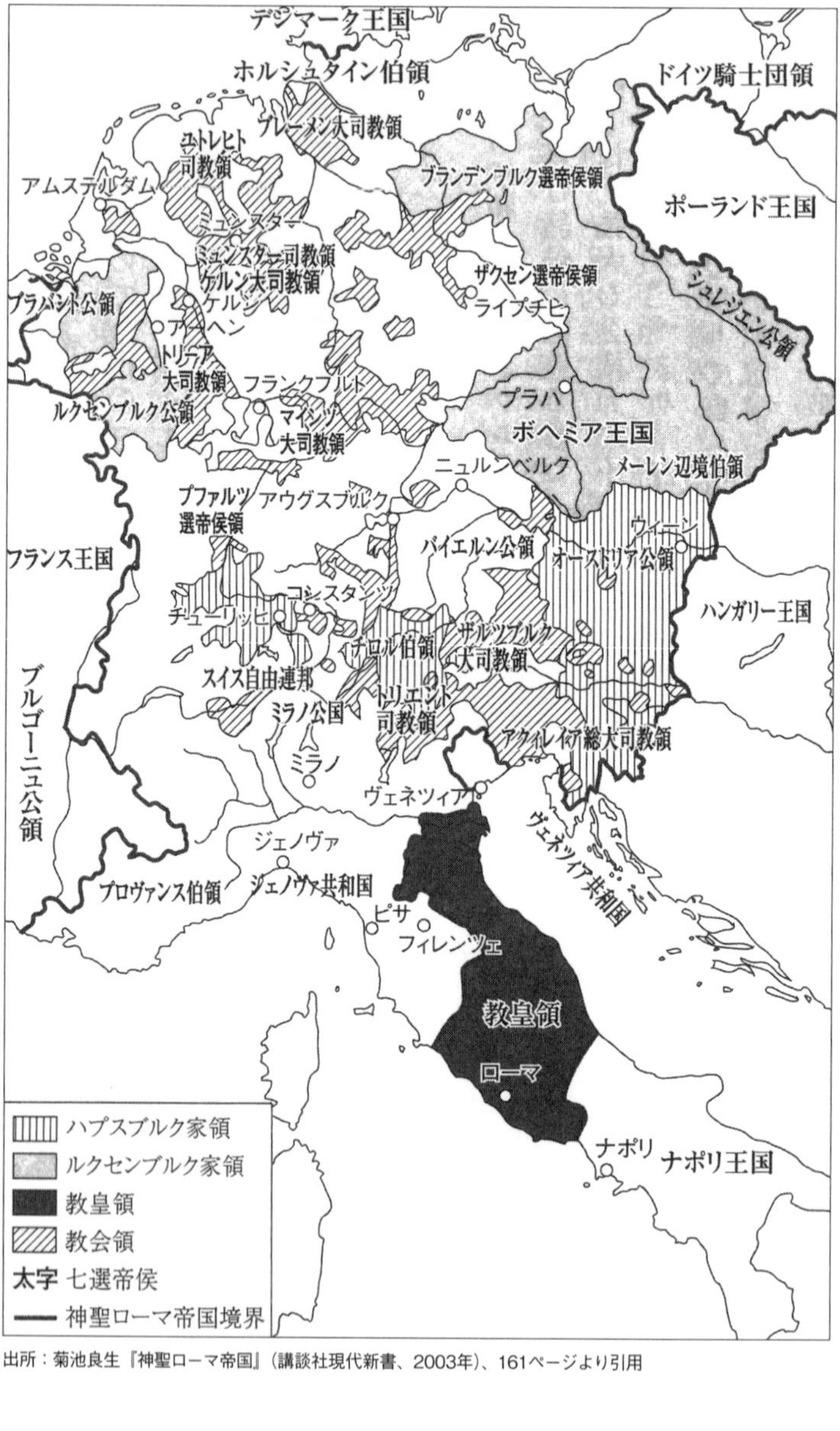

出所：菊池良生『神聖ローマ帝国』（講談社現代新書、2003年）、161ページより引用

前帝ルートヴィヒが対立皇帝との戦争や主導権争いに駆けずり回るのを見て育ったカール四世は、1356年に金印勅書を発布した。この勅書は、失政続きで貴族層に対する権威が失墜していたイギリスのジョン欠地王（在位1199～1216年）が貴族たちの突き上げによって署名を強要された大憲章《マグナカルタ》とともに、ヨーロッパ中世における地方分権へ流れを決定づける文書となった。

金印勅書には、対立皇帝が出たりして紛争のタネになっていた「7選帝侯による全員一致制」から「単純多数決制」への皇帝選任制度改革も盛りこまれていた。金印勅書の発布によって、皇帝候補たちにとっては根回しのために費やす費用や労力も軽減された。だが神聖ローマ帝国内の領主たち、中でも7選帝侯は皇帝に対する自立性を強めた。自主的な判断をおこなう権利が保障されたからだ。

晩年は英邁《えいまい》な娘婿ハプスブルク家のルドルフ四世に帝位を乗っとられかけたり、暗愚な長男ヴェンツェル（在位1376～1400年廃位）を後継者に指名したりの失策もあった。だが、とにかくカール四世は帝位のルクセンブルク家世襲化に成功したように見えた。

神聖ローマ帝国の「神聖」の意味と婚姻政策の凄み

カール四世は歴代皇帝の中でいちばん多くの文書に、神聖ローマ皇帝と署名している。ただ母語のドイツ語では「神聖ローマ皇帝」と書いたが、格式高く、当時のヨーロッパ諸国の共通語でもあったラテン語では「神聖皇帝」としか書かなかった。

「偉大なローマ帝国の後継国家」というハッタリは、ドイツ国内では通用しても国外では通用しなくなっていたのだ。国号に「神聖」の字を入れるのは、いかにもローマ教皇庁に従順な国を目指しているかのように見える。だが実際にはその印象とは正反対の、ローマ教皇庁に対する精神的自立宣言なのだ。

キリスト教神学には「信仰の剣」と「政治の剣」の2本で世界を支えるという教えがある。ローマ帝国の前に神聖と付けるのは、「政治の剣はそれ自体として神の祝福を得ているので、その上にローマ教皇庁による祝福を得なければならない筋合いはない」という解釈から出たことだった。このへんの知的作業をやっておいたのは、バイエルン家のルートヴィヒ四世とルクセンブルク家のカール四世だった。だが、その成果もまた、ハプスブルク家がちゃっかりいただいてしまう。

ヴェンツェルは愚鈍なくせに残忍だったため臣下諸侯と戦争になったのだが、その戦争で捕虜になるほど軍事指揮官としても無能だった。彼は諸侯によって廃位され、一代おいて、カール四世の次男ジギスムント（1410〜37年）が即位する。そのころローマとフランスのアヴィニヨンにふたりの教皇が並立していた異常事態がさらに悪化して、3人の教皇がそれぞれ異なる政治勢力によって擁立されていた。ジギスムントは、この「教会大分裂」を収拾するという功績を挙げた。

だが所領の中でもルクセンブルク家にとって金城湯池だったボヘミアでは、マルティン・ルターより1世紀以上早く、学識豊かで人望も厚いヤン・フスがプロテスタント運動を始めていた。聖職者の腐敗堕落、教皇庁公認の贖宥状《しょくゆうじょう》（免罪符）販売などを筆鋒《ひっぽう》鋭く批判したのだ。ジギスムントは1415年の宗教裁判の結果、フスを異端として火あぶりの刑に処させた。フスへの対応を誤ったこととの代償は大きかった。ボヘミアにおけるルクセンブルク家の権威が失墜したからだ。

ルクセンブルク家による帝位の世襲が既成事実化したように見えたとき、久々にハプスブルク家出身の単独皇帝として登場したのがアルブレヒト二世だった。在位期間は1438〜39年とわずか2年間だったが、このの ち神聖ローマ皇帝、オーストリア皇帝、オーストリア＝ハンガリー皇帝の座に着くのは、18世紀半ばにバイエルン家から即位したカール七世（在位1742〜45年）たったひとりをのぞいて、全員ハプスブルク家出身者となった。

アルブレヒトのあとは、又従兄弟で傍系のフリードリヒ三世（在位1440〜93年）が継いで長期政権となった。すでにご紹介したが、愚鈍なくせに陰険で戦争となればひたすら逃げ回るだけの、ハプスブルク家の面汚しとも言うべき大愚図野郎だった。しかし、だれにでも取り柄はあるもので彼はあらゆるライヴァルより長生きして、無事息子に皇帝の座を譲ることができた。

その息子として即位したのが、中世最後の騎士とも呼ばれるマクシミリアン一世（同1493〜1519年）だった。古典には興味がないが、騎士物語と騎上試合が好きで戦場での統率力に優れ、芸術の保護者としても活躍した。何よりの功績はハプスブルク家伝統の婚姻による領土拡

15世紀末のスペイン

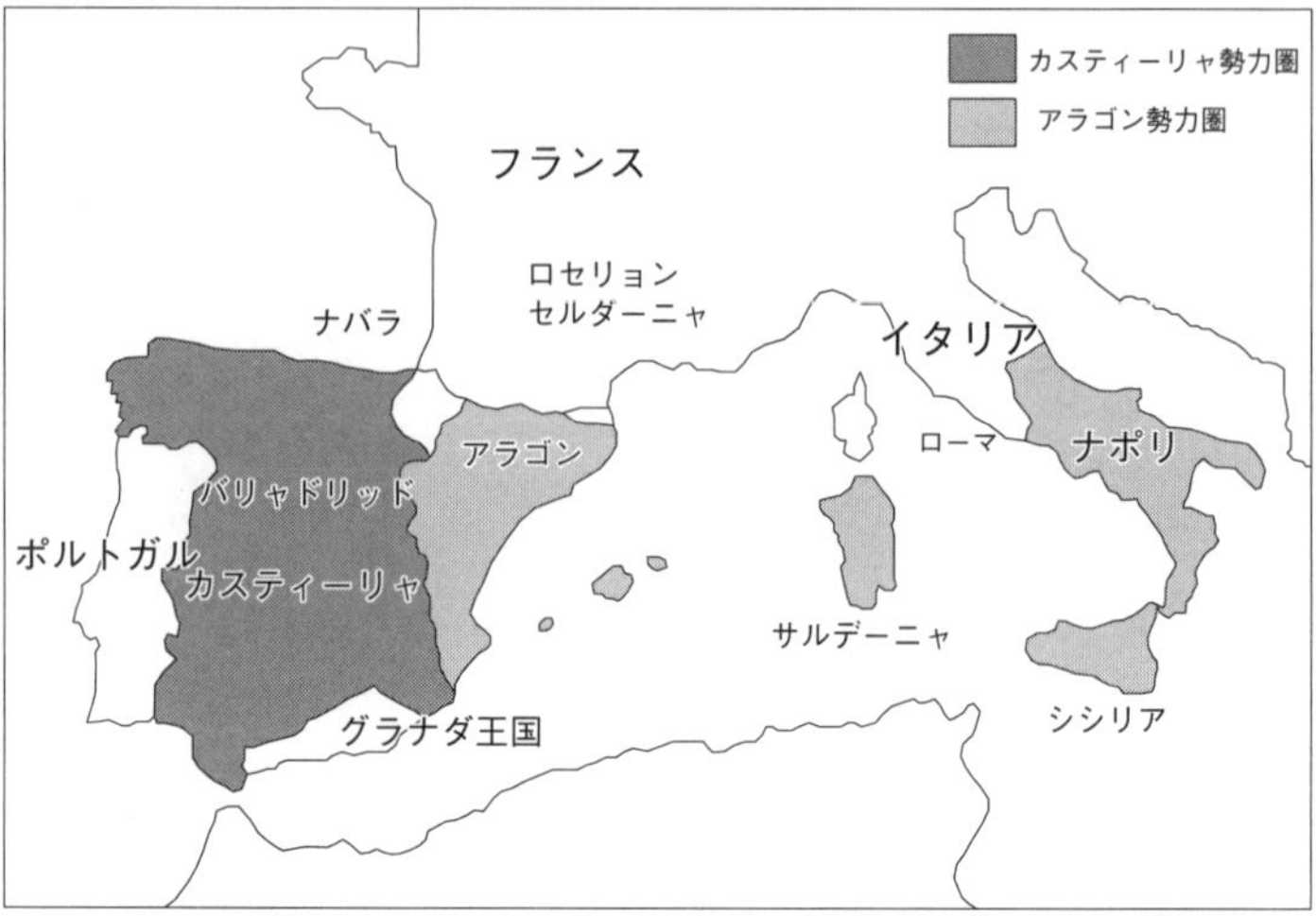

出所：西川和子『狂女王フアナ――スペイン王家の伝説を訪ねて』（彩流社、2003年）、10ページより引用

大にも熱心で、ブルゴーニュ突進公《テレメール》の女相続人マリーと結婚してブルゴーニュ、フランドル地方を領地に加えたことだろう。

しかも、この騎上試合にめっぽう強い陽気な若殿は、実戦場面では騎兵の行動の自由度が極端に低いことも熟知していた。だから中世ヨーロッパで定番だった騎士同士の華やかな激突戦をあっさり見限って、歩兵と砲兵中心の近代戦を導入したのだ。そういう意味でも、マクシミリアンは「中世最後の騎士」だった。

そして突進公より無謀公と訳したほうがいいほどけんかっ早く、もの怖じせずに敵陣に突っこんでいく父親ブルゴーニュ公シャルルの血を引いたマリーは、乗馬とスケートが大好きという活発な姫君だった。おそらく気丈なマリーに袖にされた婿殿候補あたりが言い出しっぺなのだろうが、「他の奴らには戦争させとけ！　オーストリアよ、汝は幸せな結婚をするがよい！」と陰口をたたかれるハプスブルク家一流の婚姻政策はこのころから真価を発揮するようになる。

同じころカトリック両王と呼ばれるカスティーリャ女王イサベル（在位1474〜1504年）とアラゴン王フェルナンド（在位1479〜1516年）夫妻は、1492年にイベリア半島におけるイスラム王朝最後の拠点グラナダを陥落させ、領土再征服《レコンキスタ》を達成していた。両王は次の目標をイベリア半島と南イタリアからフランス勢力を駆逐することに定め、中欧の大国神聖ローマ帝国との提携を模索する。

もちろんハプスブルク家に異存はなく、グラナダ陥落から4年後の1496年にマクシミリアンの長男フィリップ（スペイン語ではフェリペ）と両王の次女フアナがフランドルで結婚する。荒涼としたスペイン中央部で敬虔《けいけん》なカトリック教徒として育てられたフアナは、水も緑も豊かで商工業も発展していたフランドルの享楽主義的な風土で育った軽薄な女たらしフィリップをひたすら愛した。そもそもフィリップは妻を通じてスペイン王家を乗っとるつもりだった。

イサベル女王の死後、父フェルナンドを摂政として女王となったフアナ（在位1504〜16年）は夫フィリップとともにスペインに帰る。このときフィリップはフアナとの共同統治王になり、フェリペ一世と呼ばれたとする説もある。

だが今もなお美貌《びぼう》にして悲運の女王フアナびいきでハプスブルク嫌いのスペイン人の多くが、それは僭称に過ぎなかったと言うそうだ。フィリップは、妻フアナの摂政権を義理の父であるア

フアナのスペイン

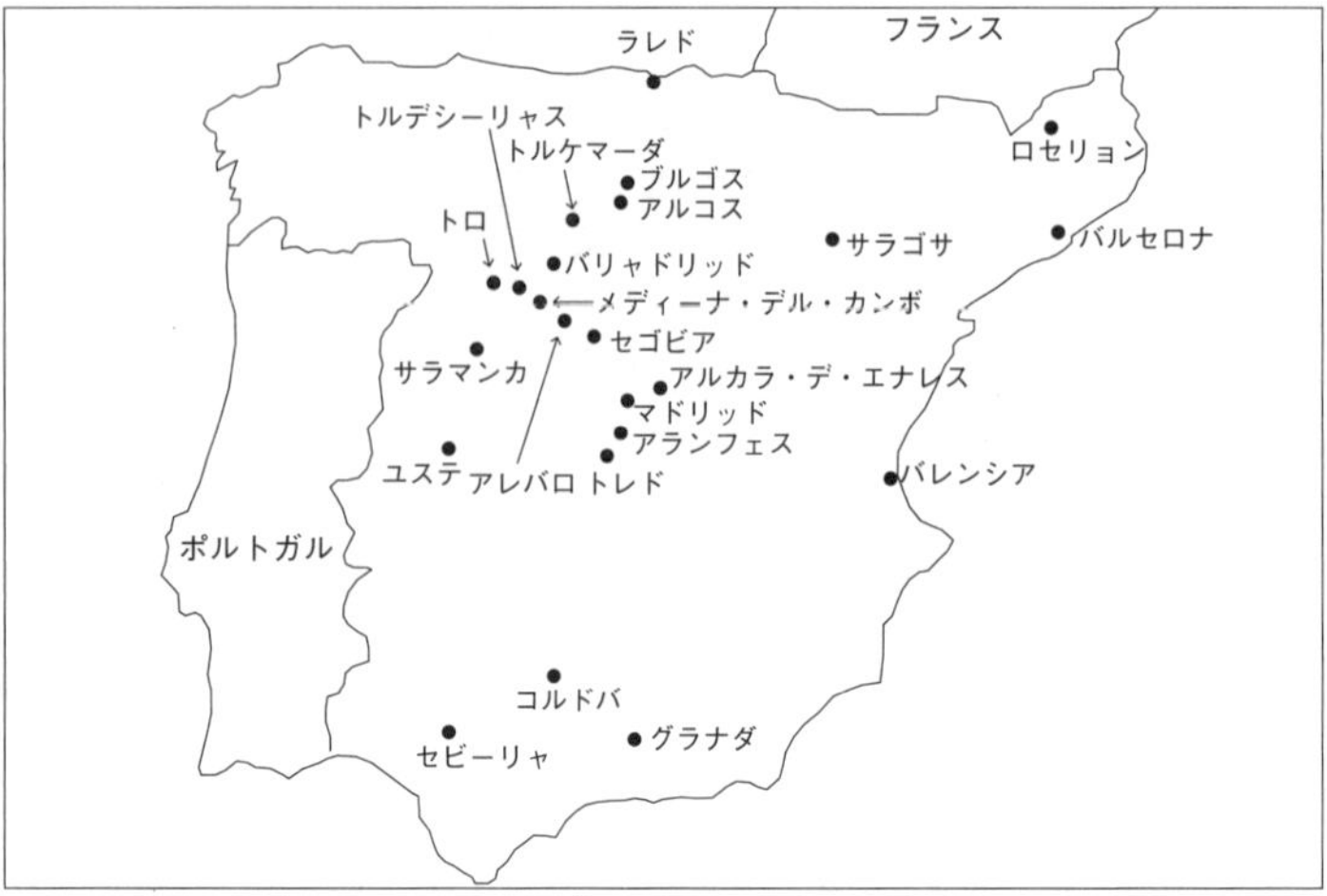

出所：西川和子『狂女王フアナ――スペイン王家の伝説を訪ねて』（彩流社、2003年）、11ページより引用

ラゴン王フェルナンドから奪い取ろうと画策するうちに、熱病にかかって急死してしまう。

　ふたりのあいだに生まれた長男がカール（スペイン王カルロス一世としては在位1516〜56年、神聖ローマ皇帝カール五世としては1519〜56年）、次男が次の神聖ローマ皇帝となったフェルディナント一世（在位：1556〜64年）だった。カールが成人と認められる年齢に達したとき、フィリップの死後精神状態がひときわ不安定になっていたフアナは、息子カールにスペイン王位を譲らされる。

　カールとフェルディナントはほぼ一貫して、当時ヨーロッパ大陸の大西洋岸でもっとも貿易や毛織物工業が発展していたフランドルで育てられていた。スペイン王となったカールがスペイン語を修得したのは、王位に就いてからのことだった。

　アフリカ南端回りでアジアの香料諸島に到達したポルトガルに対抗して、スペインは西回り航路で南北アメリカ大陸の侵略を始めていた。征服したアステカ帝国やインカ帝国から膨大な量の金銀を強奪してスペイン本国に持ち帰る冒険家たちも続出し、国運はますます隆盛しそうに見えていた。

まさにその時代にカール五世というひとりの人間を通じて、中欧最大の神聖ローマ帝国と、レコンキスタによってイスラム教徒たちからの領土回復を達成し、大航海時代の先端を切り拓《ひら》いていたスペイン王国の同君連合が成立したのだ。この同君連合がどんなに強大な国家になるか、周辺諸国は戦々恐々として見守っていたに違いない。

だが神聖ローマ帝国にとっても、スペイン王国にとってもカール五世の治世が国力のピークで、その後相乗効果を発揮してもっと強くなることはなかった。底流にあったのは世俗世界、信仰の世界を通じた分権化の動きだった。ハプスブルク家の専有物となった神聖ローマ帝国は、数え切れないほど多くの領邦国家のゆるやかな連合体への変質が進んでいた。と同時に信仰の世界でも世俗権力の分権化と並行するように、ローマ教皇庁によるカトリック一元支配が揺らいでいく。

15世紀初頭に東欧で起きたヤン・フス派の反カトリック運動は大きな潮流とはならなかった。だが1517年には、マルティン・ルターが「95ヵ条の論題」を提起して、カトリック対プロテスタントの宗教戦争の時代を招き入れることとなった。

分水嶺となった1527年のローマ劫掠

宗教戦争の初期段階で、「神聖」ローマ帝国のありのままの姿を象徴する衝撃的な事件が起きている。神聖ローマ皇帝の座をマクシミリアン一世から引き継いだカール五世は、フランス王と結託して自国内の政局に容喙《ようかい》していたローマ教皇への懲罰のための軍勢をイタリアに送りこんだ。この軍隊がこともあろうにローマ教皇庁の聖域に侵入し、ローマ市民や聖職者、修道士、修道女に対して虐殺、陵辱、略奪の限りを尽くしたのだ。1527年のローマ劫掠《ごうりゃく》だ。

もともとしっかりした自前の軍隊を持たなかった神聖ローマ帝国では、このころ主として北ドイツの貧しい農民から兵士を徴募したランツクネヒトと呼ばれる傭兵《ようへい》隊に軍事力を依存していた。そして、この傭兵たちの多くがルター派プロテスタントだった。

だからローマ市内でもカトリック聖職者や、教会の資産が集中的に狙われたのだ。「雑兵たちがほしいままに町じゅうを暴れ回った。約八千人が殺され、女は暴行され、家は略奪され、貴重な芸術品が打ちこわされた」（プレティヒャ『中世への旅』、70ページ）という。ランツクネヒトの、まさに神を畏れぬ暴挙が非難を浴びた。だが罪は傭兵たちだけにあるのではなかった。

そのときになって突然憤激の態度を見せた皇帝（カール五世——引用者注）は、彼らに数か月間一文の給料も払ってはくれなかった。彼らは、最初は給料を、次に戦利品をあてにして、数か月間このうえない艱難に耐えてきたのではなかったか。こういう苦労をしてきたあとだけに、単純な男たちはまっしぐらに略奪の陶酔へと飛び込まずにはいられなかったのである。

（同書、71ページ）

神聖ローマ帝国は1453年に東ローマ帝国を滅ぼしていたオスマントルコ帝国によって、1529年と1683年の2度にわたって首都ウィーンを包囲された。とくに第一次包囲では首都の陥落はまぬかれたものの、バルカン半島の大部分がオスマントルコの領有となる。神聖ローマ帝国は版図が縮小しただけではなく、ヨーロッパ諸国に対する威信も大幅に低下した。

1529年と言えば、あのローマ劫掠からわずか2年後だ。ハプスブルク家としては「教皇庁からの精神的自立」という理論武装はしていても、カトリック信者のあいだでローマに対する尊崇の念は根強い。「神罰が当たった」と考えた人も多かったかもしれない。

カール五世自身は一応カトリック教徒ではあったが、平然とローマ教皇に懲罰軍を送る冷徹なニヒリストでもあった。彼は神罰とか祟《たた》りとかはまったく信じていなかっただろう。だが広い領土を統治すること自体が困難な上に、カトリック・プロテスタント間の宗教的な対立は広域支配をますますむずかしくしていた。

カールは頭脳明晰《めいせき》なまま、1556年に自発的に生前譲位するという、ヨーロッパの君主としてはめずらしい行動に出た。慎重に情勢を判断した結果、同君連合のまま徐々に連携を深めて、やがて神聖ローマ帝国とスペインを一国とすることは不可能だとあきらめたのだろう。

統一国家への道を選ばなかった以上、君主の座は分割して譲るしかない。自分が死んでからの遺言状による委譲では、骨肉相食《こつにくあいは》む戦争さえ誘発する危険がある。生きているうちに権威ある神聖ローマ皇帝の座は実弟に譲り、新興のスペイン王国は地理的な親和性で見れば神聖ローマ帝国に属すべきネーデルラントというおまけ付きで息子フェリペ二世（在位1556～98年）に譲ることにした。

ネーデルラントには、自分が生まれ育ったフランドル地方もふくまれている。独立心旺盛なプロテスタント商人が多くて統治はむずかしいが、土地も肥沃だし商工業も発展していたフランドルは当時ヨーロッパ大西洋岸でもっとも豊かな地域だった。その土地柄と繁栄ぶりについては、ヨハン・ホイジンガの名著『中世の秋』が生き生きと描き出している。

カールとしては、殺風景でやせ地ばかりのスペインに豊かなネーデルラントをつけてやったのは実子への思いやりだったのではないだろうか。当人が「宗教は政治的に利用できるときには利用すべきもの」程度に考えていた形跡が濃厚だ。自分の息子であるフェリペ二世だってプロテスタントの多い豊かな領地を分けてやれば、宗教対立などはどうとでも折り合いを付けて、豊かな経済をうまく活用してくれると思っていたのだろう。

スペインはわずか三代で新興国から衰退国へ

ところが1527年に生まれたフェリペは、自分が生まれた年に父親がしでかしたローマ劫掠という不祥事の埋め合わせでもするかのように、狂信的なカトリック信者に育っていた。ヨーロッパ大陸からイスラム教などの異教を一掃するだけでなく、世界中をカトリック信仰一色に染め上げるという見果てぬ夢を抱いていたのだ。

カトリック側もプロテスタントによる改革運動に対する反撃として、対抗宗教改革運動を推進しはじめていた。フェリペは対抗宗教改革諸派の中でもとくに先鋭的なイエズス会を重用して、世界的な布教活動を熱心に推進した。

また当時の日本の天下人《てんかびと》だった豊臣秀吉には「貴国を正しきキリスト教徒で埋め尽くすための使節団を送るので、よろしく保護していただきたい」という外交儀礼上あり得ない傲慢《ごうまん》きわまる親書を送っていた。秀吉がキリスト教徒迫害を決意したのも、フェリペからの親書を読んだ上でのことだった可能性が高い。

フェリペは豪華な寝台で寝るより、修道士の着る粗衣を荒縄で縛り、床に寝るほうが好きだった。フェリペの勅命で建てられ、そこで政務も執ったというエル・エスコリアル修道院は、殉教した聖人ラウレンティウスを火あぶりにするために使った人間網焼き器のような不気味な道具をかたどった設計だった。フェリペは、極度の苦痛を伴う殉教にも憧れていたらしい。

この性格には、夫の放蕩《ほうとう》で精神に異常を来した祖母フアナからの隔世遺伝的な要素を見出すこともできるだろう。だがむしろ信仰さえ政治の道具とする老獪《ろうかい》な皇帝だった父カール五世への反発が強かったのではないだろうか。その意味では、ローマ教皇庁はフェリペの人格形成への影響というかたちでカールに神罰を下したのかもしれない。

フェリペ二世の即位後15年くらいは、狂信的なカトリック優遇・他宗派弾圧政策に目立った破《は》綻《たん》はなかった。むしろ1571年にスペイン・ローマ教皇領・ヴェネツィア連合海軍がオスマントルコ海軍を破って、主力のスペイン艦隊《アルマダ》が無敵艦隊と呼ばれるようになるという輝かしい場面もあった。この勝利も、フェリペの「神は我とともにあり」という確信を強めてしまった気配がある。

だが自国領内ではプロテスタントに対する苛烈《かれつ》な弾圧が引き金となって、ネーデルラント独立戦争（1568〜1648年）が勃発していた。1581年にはとくにプロテスタントの多い北ネーデルラント（現オランダ）が独立宣言を発表し、近隣諸国の多くがその独立を認めていた。それにもかかわらず、スペインは武力鎮圧にこだわって膨大な戦費を遣いつづける。

1588年にはネーデルラントの反乱軍鎮圧のために派遣していたスペイン陸軍への武器・弾薬・糧食補給にアルマダを派遣した。そのアルマダが歯牙《しが》にもかけていなかった海賊船の寄せ集めで構成されたイギリス海軍によって、イギリス沿岸で惨敗を喫する。じつは、往路での被害は惨敗と言うほど大きくなかった。

だが結局、味方のスペイン陸軍とうまく落ち合うことができずに引き返した復路では、慎重にイギリス海軍を避けてアイルランド西岸沖を大回りする航路をとった。ところが安全なはずのその航路が裏目に出て、ヨーロッパ大西洋岸にはめずらしい大暴風雨に遭遇してしまう。スペイン艦隊にとっては、イギリス海軍より暴風雨による被害のほうがはるかに大きかったと言われている。

イギリスからすれば、実情は日本が元寇《げんこう》に立ち向かったとき以上に「カミカゼ」に助けられた勝利だった。だがこれは、イギリスが西欧随一の貧困国から大国へと躍り出るきっかけとなる海戦だった。

宗教戦争はその後も延々と続くが、ピークはまさに神聖ローマ帝国領内を主戦場にして、ヨーロッパ諸国の大半が参戦した１６１８～48年の三十年戦争だった。驚くべきことにスペインはアルマダの惨敗後も、60年にわたってネーデルラントの独立を撤回させるという非現実的な目標のために財力と兵力を消耗しつづけていた。

スペイン王室はフェリペ二世在位中の１５７５年に始まって、三十年戦争終戦直前の１６４７年まで、じつに5回も国家財政の破綻を宣言している。結局、カトリックの多い南ネーデルラント（現ベルギー）を自国領内につなぎ止めることを条件に不承不承北ネーデルラントの独立を認めたのは、独立戦争開戦80年後の１６４８年のことだった。

三十年戦争を収拾したウェストファリア条約締結当時の中央ヨーロッパ、1648年

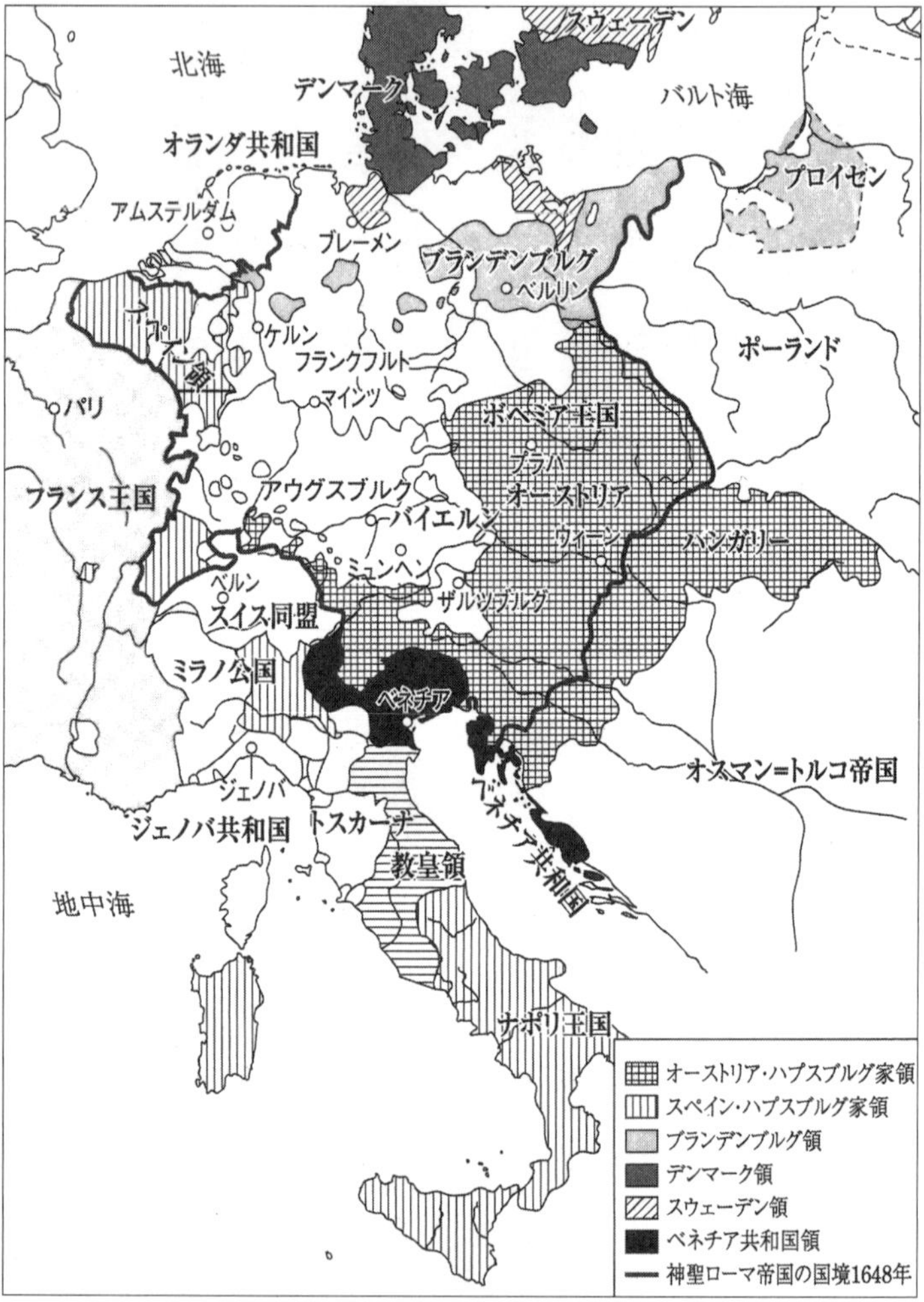

出所：菊池良生『神聖ローマ帝国』（講談社現代新書、2003年）、225ページより引用

三十年戦争を収拾するためのウェストファリア条約にはさまざまな付帯条項が付いていた。そのひとつが北ネーデルラント＝オランダ独立の承認だった。スペインもオランダもこの条約に調印した。

そのころにはもうスペインはヨーロッパの大国の座から滑り落ちていた。カトリック両王を継いだファナ女王時代には、まだ新興国の勢いがあった。だがカルロス一世（＝カール五世）を経て、フェリペ二世の治世では明らかに停滞どころか衰退に転じていた。

スペインはイスラム勢力を一掃した勢いに乗って、ヨーロッパ諸国によるアジア・アフリカ・南北アメリカ大陸進出の先頭に立ち、征服した中南米各地から膨大な金銀を奪い取った。だが16世紀半ばには国力が衰微しはじめていた。今でも、この躍進から衰退への激変は「大量に持ちこまれた貴金属によって急激なインフレが進行したからだ」と説明されることが多い。

しかし中南米から持ち帰った金銀の購買力を生産力の拡大や、消費財の購入による国民経済の発展に使っていれば、インフレ自体で国力が衰えることはない。スペインの場合、熱狂的なカトリック信者である国王フェリペ二世が、豊かな資金を全世界のカトリック化という見果てぬ夢の実現に必要な軍事力増強のために浪費しつづけたから衰退したのだ。

さすがに21世紀の今日、カトリック、プロテスタント両派が武器を持って戦ってはいない。だがアイルランドという小さな島国では、カトリック教徒の多い南側約4分の3は独立し、イギリス国教会派や長老派プロテスタント教徒の多い北側約4分の1は今も大英連合王国にとどまっている。

その北アイルランドでは20世紀中もテロ活動が続き、ようやく和平が成立したのは1998年のことだった。しかも和平成立直後に最大規模のテロが起きていた。この事実を見れば、宗教戦争は現代にいたっても継続中とさえ言える。

18世紀の神聖ローマ帝国は、当時有数の皮肉屋ヴォルテールによって「いったいどこが神聖で、どこがローマで、どこが帝国なのか」と痛罵《つうば》を浴びるていたらくだった。そのヴォルテールを始めとする啓蒙《けいもう》主義者たちの影響も受けて1789年に始まったフランス革命も、神聖ローマ帝国に甚大な影響をおよぼした。

18世紀末から19世紀初頭にかけて、フランス革命は近隣諸国を巻きこむ大戦争を誘発した。フランス革命軍の将校から成り上がったフランス皇帝ナポレオンのおかげで、神聖ローマ帝国は中欧から東欧にかけていたるところで押しまくられる展開となった。

ハプスブルク王家がナポレオン戦争の中で断絶したわけではなかった。だが神聖ローマ帝国の看板を下ろし、オーストリア帝国、さらにのちのオーストリア＝ハンガリー帝国へと国号の変更を余儀なくされた。それでもなんとか生き延びたハプスブルク帝国は、ナポレオンの敗北を受けて開かれた1814〜15年の講和会議の議場として首都ウィーンを提供することによって、ナポレオン戦争後のヨーロッパにおける外交の中心地という地位を確保した。

このしぶとい王家がついに領土を失うのは、オーストリア＝ハンガリー帝国がドイツ側に立って第一次大戦に参戦し、敗北した結果だった。当時の皇帝カール一世（在位1916〜1918年）が「国事不関与」を宣言して国外に亡命した1918年秋のことだ。

962年にオットー一世が神聖皇帝としてローマで戴冠したときから数えれば、千年近い歴史に幕を引いたわけだ。だが神聖ローマ帝国は帝国の名にふさわしい国家機構を備えていた時代より、つぎはぎだらけの領邦国家連合だった時代のほうがはるかに長い、不思議な帝国だった。

文弱な印象が強い東ローマ帝国に出現した3人の軍人皇帝たち

時代は10世紀末から11世紀初頭に戻る。ちょうど中央ヨーロッパではザクセン家三代のオットーたちがのちに神聖ローマ帝国と呼ばれる領地の地固めをしていたころ、東ローマ帝国では皇帝の権力を強化する軍人皇帝が三代続けて出現した。

それまでの東ローマは、フン族、ゲルマン人、ノルマン人、イスラム教徒たちによる侵攻を巧みな外交術と当時の最新兵器、水をかけても燃え広がる海戦用の「ギリシャ火」を駆使してなんとか撃退するのがやっとという状態だった。このじり貧状況を打開したのが3人の軍人皇帝だった。

東ローマ帝国で三代続けて即位した武断派の皇帝たちは、ニケフォロス二世（在位963〜969年）、ヨハネス一世（同969〜976年）、そしてバシレイオス二世（同976〜1025年）

565年の地中海世界

出所：井上浩一『生き残った帝国ビザンティン』（講談社学術文庫、2008年）、16ページより引用

という顔ぶれだった。この3人が次々に即位する直前の東ローマ帝国を取り巻く環境は絶望的だった。

フン族から別れたと推定されるテュルク系遊牧民族の一派、ブルガール人の首領だったボリス汗はキリスト教に改宗し、ブルガリア帝国を建国した。跡取り息子をコンスタンティノープルに留学させるほど東ローマびいきだったが、それが東ローマ皇帝には仇となった。

シメオンとしてブルガリア皇帝に即位した息子が、926年に東ローマ皇帝の地位を要求してきたのだ。首都コンスタンティノープルの西に残された軍管区《テマ》はテッサロニキひとつだけで、皇帝ロマノス一世（在位920～944年）と市民たちに残された手段はひたすら神に祈りを捧げて奇跡を待つだけという惨状だった。結局和議が成立してシメオンは巨額の賠償金を得て、東ローマ皇帝と名乗ることを断念した。

だが何度もこの手でゆすられ、たかられていたら、東ローマ帝国は財政的に持たなくなるほど経済的にも逼迫

1025年の東ローマ（ビザンティン）帝国

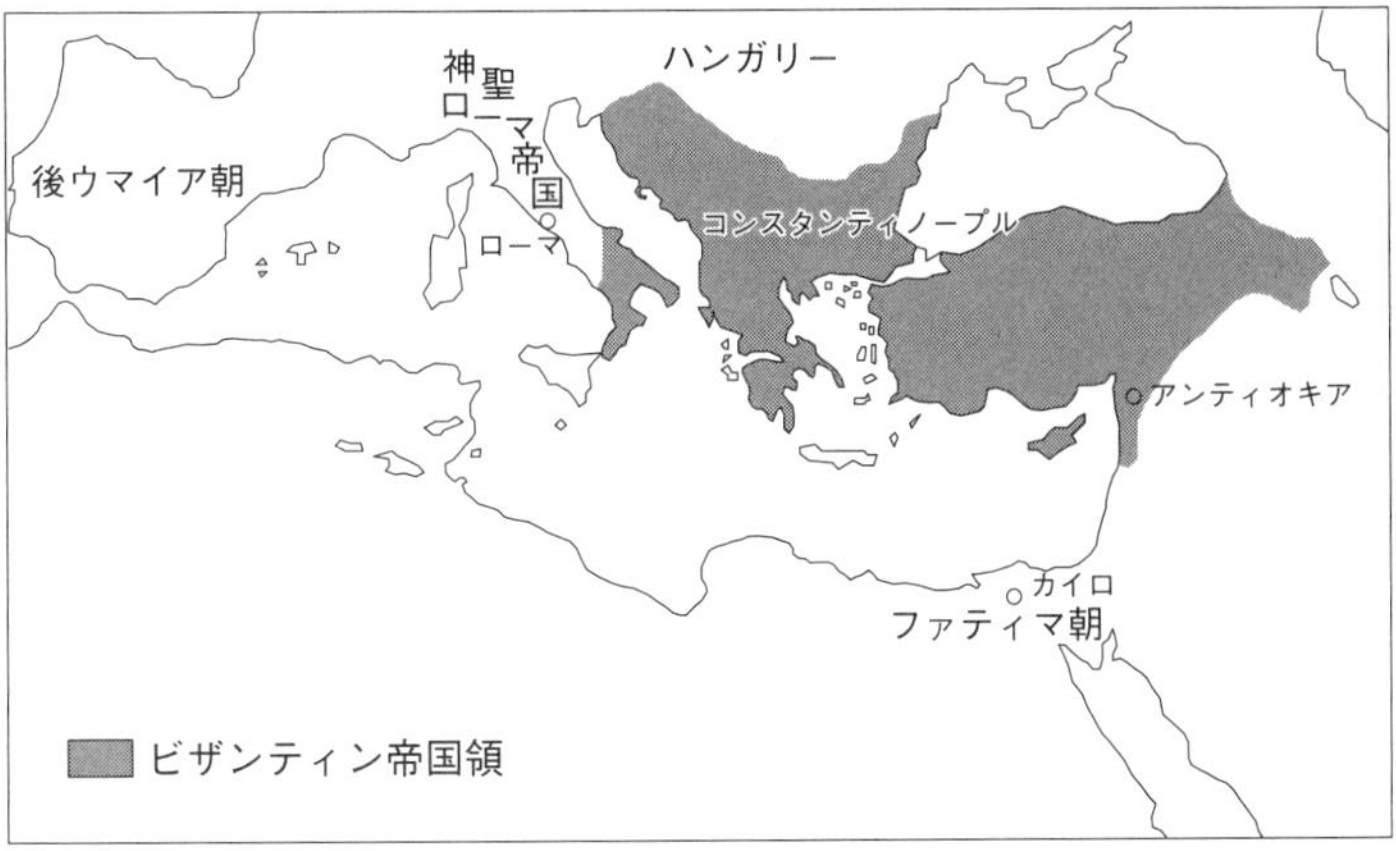

出所：井上浩一『生き残った帝国ビザンティン』（講談社学術文庫、2008年）、17ページより引用

していた。三代にわたる軍人皇帝たちは軍事力の強化と徴税能力の向上に邁進した。彼らが拡大を続けた版図は、最終的な広さでは6世紀半ばに出現した東ローマ帝国中興の祖ユスティニアヌス帝が妻テオドラの叱咤激励のもとで拡大した東ローマ帝国最大版図におよばなかった。

しかしバシレイオス二世が遺した領土には、ユスティニアヌスの遺した領土よりはるかに豊かな実質が備わっていた。ユスティニアヌスの領土拡大は、ローマ皇帝を名乗る以上「地中海を自国の内海とし、ローマを領有していなければならない」という強迫観念に駆られたものだった印象が強い。

ユスティニアヌスは20年におよぶゴート戦争を戦い抜き、苦心惨憺してゴート族からローマを奪い返した。だがそのローマはゴート族がまだ都市を使いこなす文明水準に達していなかったため極端に衰退していて、人口もわずか500人に縮小した状態だったという。

一方、バシレイオス治下の東ローマ帝国は、地中海北岸のうちで東半分の経済力豊かな都市圏をほとんど全部網羅していた。しかも、たかがローマ総大司教の分際で「全キリスト教世界の精神的帝王」を自称するローマ教皇という厄介ものが鎮座するローマはあえて成り上がりの神聖ローマ帝国に任せていた。あくまでも実質本位で拡大した領土なのだ。

前帝ロマノス二世（在位959〜963年）が24〜25歳で夭折したあと、ニケフォロス二世はライヴァルを市街戦で倒して帝位に就いた。彼はまず有能な軍人であり、さらに東ローマ皇帝には珍しく、敬虔なギリシャ正教信者でもあった。信仰面での最大の功績は、今でもギリシャ正教の屋台骨を支えているアトス山の修道院創設に尽力したことだろう。963年にアトス山麓《さんろく》で最初のメギス・ラヴラ修道院の設立を許可する勅許状を出している。

だが民政や徴税に無関心だったわけではない。それどころか税制改革と軍事力の強化を一石二鳥でやってのける手腕も持っていた。8〜10世紀の東ローマでは兵士の多くを農民から取っていたが、富農層に目を付け、税制上の特権と引き換えに高度な装備を身につけて従軍することを命じた。こうして形成された重装騎兵軍団がヨハネス一世、バシレイオス二世の華々しい戦果を準備することになる。

しかし自分にも他人にもきびしく、日常生活のすべてを軍規の遵守と信仰に捧げるニケフォロスは、まあ奥さんの眼から見ればほんとうにうっとうしいタイプの夫だったのだろう。皇帝になるための妥協策として、前帝ロマノス二世の妻だったテオファノを娶《めと》ったのが命取りとなった。

ニケフォロスの謹厳さを疎《うと》んじた妻が信頼できる暗殺者として選んだのは、次期皇帝ヨハネス一世だった。暗殺が成功すると、テオファノはヨハネスと結婚し、彼を皇帝にしてやったのだ。帝妃に取り入ってその夫を暗殺してまで皇帝に成り上がる野心家というと、いかにも地位や名誉に目がくらんで失政を重ねそうな人間に見える。だがヨハネスは野心にふさわしい実務能力もかね備えた名君となった。

ヨハネスはニケフォロスが育てた重装騎兵部隊を率いて、971年には勃興しつつあったキエフ・ロシア公スビャトスラフ軍を破った。974年にメソポタミアに遠征したヨハネスは翌年パレスチナに進軍し、エルサレムの「聖地解放」まであと一歩というところまで到達した。だが軍事的にも経済的にもエルサレム占領にさしたる価値を認めず、軍を返した。このへんにも合理的な判断力が不可欠の軍事指揮官としての資質の高さが表れている。

ヨハネスは遠征から帰還した直後に遠征中にかかった病に仆《たお》れたとも、毒殺されたとも言われる不審死を遂げた。ヨハネスの後を継いだバシレイオスは、ニケフォロスの先代に当たるロマノス二世の長男だった。ほぼ正確に半世紀におよぶ治世のうち、18歳で即位した直後の約10年は近親者や有力貴族の容喙を許していた。

しかし、その後の40年間はあらゆる権限を自分が掌握して専制政治を貫いた。儀式を嫌い、緋《ひ》色《いろ》の帝衣もほとんど身につけず、文化や学問にも興味を持たず、ひたすら慣例や定石を無視して戦争に勝つことに専念した。

バシレイオスの赫々《かっかく》たる戦績の中でもっとも悪名高いのは、対ブルガリア戦争だろう。1014年に長期戦の末、テッサロニキ北方ストゥルムニッツァの戦いで決定的な勝利をあげた。東ローマ帝国の圧勝に終わったこの戦争では、1万5000人のブルガリア兵を捕虜とした。バシレイオスは片眼だけを潰した捕虜ひとりの後ろに両眼をくりぬいた99人の捕虜を数珠つなぎにして百数十もの隊列を組ませ、徒歩でブルガリアまで帰らせた。

なんとか故郷にたどり着いた捕虜たちの哀れな姿を見たブルガリア王は、怒りと屈辱のあまり、わずか2～3日のうちに憤死したと伝えられる。バシレイオスとしては、巨額の賠償金を払ってようやく皇帝の座をあきらめてもらうという屈辱を味わった、70～80年前のブルガリア皇帝による東ローマ帝位要求事件に対する積年の恨みを晴らしたのだろう。

この戦いをきっかけに第一次ブルガリア帝国は崩壊し、その領土は東ローマ帝国に併呑《へいどん》された。1万5000人という人数には誇張があるかもしれない。だが捕虜へのむごたらしい仕打ちとブルガリア王の憤死、そして一時は東ローマ帝国を併呑する勢いを示したブルガリア帝国の崩壊は史実なのだ。

バシレイオスの戦場での情勢判断には、近代合理主義者のおもかげがある。だが捕虜の処遇に見せた冷酷非情さは、やはり彼が中世ヨーロッパに生きた人間だったことを思い出させてくれる。

1025年に67歳で死んだバシレイオスは生涯結婚もせず、世継ぎも残さなかった。心の底から戦陣暮らしが好きで、生ぬるい家庭生活に費やす時間などなかったのかもしれない。あるいは自分のような性格であればニケフォロス同様、いつ妻に寝首をかかれるかわからないと思っていたのかもしれない。これだけ苦労して築き上げた帝国の基礎は盤石で、だれが跡を継ごうと安泰だと思っていたのかもしれない。

だが生涯未婚だったバシレイオスにも姪《めい》はいた。何人かの後継者たちが、ゾエというバシレイオスの姪を妻にすることによって皇帝に成り上がった。それにしてもゾエの婿選びの基準は若い美青年か、すぐに後腐れなく死んでくれそうな老人だったというから、まっとうな治世を期待するのが無理だった。

おまけにバシレイオスは貧農が納められなかった税を、金持ちや貴族に支払わせるという連帯責任制度を導入していた。彼の専制権力と、戦場に出ればほぼ例外なく勝利を収める軍事的手腕があってはじめて機能する制度だったので、後継者たちはこの制度を撤回せざるを得なかった。それでは、ほかにどんな手立てで税収の確保を狙ったのかというと、あまり妙案はなかったようだ。

バシレイオスが没して200年も経っていない1204年には、キリスト教徒同士として味方であったはずの第四回十字軍が突然目標を「エルサレム奪還」から「コンスタンティノープル制圧」に変えて襲いかかってきた。この事実だけ抜き出せば、明らかに十字軍側の背信行為だ。

だが、その底流には第四回十字軍の財布のヒモを握っていたヴェネツィア商人たちの、東ローマ帝国に対する怨念《おんねん》が渦巻いていた。ヴェネツィアは1082年にコンスタンティノープルでの商業特権を得ていた。しかし第一回十字軍（1096～99年）が聖地エルサレムを占領し、エルサレム王国を樹立するという意外な成功に終わってから、コンスタンティノープルの市民たちはヴェネツィア商人が傲慢で尊大な態度を取るようになったと感じていた。

1171年にときの東ローマ皇帝マヌエル一世（1143～80年）は市民の反感を利用して、当時東ローマ帝国全土に在住していたヴェネツィア人を一斉検束し、国外退去処分にした。その人数はコンスタンティノープルに住んでいたものだけで1万名を超えていたという。

さらに1182年にはコンスタンティノープルで市民が反イタリア人暴動を起こし、ヴェネツィア人もジェノヴァ人も区別なく、暴行、略奪、殺傷の対象とした。皇帝はアレクシオス二世（1180～83年）に代わっていたが、暴動を鎮圧するより、むしろ扇動していた形跡がある。

十字軍が矛先をコンスタンティノープルに向けた年に即位したばかりの皇帝アレクシオス五世（在位1204年）は、堅固な城壁とギリシャ火で城内を守れていたうちは「十字軍兵士全員を縛り首にしてやる」と息巻いていた。だが彼は城門が破られそうになると、市民を捨てて逃亡した。あわてて市民が擁立した次の皇帝コンスタンティノス・ラスカリスにいたっては、広場で必死に防衛戦への決起を呼びかける声が市民に聞き入れられないと悟ると在位1晩かぎりで逃げ出した。

十字軍は「帝国領を細切れに解体して、屍肉《しにく》に群がる禿鷹《はげたか》のようにそれらの断片を奪いあった」（橋口『中世のコンスタンティノープル』、239ページ）という。東ローマ帝国はコンスタンティノープル周辺を残すだけとなり、近隣に点在する土侯国並みの規模に縮んでいた。

10世紀のユーラシア大陸

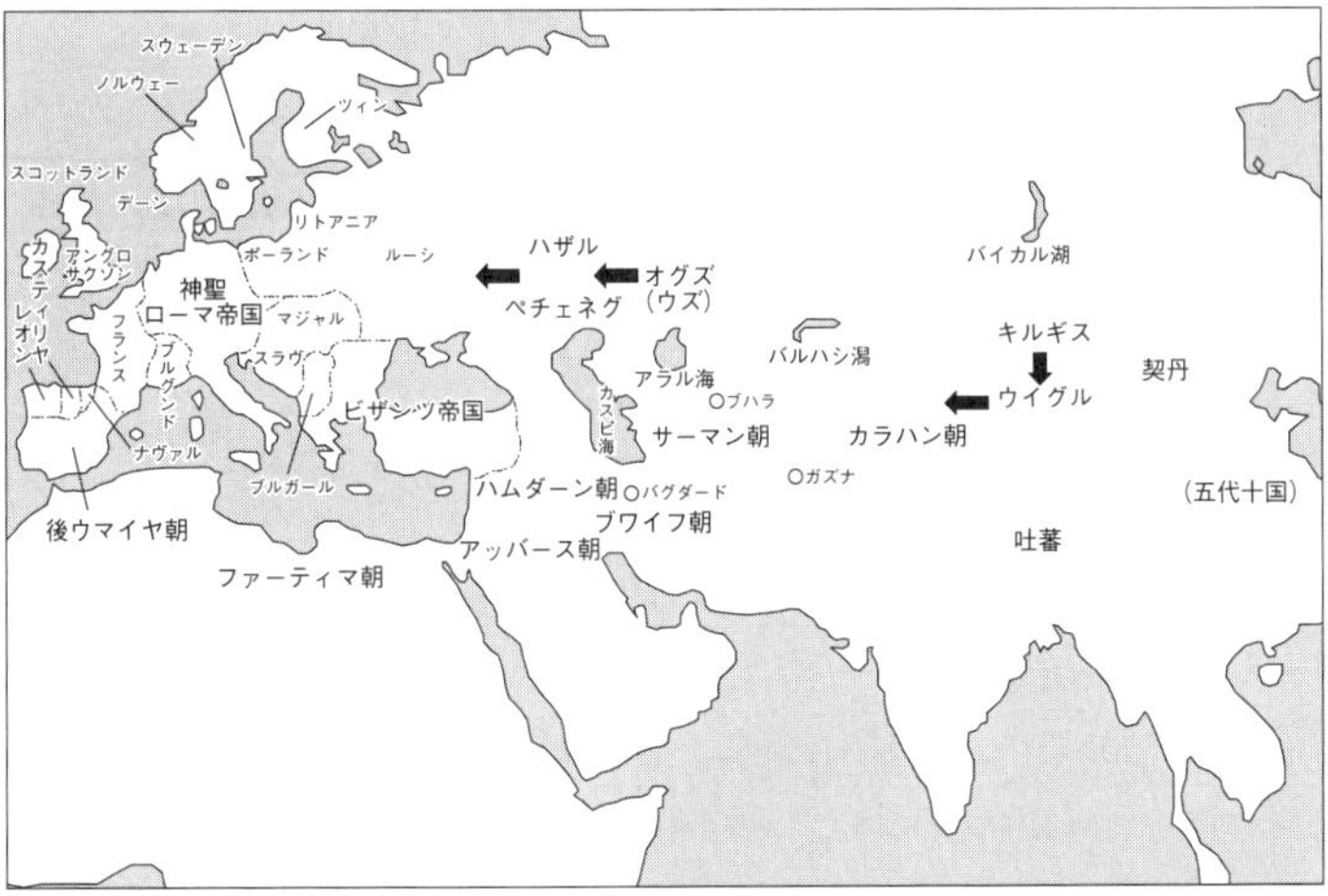

出所：新井政美『オスマンVS.ヨーロッパ――＜トルコの脅威＞とは何だったのか』（講談社学術文庫、2021年）、45ページより引用

たしかに直接の理由は、十字軍の裏切りに近い方針転換だった。だが軍人皇帝たちの個人的資質に頼った中央集権化は、後継の凡庸な皇帝たちにはとうてい維持できない重荷だった。この重荷は外交で巧妙な策略をめぐらすだけでは支えきれなかった。それが東ローマ帝国衰亡の真の原因だろう。

創設直後から続いていた宋王朝のわびしい「蛮族」対策

ユーラシア大陸の西側では、10世紀に神聖ローマ帝国と東ローマ（ビザンティン）帝国で少しずつ帝権強化の兆しが見え始めていた。この兆しは10世紀末に頂点に達し、11世紀初頭に崩壊する。同じころユーラシア大陸東端の伝統的な中華文明圏では五代十国と呼ばれる小国が分立し、めまぐるしく王朝が交代する混乱期がようやく終わろうとしていた。

五代十国末期（後周）時代の東アジアと北宋王朝による中華文明圏統一の好対照

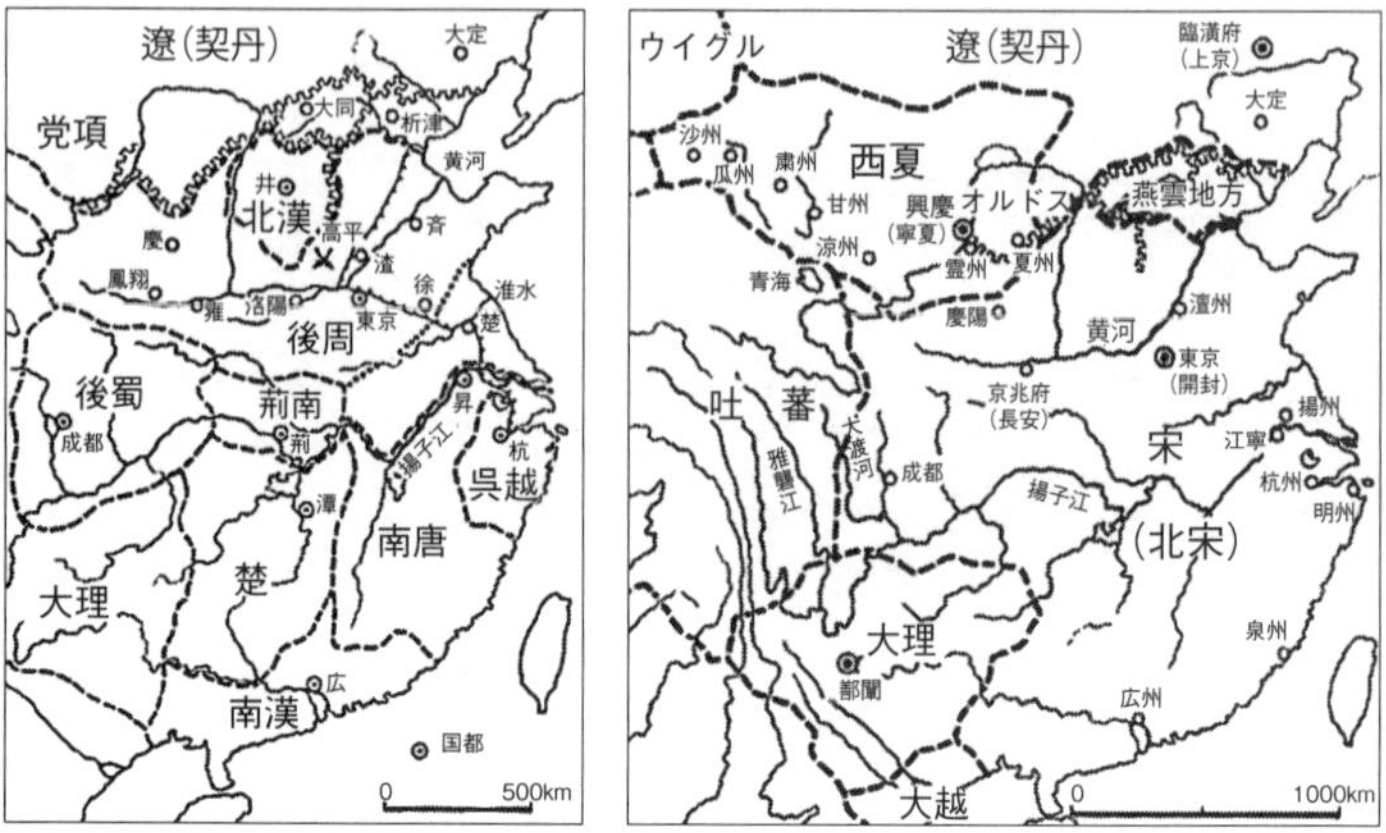

出所：周藤吉之・中嶋敏『五代と宋の興亡』（講談社学術文庫、2004年）、（左）42ページ、（右）127ページより引用

960年に趙匡胤《ちょうきょういん》が主君として仕えた後周の王室から禅譲を受けて北宋王朝を開き、太祖《たいそ》（在位960～976年）と呼ばれるようになる。それから約20年後の979年、太祖の実弟で二代皇帝の太宗《たいそう》（在位976～997年）が最後の対立王朝北漢を滅ぼして、五代十国の混乱を収拾した。

北宋と「北」の字がついているのは、中国北部に限定された政権という意味ではない。のちに北方の「蛮族」国家、金に圧迫されて都を南京に移し、領土も華中の一部と華南に限定されてからの国号南宋と区別するために後世の歴史家が付けたものである。当初は現河南省の開封東京府に都を定め、華北、華中、華南のほぼ全域を統治する伝統的な中華帝国だった。

麻のごとく乱れていた天下をあっという間に統一した北宋の手並みは、魔法でも使ったのかと思うほどみごとだ。ただ現在の中国東北部には半農半牧と推定される契丹《きったん》族の国家があった。契丹族は北宋による中華

北方の「蛮族」遼は広大な領土を支配していた

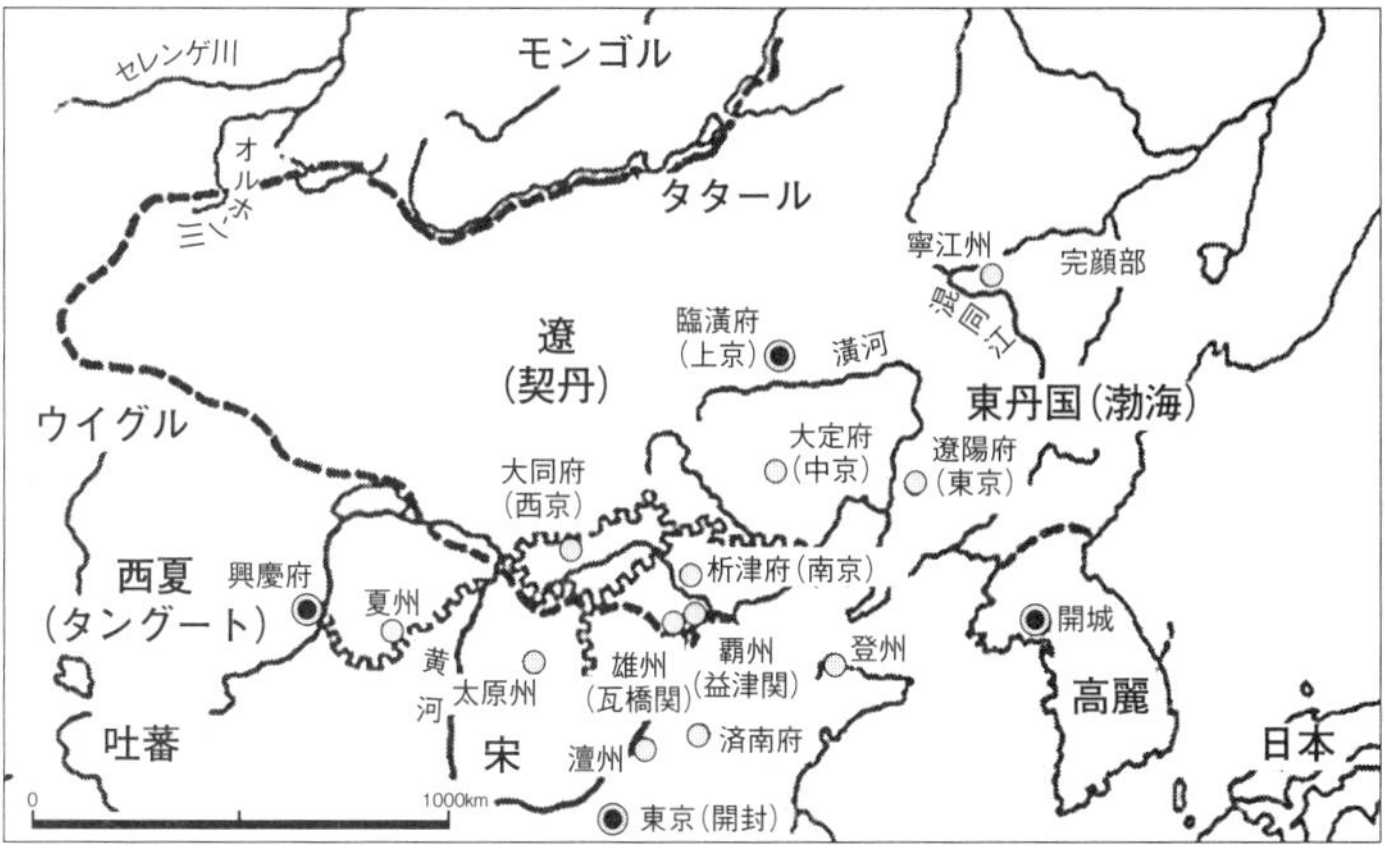

出所：周藤吉之・中嶋敏『五代と宋の興亡』（講談社学術文庫、2004年）、121ページより引用

文明圏統一の44年前、916年に遼《りょう》を建国し、東北の大国渤海《ぼっかい》を滅ぼし、華北の一部、現在の北京を中心とする燕雲《えんうん》十六州も領有していた。時代は変われど、北方国境地帯には手強い異民族国家が控えていたのだ。

燕雲十六州は長く係争の焦点となった。だが北宋の北方異民族国家に対する外交政策は、おおむね宥和的だった。直接対峙《たいじ》する「蛮族」国家との対決は避け、さらに北側を根拠地として台頭してきた新興異民族国家と提携して、当面の敵を挟み撃ちにする戦略をとっていた。

うまく北方から有望な新興国家が登場してくれなければ、かなり屈辱的な条件での和睦《わぼく》もいとわなかった。三代皇帝真宗《しんそう》（在位997〜1022年）の治世だった1004年に建前としては北宋皇帝が兄で遼の皇帝が弟としながらも、毎年10万両の銀と20万匹の絹を宋が遼に貢納する内容の澶淵《せんえん》の盟という条約を結んでいる。

1030年代末からは北方ではなく西域の西夏《せいか》が力

南宋対金、そして南宋対モンゴル

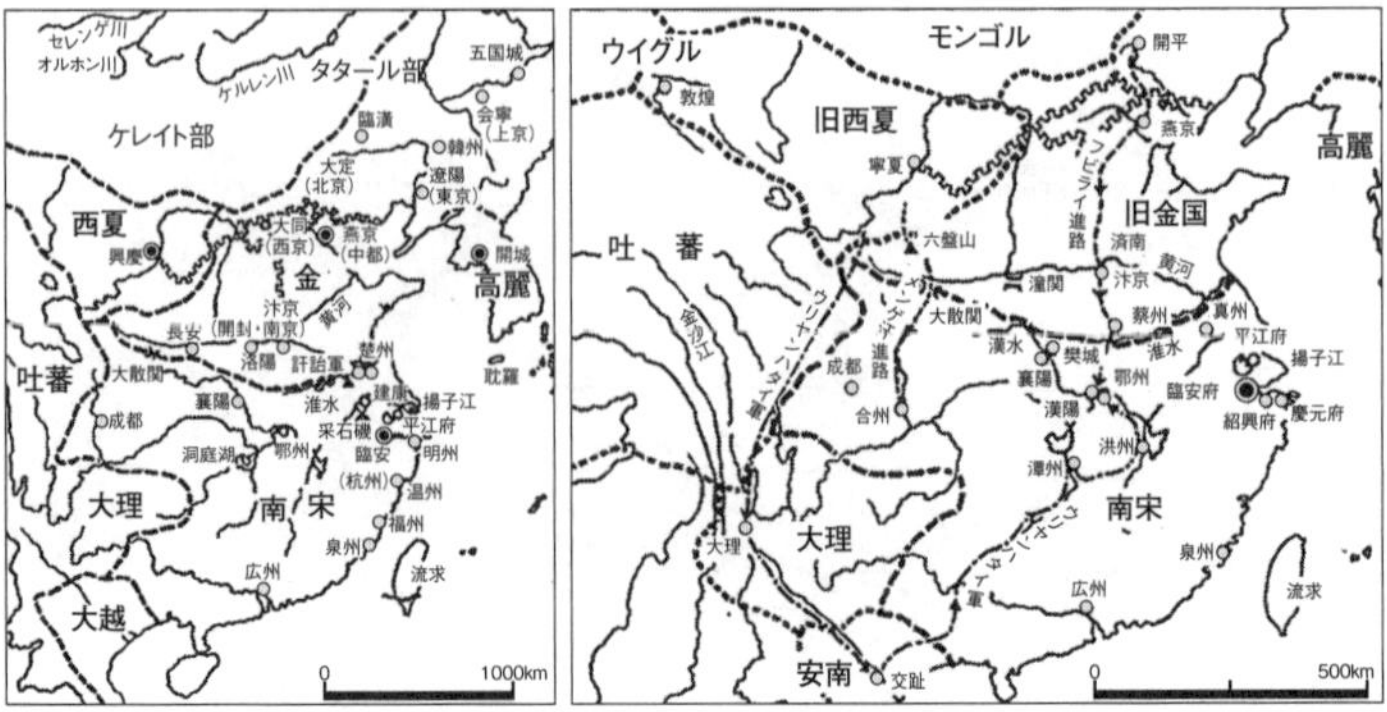

出所：周藤吉之・中嶋敏『五代と宋の興亡』（講談社学術文庫、2004年）、（左）352ページ、（右）392ページより引用

を伸ばし、北宋領土にたびたび侵入したが、北宋は西夏も軍事力で撤退させることはできず、1044年に大金を支払って和議に持ちこんでいる。毎年西夏に絹13万匹、銀5万両、茶2万斤、ほかにも北宋皇帝の誕生日などの年中行事のたびに、西夏からの「朝貢」使節団にさまざまな引き出ものを賜るという契約だった。北宋が実力で西夏を撃退できるようになったのは11世紀末の1098年だったが、これは西夏の勢力もかなり衰え、北宋の宿敵だった遼に臣従するようになっていた時代のことだ。

1115年には遼の北方で待望の新興勢力、女真《じょしん》族が金を建国した。やっと遼を挟撃する戦略が実現可能になったわけだ。だが10年後の1125年に金との共同作戦によって首尾よく遼を滅ぼしたと思ったら、金の勢力はますます盛んになってしまった。

それからわずか2年後の1127年には金の攻勢によって首都開封が陥落した。徽宗《きそう》（在位1100～26年）、欽宗《きんそう》（同1126～27年）と二代の皇帝たちが捕虜となって北宋は滅亡する。

南に逃れた宋王室の一員高宗《こうそう》（同1127〜62年）が南京に都を移して南宋王朝を開くが、金による北からの圧迫は続く。1138年には南京よりさらに南東の臨安《りんあん》（現杭州）に都を移す。そして1141年には金に臣下として仕える条件で和約を結ぶ。

前ページの地図左側では遼を滅ぼした直後の宋との国境線をかなり南に押し広げた金との対立の構図を示している。そして右側が、その金を滅ぼして直接南宋と国境を接するようになった時期のモンゴルとの対立の構図だ。

世紀が変わって1220年には、西夏と同盟して金を攻撃することもあった。だが中華文明圏から見て西北の高原地帯に出現したモンゴル帝国は、1211年には西夏の西隣の西遼（カラキタイ）を滅ぼし、南宋・西夏連合による金攻撃のあった1220年には中央アジアの大国ホラズム王国も滅亡させていた。南宋にとって最大の脅威がモンゴル帝国になっていたことは、明白だったろう。

南宋はむしろ1234年のモンゴルによる金滅亡を歓迎していた。前年の1233年には朝議を開いた結果の多数意見を採用して、金からの支援要請を袖にしてモンゴル軍に援軍を送ったほどだ。チンギス汗（汗はモンゴル王の称号、在位1206〜27年）は、一代で大帝国を築いた。その大帝国のうち、チンギスの孫フビライ汗（同1260〜94年）が継承した中華文明圏部分は1271年に国号を元と改める。

世界最先端の経済を確立していた宋王朝は「蛮族」国家には弱腰

元と直接国境を接するようになってからの南宋は、外交・軍事面で苦難の連続だった。だが揚子江南岸側の肥沃な水田稲作地帯の開発が進み、経済的には当時おそらく世界でもっとも豊かな国となっていた。南宋後期の都、杭州は世界で初めて人口が150万人を突破した大都会だった可能性もある。

また科学技術面でも、のちにヨーロッパでルネサンス3大発明と呼ばれた羅針盤、火薬、印刷術はすでに北宋時代の紀元1000年前後に発明されていた。ただし宋代の印刷術は木版で、種類の少ない表音文字を何度もさまざまな組み合わせで使うのに最適の金属活字が発明されたのは、1240年前後の高麗《こうらい》でのことだった。

それにしても火薬はとうの昔に発明済みだった。だから在来の軍事力では勝ち目がないと見極めがついたころから火薬を兵器に活用することを真剣に検討していれば、もう少し世界史の展開も違っていたかもしれない。しかし北宋・南宋を通じて、火薬はお祭りのときに打ち上げる爆竹にしか使われていなかった。

南宋は軍事技術や兵器の開発を奨励するには、あまりにも文治主義が浸透した国家だった。そして宋王朝企画のトーナ事的にはつねに蛮族同士を戦わせて漁夫の利を得る方針に終始した。そして宋王朝企画のトーナメントを勝ち抜いた「蛮族」国家は遼から金、金から元と王朝が変わるにつれてどんどん強大な軍事力を蓄えていった。結局、南宋は1279年に元に攻めこまれて滅亡する。

なぜ唐末から五代十国の戦乱を勝ち抜いた宋王朝は異民族国家との外交・戦争では弱腰に終始し、最後には中国史上最強の異民族国家モンゴルに滅ぼされてしまったのだろうか。モンゴルが強すぎたというのは後講釈に過ぎない。モンゴル族にも戦略の失敗や、内部分裂による危機的な時期はあったのだ。

宋がもっと早くから軍事力を強化して臨めば、無為無策で滅亡を待つ情況は避けられたかもしれない。1235年にモンゴル軍が準備不足のまま仕掛けた第一次モンゴル・南宋戦争は主将を務めたクチュが陣中で突然不審死を遂げ、モンゴル側の完敗に終わった。モンゴルは南宋領土を奪うどころか、揚子江最大の支流漢水沿いの重要都市襄陽《じょうよう》を南宋に奪い返されている。

15年後の1251年にはフビライの実兄モンケ汗が各部族勢揃いした大集会《クリルタイ》で第四代大カアン(皇帝に相当する地位の称号)に推戴された。それから6年目の1257年、フビライは前線から外され、モンケ大カアンが対南宋戦争の陣頭指揮を執ることになった。おそらくフビライによる南宋攻略がはかばかしい進捗《しんちょく》を示さなかったことで、兄の怒りを買ったのだろう。南宋側が強気で攻めれば、モンゴル王室の危機にまで発展していたかもしれない。

だが南宋は堅固な城壁に守られて、ときとともにモンゴル軍が過ぎ去ってくれることを待つだけだった。それはあまりにも非現実的な願望に過ぎなかった。もちろん漢族が樹立した正統王朝には中華思想がしみついていたために、最後まで「蛮族」国家の力を侮《あなど》るという共通の欠点があった。宋もこの通弊をまぬかれなかったのは事実だろう。

早すぎた平和主義国家・宋

だが、もっと根本的な理由がありそうな気がする。当時の中国が置かれた情勢を考えれば、宋王朝は「早すぎた平和主義国家」だったのかもしれない。

生粋の武人だった初代皇帝太祖は豪放磊落《らいらく》でずぼらで戦争上手という、日本で言えば足利尊氏型の武将だった。生涯の大半を戦陣で過ごしたにもかかわらず、いやだからこそかもしれないが、五代十国の騒乱を心から嫌悪し、できるかぎり武力に頼らず平和な社会を築こうとしていた。

さらに彼は禅譲を受けた旧後周の王室を貴族として厚遇した。中国の王朝交代ではかたちだけ禅譲だが、平和に王権を譲ってくれた旧王室の人々をその後皆殺しにしたり、死に絶えるまで幽閉したり、生かしておいても元皇帝を自分の小間使いや傘持ちとしてこき使ったりすることが多い。だが太祖は律儀にかつて主君だった後周王室を敬いつづけた。このあたりも個人的には後醍醐天皇への敬愛の念を失わなかった尊氏に似ている。

二代皇帝太宗は兄とは正反対のガリ勉で、神経質な足利直義《ただよし》タイプだった。あまりにも性格が違うので、太宗が太祖を毒殺して帝位を簒奪したという説も出たほどだ。しかし太祖は過酷な戦陣暮らしが長かった上に大酒呑みだったので、深酒がたたって脳卒中のような病気で亡くなったというのが真相らしい。

この対照的な兄弟にはふたつ共通の目標があった。ひとつは戦乱の世を平定して平和な社会を築くことだった。ふたつ目は隋代に始まり、唐代末には科目数が増えすぎて実用性を失っていた科挙《かきょ》（全国共通官僚登用試験）を文治主義の柱として復活させることだった。

もし中国がうちに引きこもって世界から消えることのできる地理的条件に恵まれた日本のような国だったら、宋朝以降の中国史はどう展開していただろうか。王朝を開いた太祖、太宗兄弟は長期平和を謳歌する時代の礎《いしずえ》を築いたまれに見る名君として長く讃えられていたかもしれない。

しかし現実の中華文明圏は、自国の都合で周辺諸国との交渉を絶てるような地理的条件を持っていなかった。そうした地理的制約の中で、宋王朝は多すぎる科挙の科目数の絞りこみで致命的な失敗を犯した。筆記試験で優秀な成績をとったものに皇帝自ら口頭試問をする一方、筆記試験の科目は理数・技術系を全廃して時事問題に関する論文と、韻律《いんりつ》や平仄《ひょうそく》でこと細かなルールに従わねばならない漢詩の2科目だけにしてしまったのだ。

北宋初期の中国はアッバース朝イスラム帝国と並んで数学、自然科学、医学における2大先進地域だった。水田耕作技術や水利技術が長足の進歩を遂げた。また金融面でも送金手形や約束手形が開発され、商業も大いに発展した。商業の発展と酒、塩、茶などに専売制を実施したおかげで、国家歳入は順調に伸びていった。筆記試験に数学系の科目を加える余地は大いにあったはずだ。だが文章術だけを重視し、のちには漢詩も外して時事論文だけに絞りこむ。

半面、北宋初期の比較的平穏な時代から、財政規律は弛緩しはじめる。あまり実戦の役には立たない老兵、弱卒まで給与を払いつづける。科挙合格者はポストがなくても任官させ、退官後の年金を在職時の半額から全額に引き上げる。こういったばら撒き財政の結果、建国約1世紀後の1060年代には国家財政は赤字に転落していた。

しかも科挙科目数の絞りこみ以後、北宋は学術文化においてもイスラム諸国は言うにおよばず、ヨーロッパ諸国にさえ後れをとるようになっていく。そして極端な文科重視の弊害は、元を中華文明圏から駆逐して久しぶりに漢族からの統一王朝を樹立した大明《だいみん》帝国で歴然としていた。この風潮は現代にいたるまで連綿と続いていると言っても過言ではない。

科学技術の発展を抑制した科挙の文治主義

日本では、すでに江戸時代に現場技術を重視する姿勢が定着していた。一方、科挙が上流階級への唯一の登竜門だった中国では、極端な「文人墨客重視、現場技術軽視」の風潮が延々と続く。この事実を象徴するような書物が明代(1368~1644年)末期に刊行された。

当時の産業技術全書とも言うべき『天工開物』だ。その中には、のちにイギリスがカリブ海に持っていた植民地で応用して産業革命を起こすきっかけのひとつともなった、さとうきびから砂

さとうきび搾汁機図でわかる日中「実用」対「風流」の差

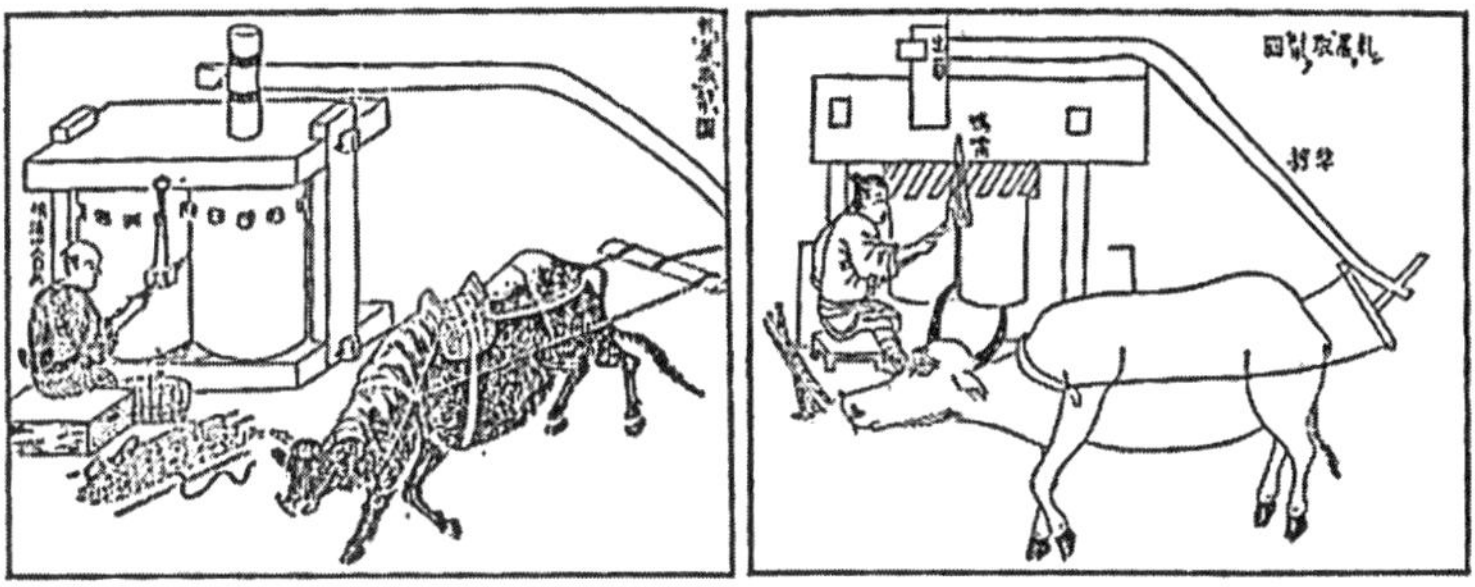

甘蔗から糖汁を搾る仕掛けの図　右は『天工開物』より、左は『物類品隲』より

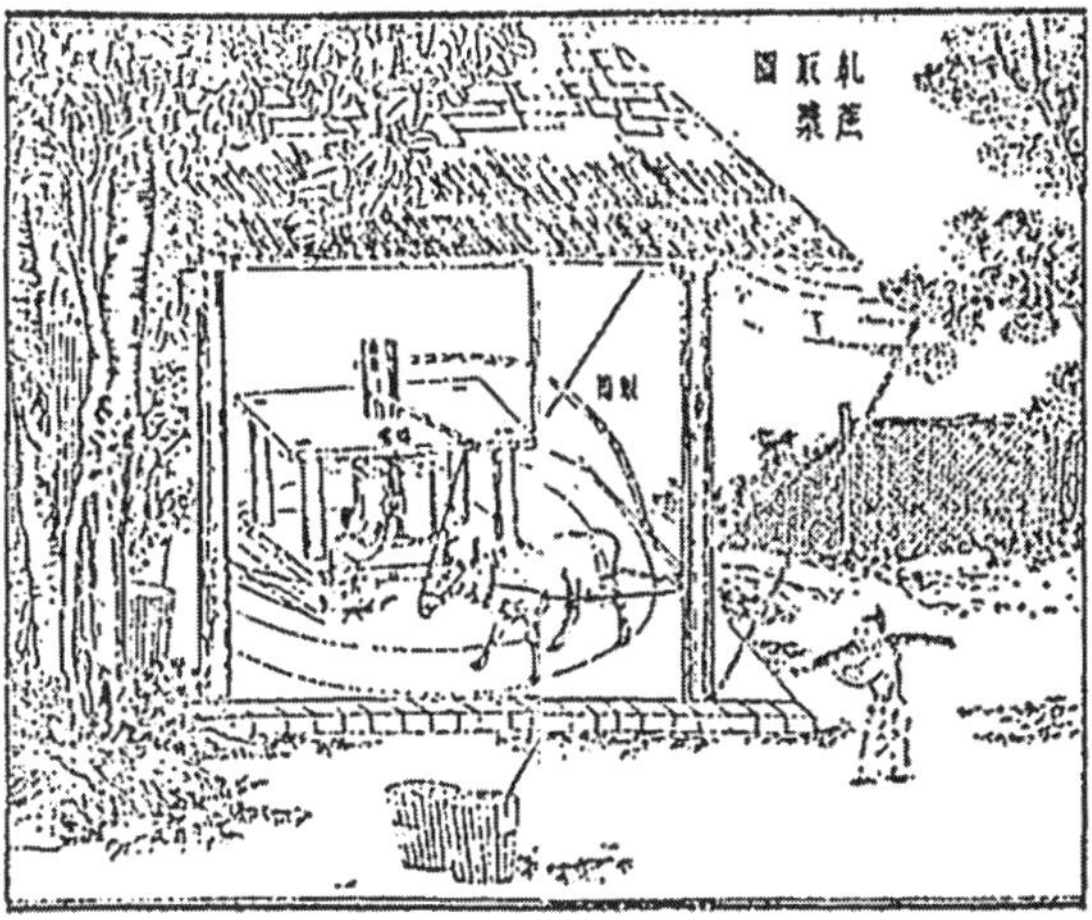

1927年版『天工開物』の図

出所：辻達也『江戸時代を考える——徳川三百年の遺産』(中公新書、1988年)、173〜174ページより転載

糖を精製するための搾汁機の図解も入っている。次の3枚組の中で右上の絵だ。

この絵では動力源となる牛の牽《ひ》き綱もたるんでいるし、牛が回転運動をすることで回るはずの軸が、ふたつ並んだ円筒のどちらの心棒につながっているのかもわからない。円筒に刻みこまれた溝は歯車として機能するはずで、この搾汁機のメカニズムの核心をなしている。だが同じ方向にたなびくのれんのようにしか描かれていない。残念ながら搾汁機の機能を説明する図としては、まったく役に立たないのだ。

この『天工開物』の役に立たない説明図を手にした江戸時代きっての鬼才平賀源内は搾汁機の現物など見たこともなかったはずだ。だが左上に立派に説明図として通用する絵を描いている。牛の牽き綱はぴんと張り、牛が回転させる軸は、ふたつの円筒のうち右側の心棒に直結している。

もっと重要なポイントとして、右の円筒には突起があり、左の円筒には突起と同じ位置にくぼみが描きこんである。だから、この凹凸がかみ合うことによって、ふたつの円筒は1点で密着しながら反対方向に回転することがわかる。ふたつの円筒のあいだにさとうきびを挟めば果汁を搾り出せることまで正確に読者に伝えている。

その後の中国の歴史はさらに驚くべき事実を伝えている。辛亥革命によって大清《だいしん》帝国が中華民国となり、中国共産党もすでに結成されていた1927年に出た『天工開物』の改訂版だ。ここでも、この搾汁機の説明図は改善されるどころか、むしろ改悪されていたのだ。

下の改訂版は搾汁機の入った小屋、木立ち、塀など周辺の風景がこと細かに描写されている。

そのために、かんじんの搾汁機はずっと小さくなってしまった。どんな仕組みなのかは旧版よりわかりにくい。「絵は文人墨客《ぼっかく》階級を形成している絵師が描かなければならない。そして絵師が重視するのは機械の仕組みを説明することではなく、水墨画としての完成度を高めることだ」というわけなのだろう。

中国共産党一党独裁下の2018年に習近平が永世国家主席に成り上がった。その後3年で学童から大学生にまで「習近平思想の学習」を義務づけている。実用性のある学術の発展より、エリート思想の模倣が重要という根本は変わっていない。

千年紀に一度、権力集中から分散への転換期が来ている

紀元前20〜紀元30年、ユーラシア大陸の西と東の端で急激に進んだ権力の集中・一元化から奈落の底に突き落とされるような分散・多元化への激変が起きていた。そして980〜1030年にも同じように急激な権力の集中が頂点に達すると、その直後から権力の分散化が始まっていた。すなおに考えれば、1980〜2030年にも同じような権力集中・一元化から分散・多元化への急転換が起きるはずだ。現代の世界情勢をふり返れば、まさにその方向に進んでいることが見て取れる。

1979年の旧ソ連軍によるアフガニスタン内戦介入は、結局1980年代を通じたソ連の国

力衰微、威信の低下をもたらした。90年代に入ると、東欧圏で続々と革命が起き、ソ連内でも人種、言語、宗教の違う地域で分離独立を目指す動きがあちこちで発生した。とくに、あのきびしい宗教弾圧の中で自分たちの信仰を守り抜いたイスラム、ギリシャ正教、ロシア正教のモスクや教会が雨後のたけのこのように続々再建されたのは、注目にあたいする。

どうやら信仰は、弾圧が強ければ強いほど持続力を高める精神活動であるらしい。しかも1世代や2世代ではなく、何世紀というスパンで持続する。これは今後理性的に考えれば戦争がますます間尺に合わない行為となる中で、いったいどこに戦争の火種が残るのかを考える場合、見落とせない現象だ。

強権的な弾圧をすればソ連東欧圏が生き延びたかと考えると、そんなことはなかっただろう。だがゴルバチョフ最高幹部会議長によるソフトな対話路線は、むしろソ連東欧圏解体を早めた感がある。東西冷戦時代の一方の極だったソ連は、20世紀末にはあとかたもなく消滅していた。

こうして世界の権力構造は、アメリカ対ソ連の対立からアメリカ一極集中に変わった。いまだに「現ロシア連邦はアメリカの世界支配を転覆させようという野望を抱いて次々と陰謀をくり出してくる」と主張する向きもある。だがアメリカの世界支配をひっくり返して、ロシアにどんな得があるというのだろうか。これはアメリカの軍産複合体にとって肥大化しすぎた国防予算をさらに拡大するための格好の口実になる以外に、ほとんど意味を持たない議論だ。

なお「ソ連のかわりに中華人民共和国が台頭したので顔ぶれは変わっても東西対決の構図は引

き継がれている」とおっしゃる方もおいでかもしれない。こちらのほうがずっと筋の通った考えだろう。だが、じっくり検討すれば「米ソに代わる米中対立」論も現代世界情勢を正しくとらえていないことがわかる。

米ソ冷戦時代のソ連指導部は「たとえパンツをはけなくても、大砲ではアメリカと互角以上の力を保つ」と豪語したとおり、国民の大半をかなりの貧しさにとどめながら、アメリカと張り合える軍事力を維持してきた。もちろん、そこには第二次世界大戦直後の混乱期に自国陣営に引きこんだ東欧諸国に対する帝国主義的支配を持続できていたことも貢献していたのだが。

中国は1990～2000年代に急速な経済発展を遂げ、ソ連に代わってアメリカと対立する超大国にのし上がったと言われる。だが、いったい中国は独立国としての実態を備えているのだろうか。

まったくそうではない。まず今もなお膨大な資産を抱えこみ、派手に巨額債務を積み上げている国有大企業のほとんどが、営利事業より既得権益団体に利権をばら撒くことを本業としている。帳簿上でどういう粉飾をしようと、国有企業全体の業績を連結し、開示すべき損失を開示すれば、毎年投入資源量より産出製品・サービス量のほうがはるかに少ない万年赤字経営だ。

それでは利益を出しながら成長を続けている中国の民間企業はどうか。もちろん、大部分が黒字経営で業容を拡大している。だが、そのための運用資金はどこから出ているかというと、アメリカを中心とする海外投資家なのだ。豊富な国内民間貯蓄の大半を国有企業が利権分配に浪費してしまうので、民間企業の資金需要は対外債務の拡大でまかなうしかない状態になっている。

中国は大きな対外資産を持ちながら、その大部分を名目でもゼロ金利、実質ではマイナス金利の米国債を買って運用している。その中のほんの一部を、国内民間企業が対外債務や海外からの投資や受け入れとして借り戻すときには、高い金利・配当を払っている。

だから世界で2番目か3番目に大きな対外資産を持っている中国の金融所得収支（海外からの受け取り金利・配当マイナス海外への支払い金利・配当）を見ると、赤字だ。反対に約8兆ドルという断トツにばかでかい対外債務をしょっているアメリカは、金融所得収支が黒字となっている。

貿易と国際金融の歴史にくわしい方がこの構図をご覧になったら、これは19世紀後半から20世紀初頭にかけての覇権国大英帝国の植民地支配構造とそっくりだとお気づきになるだろう。

当時すでにイギリス本国だけ見れば、貿易収支は万年赤字になっていた。しかし世界中の植民地、とりわけインドがかなり巨額の貿易黒字を出していたので、連結決算では貿易黒字だった。

しかもイギリス金融資本が植民地の優良輸出企業の利益からおいしいところをたっぷり奪い取っていたので、大英帝国は金融所得収支までふくめた経常収支で安定した黒字を叩き出していた。

つまり金融から見れば、現代中国はアメリカの属国に過ぎない。口先でどんなに威勢のいいことを言っても自国経済のマヒを覚悟しないかぎり、アメリカに楯を突くことなどできるはずのない国なのだ。ソ連東欧圏の消滅と中国経済の勃興によって、東西対立の一方の旗頭がソ連から中国に交代したのではない。東西対決から、アメリカ一極支配に変わっただけなのだ。

日本経済はアメリカからの独立性がいちばん高い

これほど経済権力がアメリカに集中・一元化すれば、あとはもうアメリカの内部崩壊を待つのみという状態になっている。アメリカに集中した経済権力が一挙に分散・多元化に向かうのだから、アメリカとの経済的な結びつきが強い国ほど大きな被害を受けるだろう。

「それじゃやっぱり日本は惨憺たる被害を受ける国か」とお思いの方も多いだろう。これまた、大違いだ。今から断言できるが、アメリカに集中した権力が分散・多元化する局面での被害は、日本が先進諸国の中で最小になる。

まず日本は輸出立国どころか、世界中でアメリカに次ぐ内需立国の国だ。国民1人当たりの輸出額は、あれだけ輸出が弱体化したアメリカとほぼ同額だ。さらに日本はアメリカに次いで世界で2番目に大きな内需市場を持っている。とくにアメリカから買う必要はないエネルギー資源や金属資源を輸入するために必要な輸出額さえ稼げていれば、内需中心の成長は持続できる国なのだ。

それればかりではない。日本は世界中で権力の一元化が進みすぎる時期には、自発的に世界から「消える」という特技を持っている。この特技のおかげで日本は紀元前20～紀元30年の帝政ローマと前漢の内部崩壊期にも、980～1030年の神聖ローマ、東ローマ、宋の内憂外患入り乱れての崩壊期にも、権力集中から権力分散に激変する過程で混乱をきわめた世界情勢の影響をほとんど受けずに国内を平和に保ってきた。

「それなら1980年ごろから消えていなければならないはずじゃないか。それなのに、ちっとも消えていなかった。今から突然消えようとしても、もう遅いだろう」とのご質問も出てくるかもしれない。

だが日本は1989年末までの株価・地価バブルが90年以降大崩壊してからというもの、約30年間にわたって「低成長、低金利、低インフレ」を維持してきた。その結果、ほぼ世界中から「もう何ひとつ明るい展望のない衰退していくだけの国」と思われている。これが今回日本が採用した「世界からの消え方」なのだ。

日本は、いったいどうやって都合が悪くなれば世界から消えるという特技を会得《えとく》したのだろうか。それが次章のテーマとなる。

第3章

世界から消えたり、また出たりする不思議の国

権力の集中・分散にともなう戦乱を本能的に避けてきた日本

世界史を眺め渡すと、ほぼ千年周期でやってきた権力の集中・一元化から分散・多元化へのピーク期ごとに特異な行動をとってきた国が存在することに気づく。それが日本だ。日本は世界情勢が急激な権力の集中・一元化と、その後の分散・多元化に向かうことを本能的に察知しては、「世界から消える」ことでその時代をやり過ごしてきた。

権力が集中する時期も、分散する時期も戦争が多くなる。権力が一元化するときには、当然多くの国々を自国の支配下に統一するための戦争が続く。権力が分散するときには、分散を食い止めようとする強大な権力とその下から抜け出ようとする小国家群との戦争が続く。どうも日本に生まれ育った人たちには戦争がひんぱんに起きる世相の到来を匂いのうちに嗅ぎつけて、そこから逃げ出す本能が備わっているらしい。

日本が最初に世界史の文献に登場するのは、後漢になってから前漢時代について書かれた歴史書『漢書』で日本が前漢に朝貢していたことを示した箇所だ。『漢書《かんじょ》』「地理志燕地条（地理編燕の土地に関する項）」に記載された「夫《そ》れ楽浪《らくろう》海中に倭人あり、分かれて百余国と為る。歳時を以て来たりて献見すと云う」（田中史生、『国際交易の古代列島』、12ページ）のくだりだ。この項の執筆者は後漢になってから書いているので、いつごろのことかもわからない伝聞だとことわっているのだろう。

楽浪とは前漢が朝鮮半島経営のために設置した4郡のうちのひとつだ。そして「奴国の中心部と目される福岡県春日市の須玖岡本《すぐおかもと》遺跡群では、朝鮮半島との交流を示す鉄器や青銅器の生産工房跡が確認されるとともに、紀元前1世紀前後の中国鏡も多く出土し、前漢との交流があった」(同書、17〜18ページ)証拠が発掘されている。

しかし前漢から新へ、新から後漢への激動期には、日本は世界から消えていた。そして権力集中から分散への転換期が過ぎ、後漢の社会情勢がある程度安定すると、57年に奴国《なこく》の王が後漢の初代皇帝光武帝《こうぶてい》に朝貢した。その使節団に光武帝は「漢委奴国王《かんのわのなのこくおう》」と彫った金印を下賜したと『後漢書』に記録されている。

奴国は、玄界灘からやや内陸に入った春日市あたりから玄界灘沖に突き出たかっこうの志賀島《しかのしま》までも勢力範囲としていたようだ。それは江戸時代にこの島から『後漢書』に記録されたとおりに「漢委奴国王」と彫り上げた金印が発掘されたことでわかる。

さらに50年後の107年には「倭国王帥升等」がやはり後漢に遣使をしたと伝えられている。けっこう綿密に中国の社会情勢を観察していて、安全に行き来のできる状態であれば、かなりひんぱんに使者を送って朝貢していたのだろう。

そして、かの有名な『魏志』「東夷伝」中の倭人関係の記載がまとめられた部分、通称『魏志倭人伝』だ。238年か239年に卑弥呼《ひみこ》という女王が治める邪馬台国から遣魏使が来て、魏に朝貢したと記録されている。

魏は朝鮮半島の攻略に力を入れていたので、当時朝鮮半島の東南に位置すると思われていた邪馬台国からの使者はそうとう歓迎されたようだ。邪馬台国が多くの王国に擁立された連合政権らしいこと、この国までの行程、地理、社会制度、庶民の日常生活などがかなりくわしく論じられている。

日本の先史時代・古代史研究者たちの最新の多数派見解によれば、当時の日本にはおそらく邪馬台国の首都だったと推定されている奈良盆地の纒向《まきむく》遺跡周辺と、伊都《いと》国首都と推定されている福岡県西新町遺跡周辺の2大交易センターがあった。そして邪馬台国では北九州から関東まで、伊都国では東アジア諸国から西日本ほぼ全域の交易品が取引されていたらしい。

中華王朝に朝貢に出かけた使者たちは、主君から「自分がいかに苦労して周囲の蛮族を平定し、平和を実現したか」といった手柄話をことづかっている。ただ、これはもう「蛮族」が中華王朝に朝貢するときには定型の決まり文句であって、実際にそうした争乱があったことを示す遺跡は発見されていない。また邪馬台国と伊都国のあいだに深刻な対立関係を示唆するような記載もない。

3世紀半ばという時期に、これだけ広い地域がほとんど敵対関係のない多くの王国のゆるやかな連合体として共存していた。しかも2大交易センターがあって、それぞれが繁盛していたらしい。つまり交易品を買うことのできる人間たちが厚みのある層をなしていたわけだ。当時としては世界的に見てもかなりめずらしいことだっただろう。

それだけ広大な交易圏を確立していた「原日本《ウルやまと》」連合国家群からの朝貢が前漢末から後漢初めの混乱期を察知したように、『漢書』に記された最初の記録から『後漢書』での「漢委奴国王」印拝受までのあいだは空白となっていた。これは偶然ではありえない。ただ、この空白はどんなに長めに見ても、たかだか100〜150年程度だっただろう。

「遣唐使廃止」にともなう外交空白期間はもっと長かった

その次の空白期は9世紀末に唐の社会情勢が緊迫しはじめてから、1274〜81年の2度の元寇にいたる400年弱となって、かなり長期化する。昔は、唐代末の混乱期に先駆けて自主的に遣唐使の派遣を取りやめたことになっていた。世に言う菅原道真《みちざね》による「白紙(894年)に戻す遣唐使＝遣唐使廃止の建議」だ。

実情はちょっと違っていた。この年に遣唐大使に任命された道真がその後何年か自分自身が行くべきか、行かざるべきか、そして遣唐使制度自体を存続すべきか、廃止すべきか迷いに迷っていた。そうこうしているうちに道真は901年に藤原一族の陰謀によって、大宰府副長官に左遷されてしまった。結局、遣唐使は制度として廃止されたわけではなく、いつの間にか派遣されなくなっていたというのが真相だ。

いかにも日本的な決着だが、いずれにしろ唐から輸入しなければ手に入らないものは民間貿易で過不足なく入手できていたので、遣唐使制度の存否はあまり重要な争点ではなかったらしい。しかし、これはこれで大変なことではないだろうか。

そもそも中華文明圏には貿易という概念はなかった。四囲の蛮族どもが中国の天子様を慕って貢ぎ物を捧げに来たら、それよりはるかに価値のあるものを下賜してやることで、蛮族のあいだでも天子様のご威光がますます高まるという発想しかなかった。つまり朝貢以外の民間貿易は、すべて天子様に逆らう密貿易だったわけだ。

それでも森公章の『遣唐使の光芒』を読むと、いかに多くの「唐人」が遣唐使に対する返礼以外のかたちで日本を訪れていたかがわかる。仏教布教のために来た人たちもいたが、かなり貿易に比重のかかった来航者も多かった。日本には購買力を持った社会層があったからだ。

田中史生は『国際交易の古代列島』で当時遣唐使への返礼として来日した使節団との交易を、こう整理している。隋唐に模した律令制度を確立してからの日本では、「蕃客」と呼ばれた来日外交使節との交易は①外交的な贈答形式の交易、②官司先買、③日本貴族による来日使節からの購入、④来日使節による日本産品の購入という順序で、国家によって「完全」に管理されていた。

だが、ほんとうに律令制度が根付いていたとしたら、天皇家が律令制という国家機構を通じて徴収した租庸調《そようちょう》の税収から官位に応じて報酬を配分される官吏以外に購買力を持った貴族はいないはずだ。だから官司「先」買ではなく官司「専」買だっただろう。

だが日本の律令制度は成立当初からいろいろ抜け穴があって、高い官位以外の収入源を持っていた貴族も多かった。いや、抜け穴が多いと言うよりは、ゆるやかな豪族連合の中身は変わらず、正一位とか、従二位とかの律令風ラベルが上に貼り付けられただけというほうが実情に近いだろう。長い征服戦争の中で戦士団が形成されたわけでもなく、その戦士の糧食をまかなうための徴税制度や官僚機構が整備されたわけでもないのだから。

もし順序立てて交易をおこなわなければ、財力のある貴族や地方豪族が我先に交渉をして、唐の皇帝からの下賜品以外の交易品はどんどん値上がりしてしまう。そこで天皇を中心とする同心円的な身分社会に対応する交易の序列・順番が形成されたというわけだ。

実際、「唐人商船」が来着するたびに、かなり無秩序な光景が展開していたようだ。道真左遷直後の903年には唐物使《からものつかい》と呼ばれた朝廷からの到来物件視察係が太宰府に到着する前に「院宮《いんみや》王臣家……、太宰府近傍の富豪層が高値で貿易するため、貨物の値段が上昇している……と指摘し、官司先買の徹底とその違反者への罰則を定めた律令をしっかり遵守するよう強く求めた」（同書、184ページ）内容の太政官符が出されていた。

逆に律令制成立以前にはどうだったのか。

律令国家成立以前の倭人社会は政治、経済、文化のあらゆる面で、東アジア諸地域から渡来する文物に大きく依存した社会であった。外来文物を集めて分配する能力のある者が有力首長とみなされ、倭人たちの上に君臨できたのである。このため王権外交に参与しながら、先進文物の供給先となっている朝鮮半島諸国・諸地域と独自の贈答関係を結んだ首長層のなかには大王と対立する者まで登場した。

（同書、87ページ）

第二次世界大戦直後の焼け跡・闇市期から高度成長期にかけての日本でも、高級船来品を調達し、分配するルートを持ち合わせているかどうかが社会でのし上がるためのカギとなっていた。そのころを彷彿《ほうふつ》とさせる「権力構造」だ。しかしこの構造は、むき出しの武力衝突で決着を付けるやり方に比べて、ずっと平和で穏やかな社会を築けていたのではないだろうか。

動乱相次いだ10世紀の東アジアで日本は一貫して「戦争に巻きこまれるくらいなら国交樹立は遠慮する。もし我が国で売りたいものをお持ちなら、民間貿易でどうぞ」というスタンスを維持した。当時からすでに日本には美術工芸品を見分ける目利き、香をかぎ分ける鼻利き、茶を飲み分ける舌利きがぞろぞろいて、中国や朝鮮半島諸国の輸出商人にはおいしい市場だったからだ。次の文章がそのへんの事情を簡潔に描き出している。

新興国のいくつかは、日本に相次いで国交を申し入れるが、国際社会の混乱が日本に波及することを警戒した日本は、これら諸国との正式な国交を拒み続ける。……けれども、この一〇世紀の東アジアの動乱期でも、江南からの商船の来航は比較的頻繁であった。

（同書、179ページ）

日本が「外交謝絶」で達成した偉業

日本が「外交謝絶」を貫いていた9世紀初めから12世紀半ばまでの約350年間にユーラシア大陸の両端と日本列島では、それぞれどんなことが起きていたのだろうか？

まずヨーロッパではカール大帝の戴冠に象徴されるつかの間の平和のあと、イタリア、ドイツ、フランスを中心に目まぐるしく敵味方が移り変わる戦争が延々と続く。11世紀末には、せめて自国内だけでも平和にしたいという願望を持った托鉢僧たちが、貧しい庶民を引き連れて「神の平和」を唱えて辻から辻へと行進する。

だが、この神の平和運動が宗教・世俗両面での権力拡大を狙うローマ教皇にうまく利用されてしまう。荒くれ王族や騎士たちをまとめてエルサレム奪還戦争に出征させれば、そのあいだだけでもヨーロッパ諸国の戦乱は鎮まるだろうという、ヨーロッパ文明圏以外の国々には迷惑千万な「神の平和」だった。

第一回十字軍に従軍していたシャルトルの司祭フーシェは、1099年のエルサレム入城の様子をこう描写している。

サラセン人たちは、ソロモン神殿の屋上によじ登っていったが、多数の者たちは矢で射殺され、屋根からまっさかさまに落ちていった。この寺院の中で一万人が打ち首にされた。もしあなたがそこにいたならば、あなたの足は、死者の血で、足首まで血に染まったことであろう……。

（山内進、93～94ページ）

そして聖墳墓教会に向かったフーシェは感動をこめて、エルサレム市内各地でおこなわれていた大虐殺を褒めたたえる。

キリストが生まれ、死に、復活したのはここである。かつてこの地は、長期間にわたって異教徒の迷信によって汚染されてきた。この地は、異教徒の伝染病から浄化された。聖墳墓教会は、キリストの存在を信じ、キリストを信仰する者たちによって、以前の地位に復興された。

（同書、94ページ）

9～10世紀にかけてジリ貧状態だった東ローマ帝国は、10世紀末から三代の軍人皇帝たちを輩出して昔日の栄光を取り戻したかに見えた。だが、その東ローマ帝国が最終的な没落過程に入るのは、1202年に同じキリスト教徒であるはずの十字軍兵士たちによってコンスタンティノープル市民たちが略奪、陵辱、虐殺されてからのことだった。

東の中国では、まず755～763年に安禄山《あんろくざん》・史思明《ししめい》の乱で崩壊の兆しが見え始めた唐朝が845年に武宗《ぶそう》（在位840～846年）の廃仏令によって大混乱に陥る。武宗自身が道教に心酔していた極端な排外主義者であったため、仏教だけではなく、ゾロアスター教、ネストリウス派キリスト教といった外来宗教が軒並み迫害、弾圧された。

875～884年の黄巣《こうそう》の乱によって衰退が決定的となっていた唐は907年に滅亡し、次々に漢族、異民族の王朝が入れ替わる五代十国時代（907～960年）を迎える。菅原道真による遣唐使廃止の建議があったかなかったかは枝葉末節で、日本は絶妙な時代に外交謝絶状態に入っていた。

960年の北宋建国以降もつねに北方異民族系の王朝に軍事的に押され続け、結局1276年に南宋が元によって滅ぼされることは前章でお伝えしたとおりだ。

その間、日本で起きていたことがまさに特筆に値する。

平城《へいぜい》天皇の側室となった娘の付き添いで宮中に上がった藤原薬子《くすこ》のほうが、天皇の寵愛《ちょうあい》を得てしまう。その薬子は平城が嵯峨天皇に譲位させられて上皇として権勢を失いかけたとき、上皇から天皇への復位を目指すクーデターを実兄藤原仲成とともに実行に移す。このとき仲成は捕縛されて佐渡権守《さどごんのかみ》（佐渡県副知事に相当）に左遷された上で弓で射殺される。ここまでは、いずこも同じ乱世と言えるだろう。

ところが、そこから先がまったく違う。その後いくつかの内乱や事変はあったが、政治犯に対する死刑が執行されたことは一度もない時期が350年近く続く。もう平安時代も末期に近い1156年の保元《ほうげん》の乱で、崇徳《すとく》上皇側についた源為義と平忠正が斬首刑に処される。これは政治犯の処刑としては、じつに346年ぶりのことだった。

平安時代の天皇家や有力貴族に属する人たちが、いかに罪を得て刑死した人たちの呪いや祟りを恐れていたかの証拠と見ることもできる。だが日本の権力者たちには大昔から、一族族滅（族《ぞく》誅《ちゅう》とも言い、一族皆殺しのこと）をやるほど図太い神経を持ちあわせている人がめったにいなかった。史実として確認できる事例としては、豊臣秀吉が実子秀頼を得て一時は家督を譲っていた養子の秀次を斬首刑に処すときに、眷属《けんぞく》まで皆殺しにしたことぐらいだろう。

だとすれば、だれかを処刑すれば、その親族で恨みを抱いて復讐の機会を待ちつづける人間が出てくる。呪いや祟りと言うと古めかしいが、一族族滅ができない権力者にとって死刑そのもののハードルが非常に高かったわけだ。

欧米や中国では、王朝交代期には一族族滅はざらにあることだった。それどころか東ローマ帝国やオスマントルコ帝国では皇帝位を継いだ人間が自分の兄弟一族を皆殺しにすることさえ、ひんぱんに行われていた。

ユーラシア大陸では想像もできないほど長い平和期の頂点となった11世紀初めに日本ではどんなことが起きていたか。今でもそれぞれの分野で最高峰ではないかと思われる3人の女流文学者たちが出現したのだ。

随筆の分野で清少納言の代表作『枕草子』が執筆されたのは、1001年ごろと推定されている。長編小説の紫式部の代表作『源氏物語』が文献に初出したのは1008年だった。そして和歌の和泉式部の代表作『和泉式部集　正集・続集』の編纂《へんさん》年代は不明だが、『和泉式部日記』の執筆は1008年ごろだった。

モンゴル軍を撃退したのも結局は貿易相手としての日本のうま味だった

この民間限定の東アジア貿易という日本の国是は、元に征服される直前まで南宋にも受け入れられていた。

当時、南宋の経済力を支えていた交易相手国の一つが日本であった。日本は南宋から大量の銅銭や沈香《ちんこう》などの香薬類、蜀錦《しょっきん》などの唐織物、白檀《びゃくだん》などの竹木類、宋版の書籍類などを輸入する代わりに、大量の真珠や金銀、そして刀剣類を輸出するという、他国からみれば垂涎《すいぜん》ものの貿易をおこなっていた。（三池純正、40ページ）

地図を見ると、宋の対外貿易の大部分が東南アジア、インド亜大陸、アラビア半島、中東となっている中で、東北に伸びているのは、日本と高麗だけだ。しかも、高麗の場合、直接宋と高麗のあいだで貿易をするケースより、高麗人商人や中国から高麗に拠点を移した商人が、日宋間の中継貿易に携わることが多かった。

唐代末の日唐貿易の場合にも、唐に拠点を構えていた新羅の商人の仲介で、唐から日本に売れ筋商品が送りこまれていたのとよく似た状況だ。どんな時代であれ、商人は売れる場所に商品を持ちこむものなのだ。

南宋の海洋貿易網

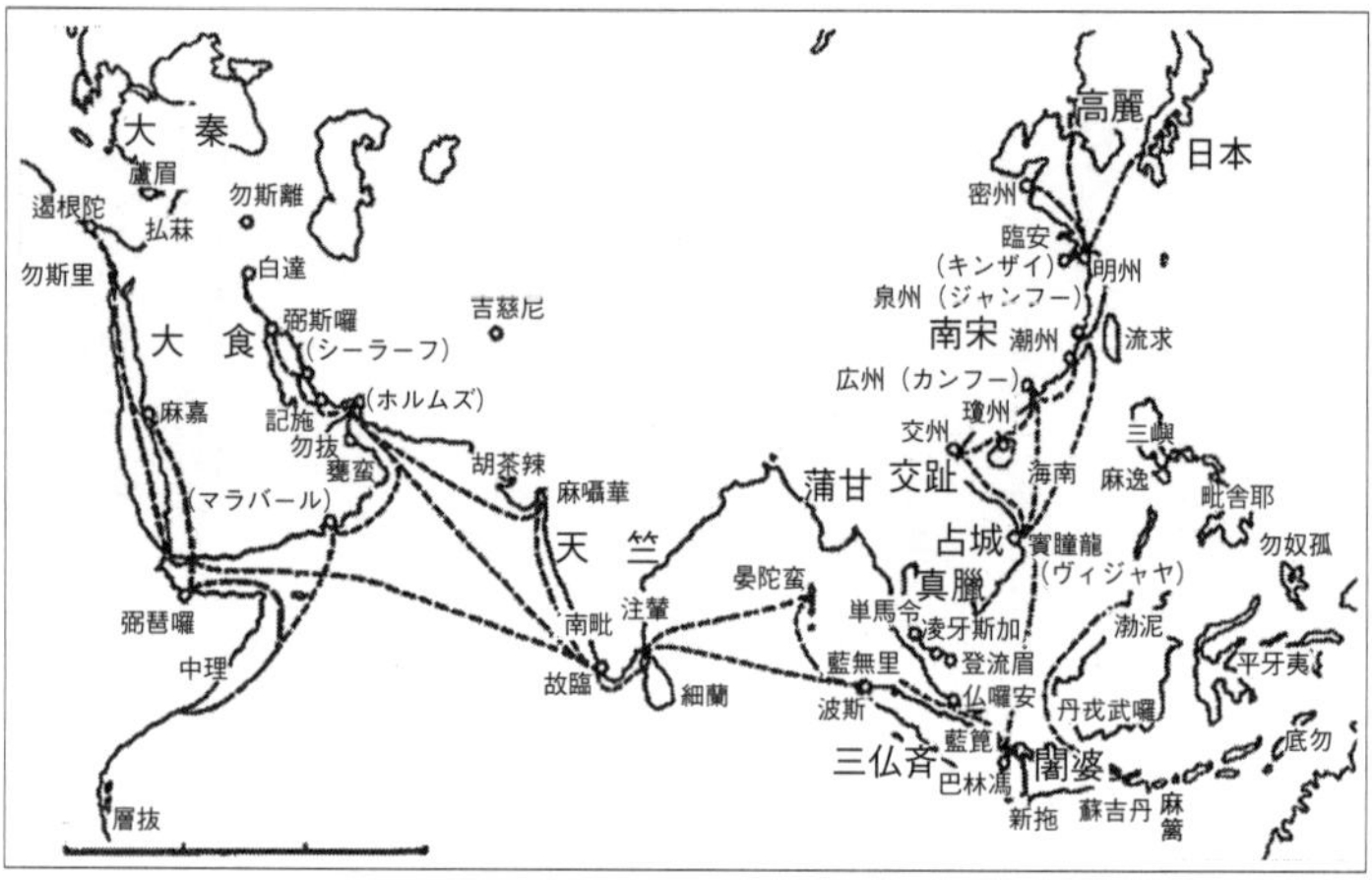

出所：周藤吉之・中嶋敏『五代と宋の興亡』（講談社学術文庫、2004年）、441ページより引用

軍事的にはかなり見通しが暗くなっていたとはいえ、南宋は経済的には当時おそらく世界一の繁栄を誇っていた。その南宋が中華正統王朝のプライドを捨てて「朝貢」ではなく民間貿易を受け入れていたのも、日本に購買力といいものを見る眼を持った富裕層が存在していたからだ。

元の初代皇帝フビライは国号も元と改め、自分への敬称も中国風に世祖《せいそ》と呼ばせるほど中華文明に傾倒していた。当然のことながら、フビライは日本全土を制圧し日本人を皆殺しにしようと思って日本に大軍船団を送りこんだわけではない。南宋の後釜として、おいしい貿易の利益を享受したかったのだ。それは第一回蒙古襲来（文永の役、1274年）に先立つこと6年前、日本国王宛に送った親書にも現われている。

初めて届いた親書には「蒙古国皇帝、書を日本国王に奉じる」とあり、モンゴルが以前他国に与えたものとはまったく異なった字句を配した前例のないほど丁重な内容であった。

（同書、39ページ）

もしモンゴル軍が日本人皆殺しを目指して襲来してきたとしても、それは絶対に無理だっただろう。低地は人工の水田と湿地帯が多く、馬が足を取られたら身動きができなくなる。傾斜地は木々や竹の緑で覆われていて、馬を疾駆させられる場所が極端に少ない。文永の役前に親書を携えた使節団のひとりとして日本を見聞した趙良弼《ちょうりょうひつ》が書いた詳細な報告書はおおよそ次のような内容だった。

「その地を得るも富を得ず」「撃つことなきが便なり」など、「日本は山ばかりの島国で野蛮であり征服などやめるべきである」と語り、日本への侵略に反対する立場を取っている。

（同書、54〜55ページ）

おそらく「山ばかりの島国」という表現によって、形勢が不利になったらどこまでも逃げればいいという、遊牧民族が戦争をする際の最大の利点が存在しないことを鋭く指摘していたのだろう。日本海の荒波は、馬で乗り入れて泳いで大陸までたどり着くにはあまりにも広い。もうひとつ重要なポイントがある。

面倒なら問答無用で殺せばいいと思って侵略してくるのと、後々まで貿易相手として利益に与《あず》かりたいと思って侵略してくるのでは心構えが違うはずだ。だからこそ文永の役では日本に襲来していた最中の暴風雨はそれほど大きくなかったが、メンツを潰さずに撤退できる良い口実として兵を引いたわけだ。

二回目の弘安の役（1281年）では、旧高麗の遺臣たちからなる東路軍は集合地点の壱岐《いき》とは違う対馬《つしま》に向かってしまった。一方、旧南宋の遺臣たちからなる江南軍は総司令官が病死して急遽変更になるなどのアクシデントで手間取って、出発が大幅に遅れた。

それでも集合場所を平戸《ひらど》沖に変えて、両軍は7月初旬には平戸近海を4400の軍船で埋め尽くしていた。この直後に上陸して侵略を始めれば、日本側にかなり大きな被害が出ていただろう。ところがモンゴル軍は1ヵ月近く動かなかった。混成部隊に特有の功名争いとか、戦略の不一致とかは当然あったのだろう。だが1ヵ月はあまりにも長い。

前回の文永の役では当初威勢が良かった。本土上陸後1日足らずで博多を占領し、日本軍の本陣大宰府に迫る勢いを示したという。が、その後日本軍に持ちこたえられてからは持久戦になりそうな気配も漂っていた。そのころにはモンゴル軍も形勢不利になったら逃げ場がないということを戦闘の中で実感していたはずだ。

もっと大きな問題として弘安の役で主役を演じた旧高麗の遺臣たちと旧南宋の遺臣たちの連合軍には、日本本土のどこまで荒らし回るのかについて統一的な判断を下せる司令官がいなかったようだ。殲滅《せんめつ》戦を仕掛けるのならともかく貿易相手としてなるべく従順にさせる程度の戦果を挙げて矛を収めるつもりでいたとすれば、なおさら高度な政治的判断が必要になる。

結局、戦略会議に時間を潰しすぎたモンゴル軍は、旧暦8月1日にほんものの巨大台風に直撃されてしまう。「屋久島の年輪の研究から、この時に吹いた台風は瞬間風速五五・六メートル、中心気圧九五〇ミリバール（ヘクトパスカル）の超大型台風だった……」（同書、155ページ）。こうして全軍14万名のうち、無事に帰還できたのは3万数千人という、モンゴル側にとっては悲惨な結果となった。

日本はこうして世界情勢がキナ臭くなってきたら国際交渉の場から消えることができるし、ほしいものがあれば民間貿易で入手できるという立場をモンゴル襲来に際しても貫くことができた。そうすることで、日本が享受した有形無形の恩恵には計り知れないものがある。

世界から消えられることの有形無形の恩恵

日本は東アジア文明圏にありながら、宦官とか纏足《てんそく》とかの明らかな悪習にも染まらなかった。皇帝の妃たちが住む後宮で高貴な女性たちの身の回りの世話を去勢した男性にさせる風習は、中国のみならずエジプト、トルコ、ギリシャ、ローマなどにも存在していた。ただ、たとえばローマでは去勢した奴隷の売買は法律で禁じられていたが、実際にはいつでも闇市場で手に入る状態だったという（三田村『宦官』、ファルクス『奴隷のしつけ方』など）。

それに比べて中国の宦官制度は非常に公然性が高く、歴史的にも大秦帝国（紀元前221〜206年）から大清帝国（1616〜1912年）まで延々と続いていた。その間、貧乏人の倅《せがれ》として生まれたら、出世の道は科挙で抜群の成績を収めるか、宦官になるかしかないとまで言われた時代も長かった。

科挙の爛熟《らんじゅく》期となった明の五代宣宗《せんそう》（在位1425〜35年）の時代には、頭の良さそうな宦官の少年約300人を内書堂という学校に集めて、スパルタ教育で試験を受けさせた。この去勢者にしか受験資格のない宦官版の科挙は正途と呼ばれ、ほんものの科挙に匹敵する権威をもつようになった。

宦官として高貴な身分の女性の身の回りのお世話をするだけなら、学業成績が優秀でなければならない理由はない。宦官制度自体が、頭脳明晰な官僚の育成機関として公認されたことを示すのだろう。実際、正途での成績がとくに優秀だったものは、国家中枢で責任ある仕事を任されるようになっていた。

中華文明圏の吸引力が強かったベトナムや朝鮮半島に誕生した数多くの王朝では、宦官制度もかなり忠実に中国の制度を模倣していた。しかし日本では使役獣としての家畜の体に改変を加えることに大きな抵抗があったこともあいまって、宦官制度はまったくと言っていいほど受け入れなかった。

軍馬を重視する文明圏ではほとんど例外なく気性の荒い牡馬《ぼば》は去勢していたし、極端な場合には種牡馬以外の牡馬はほとんど全部去勢することもあった。だが日本では源平の戦いから戦国時代まで、軍馬を去勢する習慣はいっさいなかった。明治時代に入っても乗り手の命令に従順にさせるために去勢するようになったのは、憲兵隊員が騎乗するための牡馬だけだったという。

北宋初期に体系的に整備された一見すばらしいが運用には数々の問題を抱えた科挙という制度も、日本が本格導入することはなかった。さらに女性の足指を内側に折り曲げたまま固定し、歩くことが不自由になるほど小さくする纏足の風習が貴人や大富豪の家庭で広まったのは南宋時代だったと言われている。清朝中期には一般庶民の家庭まで纏足が広まっていた。

これはさすがに中国以外では定着しなかった。ただ、ごく最近まで欧米中心に広く受け入れられていたハイヒールは、ふつうに歩くことさえままならないほど男性依存度の高い状態におかれていたほうが女性は美しいという発想において纏足によく似た習慣だったと言えるだろう。

この纏足もまた、家畜の体さえめったに改変しない日本はまったく受け入れていない。かんたんに言えば、日本列島に住み着いてきた人々は自然に対する畏敬の念が強くて、家畜の自然を改造することさえためらうくらいだから、まして人間の体を改変するについて非常に大きな拒絶反応があったという結論になる。

ただ、そこには日本列島の気候風土と密接に関連した、日本人独特の自然との関わり方があった。これは次章のテーマとしてくわしく検討する。

しかし日本が中華文明圏の正統王朝にひんぱんに朝貢することを当然の習慣として続けていたら、すべてを拒絶できていたかは疑問だ。とくに人体の改変をともなわない科挙は、形式だけを見れば非の打ちどころのない学力のみを選抜基準とする官僚登用制度であるだけに、ついつい全面採用してしまっていたかもしれない。

そう考えれば、大陸で戦争の匂いが漂いはじめるたびに対外交渉で冷却期間をおいてきた日本が享受した利益はことばでは言い尽くせない。たんに極度に悲惨な戦争や、延々と内乱や暴動が続く世の中となってしまうのをまぬかれただけではない。

平和が続いたからこそ世界中で類例を見ないほど早い時期に、人情の機微を繊細な筆致で描く女流文学者たちが続々と出現した。そして東アジア圏に存在する国としては唯一、日本は惰性で長年付き合っているうちに、いつしか中華文明圏で生まれた悪癖、因習に染まってしまうこともなかった。

次の外交空白期にも日本はまれに見る長期平和を達成した

次の転換期にいたっては、20世紀末から21世紀初頭に起きるはずの権力集中から分散への大転換を予測した日本が外交的な空白期に入ったのは、さらに早かった。17世紀初めに徳川幕府（1603〜1867年）が成立したころ、のちに「鎖国」と呼ばれるようになる制度が確立された。

鎖国は国境の全面封鎖ではなかった。東アジアでは中国、そしてヨーロッパ諸国ではオランダとだけ国交を結ばずに通商関係を維持した。国交も結び、通商関係も維持する相手国としては万が一にも日本に侵略することは考えられない李氏朝鮮と琉球王国に絞りこみ、その他諸国との交

オランダがこわもての侵略者より揉み手の商人でいた理由
1649年の東インド会社各地商館からの純益比較

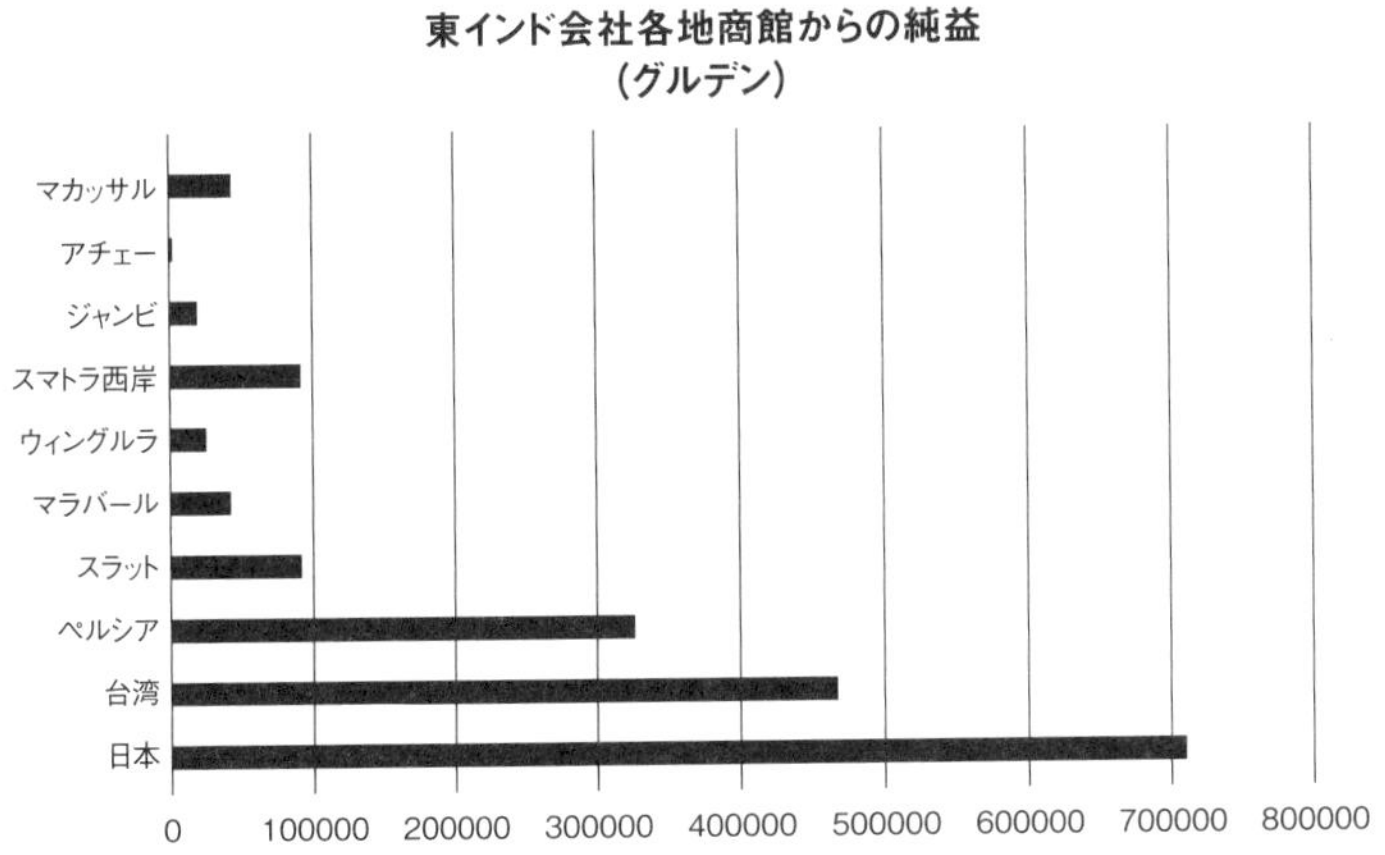

注：日本商館からの純益のほとんどは、中国からの絹織物、白磁、青磁などの陶磁器、書画・工芸品などの中継貿易で、台湾商館もほぼ同様、中国と日本とのあいだの中継貿易拠点だった。つまり、オランダに植民地原住民を奴隷的に駆使して生産した農作物の販売より平和な中継貿易のほうが儲かることを教えたのは、日本人だった。
出所：永積昭、『オランダ東インド会社』（講談社学術文庫、2000年）、139〜140ページの表から著者作成

流はいっさい謝絶したのだ。

　これは「現地政権がその国の海外貿易全般と人の出入りを完全に掌握し、管理するという当時の世界で唯一の体制だった」（羽田『東インド会社とアジアの海』、196ページ）。他のアジア、アフリカ、南北アメリカ諸国、諸民族は、これがどんなに重要な争点か気づく前に国境概念そのものを有名無実化され侵略されていたのだ。これはどんなに強調しても強調し過ぎではない、徳川幕府の功績だ。

　このときも鎖国体制を維持できたのは、たんに世界中でもっとも侵略的なヨーロッパ諸国と遠く離れた島国という地理的条件だけではなかった。徳川日本が慎重に選び抜いた唯一のヨーロッパ諸国との通商窓口であるオランダにとって、日本がすばらしい取引相手だったからこそオランダは日本が鎖国状態を維持することに全

面的に協力したのだ。

まずオランダにとって日本がどれほど収益性の高い取引相手だったのかをご覧いただこう。前ページのグラフで一目瞭然だが、当初は平戸、のちに長崎出島に設置していた日本商館が稼ぎ出した収益が圧倒的に大きい。貿易品の中に、はるばるヨーロッパから運んだ近代工業製品はほとんど入っていない。オランダが植民地として支配していた香料諸島産の香料でもなかった。

日本に持ちこんだ主力商品は中国で買い付けた絹織物、白磁、青磁などの陶磁器、書画・工芸品などだった。台湾商館が果たした役割もほぼ同様の中継貿易だが、中国商品を台湾で売っていたのではなく、長崎の出島商館同様に中国と日本とのあいだを結ぶ中継貿易の拠点として使っていた。

とくに大清帝国が1655年に海禁令を発してからは、あらゆる国との通商を禁ずる国となってしまったので、オランダは直接中国製品の買い付けができなくなっていた。そこで海禁令発令以後は中国の密貿易業者と台湾商館で落ち合って中国製品を仕入れ、日本の出島に持ちこむかたちで、日中間の中継貿易をやっていたわけだ。そして、この2商館で、なんと東インド会社全体の純益の約7割を稼ぎ出していた。

つまり植民地原住民を奴隷のように使役して生産した香料などを売るより、平和な中継貿易のほうがずっと儲かることをオランダに教えたのは、日本人だった。スペイン・ポルトガルからヨーロッパ・アジア間貿易の覇権を奪ったオランダもはじめから平和な商人としてふるまっていたわけではなかった。

オランダがポルトガルから奪った植民地である香料諸島の中にも、他国の勢力は散在していた。イギリスはアンボイナ島に拠点を構えていた。１６２３年にはオランダがそのアンボイナのイギリス東インド会社商館を襲撃して、イギリス人を全員虐殺している。

だが中国で買った商品を日本に持ちこむと儲かることを悟ってからのオランダは、まったく違っていた。天草四郎の乱（１６３８年）では、原城に立てこもったキリスト教徒・関ヶ原敗残兵たちの連合軍を砲撃してまで徳川幕府に対する恭順の意を表しながら、日本にとって唯一のヨーロッパに開かれた窓という地位を守ろうとした。

またその後イギリス、フランスなどが積極的にアジア・アフリカ・南北アメリカ大陸の植民地拡大に向かう中で、オランダは植民地の拡大に消極的だった。本国の人口が少なかったので軍事力を分散したくなかったことも一因だ。だが日中貿易の仲介役として植民地経営にまつわるさまざまな問題を抱えこむことなく、潤沢な利益を得ていたので植民地拡大の必要を感じていなかったことが大きい。それぐらいオランダ経済にとって対日貿易で得ていた利益は大きかったのだ。

次ページ上段のグラフを見ると、とくに１６１０～60年の50年間ですばらしい利益を確保していたことがわかる。50年間の累計利益は１６１０年水準の約70倍に達していた。毎年の利益額が同額なら、50年後の累計額は50倍のはずだ。それが約70倍になっていたということは、50年間の累計で利益額が約40％伸びていたことになる。まだ近代的な工場生産が軌道に乗る前の時代に50

オランダ東インド会社の50年累計投資収益
（各世紀10年と60年を起点、100とした対数表示）、1600～1800年

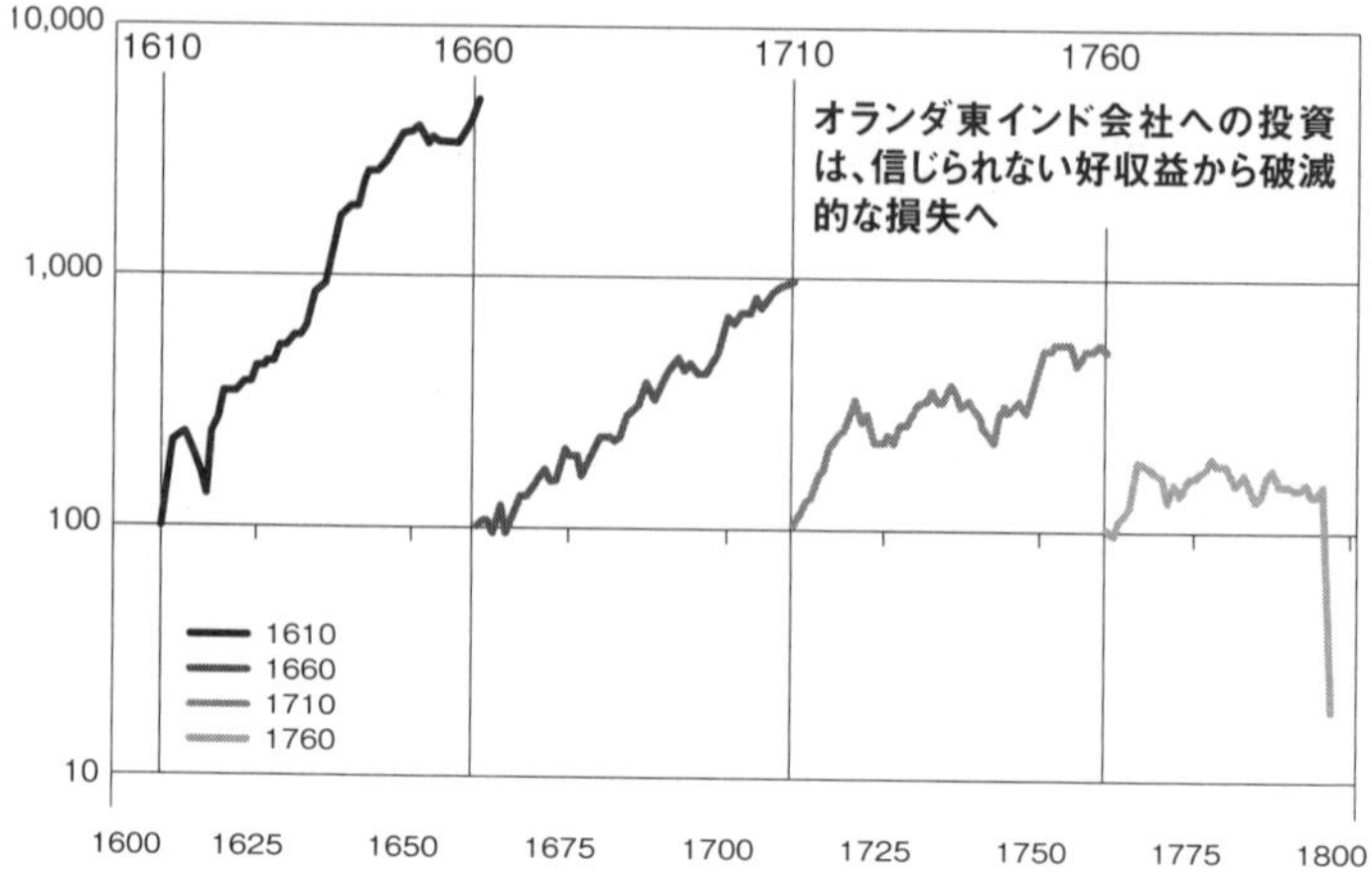

オランダ東インド会社の年次損益
（単位：100万ギルダー）、1750～1798年

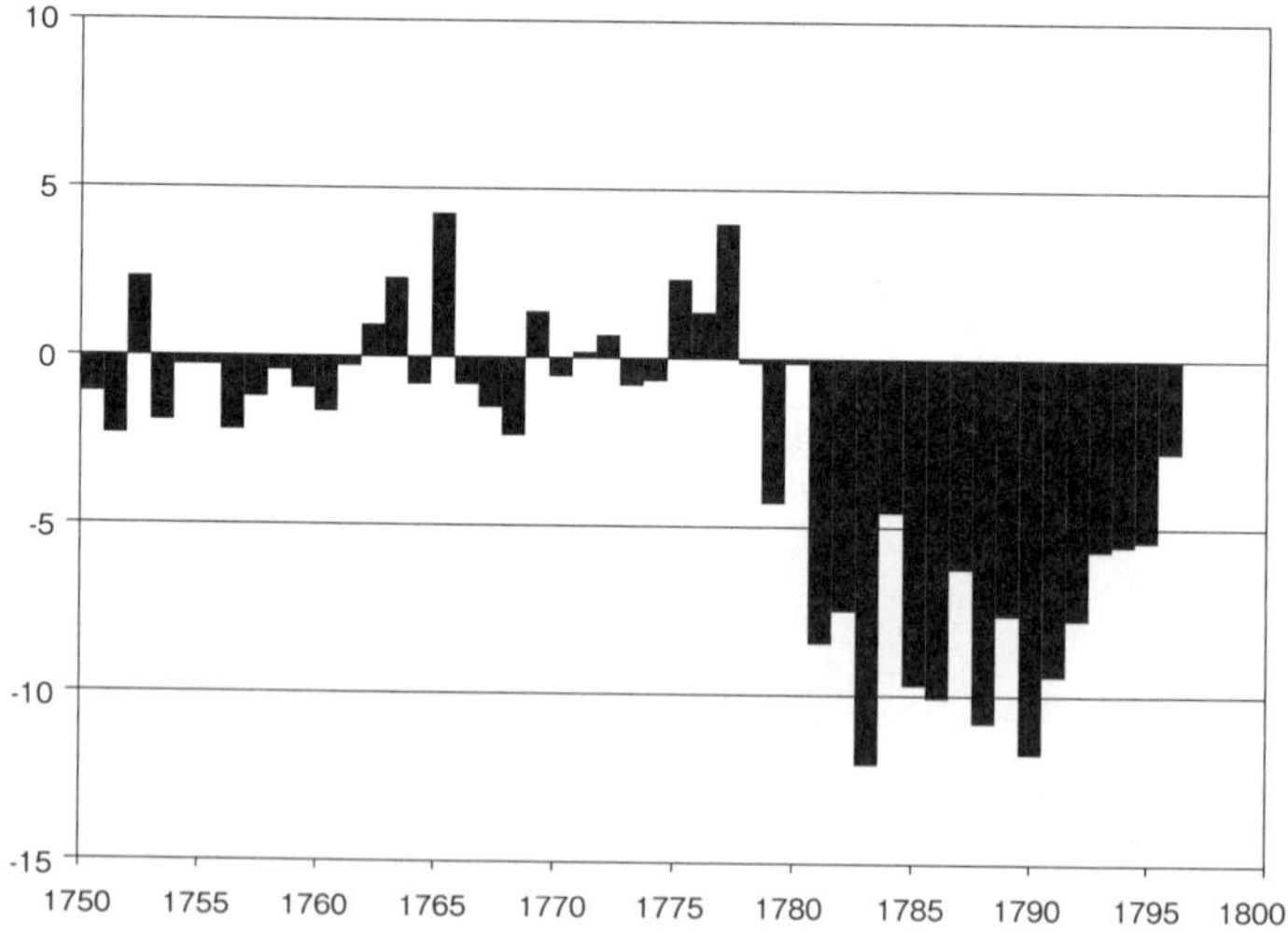

出所：上下とも Ray Dalio 、『The Changing World Order: Why Nations Succeed and Fail 』（ 2020年7月、ウェブ版予告編）より引用

年にわたってほぼ着実に利益を伸ばしつづけていたのだから、非常に立派な実績だ。

次の1660〜1710年は前の50年間と比較するとかすんでしまう。50年の累計でほぼ正確に1660年の利益額の10倍に到達しただけだった。これは、それまで来航する船舶数も貿易額も無制限だったのに1685年に貿易総額が銀3000貫目までに制限された影響が大きかったのだろう。

その次の1710〜60年となると50年間の累計額が1710年の利益額の約70％増しにしかなっていない。1685年の総額規制に加えて、1715年には年間の入港船舶数が2隻に制限された。さらに1743年には貿易総額が銀550貫分に縮小され、日本からの銅持ち出し量もそれまでの100万斤（約61万6000キログラム）から50万斤に半減されてしまった。こうした貿易制限の強化が東インド会社の収益悪化を招いたのだろう。

ただ他国の勅許状植民地会社は資源を取り尽くしたらおしまいの略奪経営か、イギリス東インド会社のようにムガール帝国の末端機構として徴税請負でボロ儲けをしていた時代のことだ。ほぼ純粋な商社機能に徹して資源を使い果たすどころか、縮小気味とはいえ安定収益をあげていたのだから大したものだ。

だが1770年ごろに東インド会社の収益はピークを打ち、その後10年ほど横ばいが続いたあと赤字に転落し、1799年には解散にいたる。末期の収益低迷については1795年にオランダ本国がフランス革命軍によって占領されたため、日常的な業務活動にさえ支障をきたすことが多かったことを理由とするのが定説だ。

たしかに本国は革命フランス政府に占領されてバタビア共和国になり、世界中でオランダ国旗が翻っているのは長崎出島のオランダ商館のみとなっていた。平常どおりの営業活動はできなかっただろう。しかし下段のグラフにご注目いただきたい。

オランダ東インド会社の赤字転落は、フランス革命が勃発する1789年より10年も前の1779年に起きていたのだ。上段の累計利益と合わせてみると、このころから累計利益も急減に転じ、同社が解散する前年の1798年には1760年からの累計でも利益をすっかり吐き出して赤字に転落していた。

つまりオランダ東インド会社の収益悪化はほぼ完全に徳川幕府によって貿易量や入港船舶量を制限されたためであって、フランス革命で本土が占領されたこととは無関係だった。それではオランダ側にこうした制限を実力行使によって撤廃させるという選択肢はあっただろうか。不可能ではなかっただろうが、かなり非現実的なシナリオだ。

オランダ商館員たちは出島に入る際に武器を出島奉行に預ける慣行が、200年近くにわたって定着していた。突然「日本国内でも武器を持ち歩きたい」などと言い出したら、それだけで疑われる。さらに、なんとか武力によって幕府側の譲歩を勝ち取ったとしよう。

もしその事実が他のヨーロッパ諸国に知れ渡ったら、自国より軍事力の強い国に成果を横取りされて、ヨーロッパ唯一の日本との貿易国という特権的な地位を失ってしまうかもしれない。世界中で自国の地位が低下しているだけに、この特権を失う危険は冒せなかっただろう。

その証拠となるのが東インド会社の赤字解散後もオランダ政府は一貫して幕府側について、列強による開国要求にどう対応すべきかを進言していたという事実だ。ほぼ毎年幕府に上申していた『阿蘭陀風説書《オランダふうせつがき》』、そして幕末の混乱期にはさらに詳細な『別段《べつだん》阿蘭陀風説書』だ。幕府上層部はこれらの資料をかなり的確に分析していたので、「情報鎖国」などということはまったくなかった。

オランダのアドバイスがなければ、明治維新前に徳川幕府がうかうかと日本植民地化の道に誘いこまれていた可能性もゼロではない。そしてオランダ政府が親身になって幕府に助言しつづけた最大の理由は、日本市場を独占していることのうま味だった。たとえ一時的に収益が赤字になっていても、長年の経験から日本は守り抜く価値のあるおいしい市場だと確信していたことにある。

結局、日本が比較的所得水準の均等な小金持ち層が広範に存在していて、海外諸国にとって魅力的な輸出市場だったからこそ、欧米列強の一角からすべり落ちつつあったオランダは、自国が既得権益を持っていた市場の権力者である幕府の味方に付いていたのだ。結局のところ日本を欧米列強の植民地化から守る最後の防波堤となったのは、長期平和を通じて日本国民が蓄積していた豊かな購買力だと言い換えることもできる。

この事実は、今後の権力集中から分散への混乱期に日本がいかなる針路をとるべきかについて示唆するところが大きい。今後6〜7年間でほぼ確実に、経済権力の集中しすぎた米中両大国は崩壊する。そのとき世界各国は日本がいかに豊かな国かを再認識する。

そのとき日本は軍備を増強することによって豊かさを守らなければならないのだろうか。それよりは「日本と平和な貿易を続けることがいちばん得だ」と実感してもらうことが最善の自衛策なのではないだろうか。

鉄砲は捨てなかったが、豪傑ひげを捨てた徳川日本

ノエル・ペリンの『鉄砲を捨てた日本人』は、戦国末期から江戸時代にかけての日本社会全体が示した「平和志向」の高まりを描いた名著だ。しかし江戸時代に日本から鉄砲が消えていたわけではなかった。幕府直轄領では奉行所や代官屋敷、大名の所領では陣屋などで銃を保管していてイノシシやクマが出たなどの事件が起きれば、農民に貸し出していた。

徳川幕府の開祖徳川家康は、北宋の太祖・太宗兄弟に優るとも劣らない平和主義者だった。旗指物に「厭離穢土《おんりえど》、欣求浄土《ごんぐじょうど》（けがれた現世をいとい、清らかな世を乞い求める）」と大書したように永続的な平和を願っていた。そして諸外国からの干渉を絶つことができれば、この理想は実現可能だと信じていた。

江戸時代に日本の権力を握っていた徳川幕府は、支配階級を構成していた武士たちに鉄砲では

ないが非常に大事なものを捨てさせていた。1615年大坂夏の陣で豊臣氏を滅ぼした徳川政権は元号を慶長から元和《げんな》へと変え、その後約250年にわたる平和の時代を予告するように「元和《げんな》偃武《えんぶ》（平和にもとづき武器を措くことのできる時代）」を宣言した。

そして武断派政治を続けようとする藩は親藩（徳川家の縁戚）、譜代（昔からの家臣団）、外様の区別なく容赦なく取りつぶしていった。もちろん比較的最近徳川家に臣従するようになったが、真剣に刃向かってくれば危険な外様の大藩には初めのうちはある程度の自由を許していたが。ひとつの大名領国に構える城は一ヵ所だけにせよという「一国一城」制を敷きながらも、島津藩には麓《ふもと》という名目で支城の構築・維持を許していたのはその典型だ。

領主たちの武力をそぐところまでは権力を握ったばかりの政権がどこの国でも、いつの時代にもやったことだ。だが徳川政権の場合は、諸藩の武力削減にとどまらずに、幕府直轄領（天領）の軍事力もできるかぎり軽微に圧縮してやっていける体制を築いていった。つまり幕府が率先して軍事力の縮小均衡、全面軍縮を目指したわけだ。ときの権力者がこんなことをしたのは、世界で初めてだったのではないだろうか。

これがいかに真剣な努力だったかを示す一連の法令がある。元和偃武から5年目の1620年、そこから25年目の1645年、そしてさらに25年目の1670年の合わせて3回、「大ひげ禁止令」を出して武士が町人や農民を容貌で威嚇することがないようにという取り締まりを励行したのだ。

都市に出てきた農民たちを出身地に追い返す「人返し令」のように、何度出してもまったく有名無実で効果のない法令もあった。だが、この大ひげ禁止令はてきめんに効果を発揮した。17世紀半ばには頬ひげ、口ひげ、顎《あご》ひげがつながった豪傑ひげとか、油で固めなければものを食うにも苦労するような堂々たる八の字ひげをはやした侍は、少なくとも主君持ちの武士たちのあいだではいなくなった。

だからテレビや映画で江戸時代に関するドラマを見ていて、浪人でもないのに堂々たるひげを生やした武士が出てきたら、それだけで時代考証がでたらめだとわかる。たんに大ひげ禁止令を出しただけではなく、それと並行して奇をてらった出で立ちでことさら大きな刀を誇示して町をのし歩いていた「奴《やっこ》」たち、中でも徳川家直参の家臣団である旗本、御家人《ごけにん》の身で荒くれ者集団に加わっていた旗本奴たちを徹底的に弾圧した。

「浮世絵の大名行列に描かれた奴さんや奴凧《やっこだこ》を見れば、堂々たるひげが生えているじゃないか」とおっしゃる方もいるだろうが、奴は武士ではない。武士に雇われた中間《ちゅうげん》という民間人なのだ。

とくに参勤交代の先頭に立って長い毛槍を垂直に持ちながら、ミズスマシのようにすいすいと歩いたり、腿《もも》を高々と上げて歩いたりするパフォーマンスで見物人を楽しませていた奴は武士に雇われていたわけでもない。主要街道沿いの大名本陣が多い宿場町に住んでいて参勤交代のときだけ臨時雇いで使われる、腕っぷし自慢の若い衆だった。

参勤交代パレードのときだけ毛槍を持つ奴さんは目立ちたがり屋のショーマンだから、立派なひげを自慢にしているのもいただろう。そういう連中が他人を威嚇するようなご面相をしていてもおとがめはない。だが武士が町人や農民を威嚇するような風体をしていてはいけないというのが、徳川幕府の一貫した方針だった。そして、この方針は厳格に守られていた。

「徳川幕府庄屋仕立て」説というのがある。三代将軍徳川家光が言ったと伝えられているが、これはちょっと怪しい。ほんとうに家光が言ったのだとすると、権力者当人が赤裸々に自分の掌握している権力の弱点を暴露した世界史上まれなケースだろう。

つまり徳川幕府は立法、行政、司法すべてにおいて村の庄屋と大して変わらないくらい、軽量級で簡素にできているというのだ。ただ幕閣の中枢を担う重臣たちは、そういう自覚を持っていたようだ。このへんの事情を、世が世であれば十八代か十九代の将軍になっていたかもしれない徳川恒孝《つねなり》はこう書いている。

百万都市の江戸を治める江戸町奉行所の定員は三百名弱で、この人数で現在の都庁と各区役所の業務、警視庁、消防庁、東京地裁や高裁の仕事までをこなしました（カッコ内略）。もっともこの人数で細かい行政事務ができるはずはありませんので、実務部分の多くは民間に委託されました。

（徳川、150〜151ページ）

徳川幕府による民間委託政策がまた、秀逸だった。たとえば南北両町奉行が月替わりで警視総監を務めているとすれば、与力という警察署長級、同心という警部・警部補級までが旗本や御家人で、それ以下の刑事や巡査はすべてそのへんの地回りの親分たちに十手を預けて「お前らの責任で取り締まれ」としていたのだ。

大胆不敵と言おうか、もしこの地位を利用してあくどく儲けてやろうとする親分衆が何十人、何百人と出てきたらいったいどうするつもりだったのか不思議でしようがない。だが幸いそれほど企画力のある悪党はあまりいなかったようで、大過なく江戸八百八町の犯罪取り締まりができていた。

平和が続いた日本の「悲惨」と戦争続きだったヨーロッパの悲惨

遣唐使廃止によって外交を謝絶していた藤原氏全盛期の平安京の平和は典雅な文化を育《はぐく》み、すばらしい女流文学者たちを生んだ。「鎖国」によって通商相手国を中国とオランダに限定していた江戸時代の平和は、身分的には差別された下層に属する人たちから始まって上流に広まっていく軽佻《けいちょう》浮薄な流行文化を生んだ。軽佻浮薄は、もちろん誉めことばだ。

江戸時代のファッションリーダーたちはほぼ一貫して、歌舞伎役者と遊女だった。彼らが火を付けた流行が徐々に町人層にそして武士たちに、さらには公家にまで広まっていった。つまり江戸時代になると、室町時代の能楽や狂言以上の明瞭さで、日本の流行は下から上に広まるという特徴が顕在化した。それは日本の社会経済的不平等性が、ヨーロッパ諸国に比べてはるかに低かったことを意味する。

「武士が命がけで戦ってくれるから我々の命も守られている」などという発想は、少なくとも江戸や大坂のような大都市の町民にはまったくなかった。「二本差しが怖くて味噌田楽が食えるか（武士が必ず大小二本の刀を携《たずさ》えていることと、やわらかい豆腐の田楽は串一本では落ちることが多いので串を二本差していたことをかけている）」と啖呵《たんか》を切られるくらい武士は軽視された存在だった。

200年以上も戦争を見たことがない人ばかりの世の中になれば、当然だろう。戦争に巻きこまれて殺されることも、家を焼かれることも、なけなしの財産を強奪されることもない時代が7～8世代も続いていたのだ。

「平和だったからといって、その平和の裏にある悲惨を見落とすのは間違いなのである」（小谷野敦、182ページ）などと言えば、日本が縄文時代1万2000～1万4000年、平安時代約350年、江戸時代約250年の長期平和を達成したことにケチをつけられたつもりになっている人もいる。

平和の裏にある悲惨と、戦争によって堂々と表通りをまかり歩いている悲惨の、どちらがその時代に生きていた人間にとって耐えやすい悲惨だったかを考えた形跡もない。異常に戦争の多かった戦国末期でさえ、日本の戦争は優雅なものだった。

戦国時代というと、各地でいつも戦いが繰り広げられていたイメージがあるが、華々しい戦いはめったにあるものではなかった。動員を受けて出陣しても陣地に長居したり、城を囲みながら滞在を続けることが多く、武将や兵士たちも陣中ではけっこう平穏な日常を送っていた。

考えてみれば戦陣は仕事のない長期出張のようなものである。最前線の兵士たちの運命を気遣いながら、陣中の武将たちは平凡な日常をいかに楽しく過ごすか、さまざまな工夫を凝らしていた。

（山田邦明『戦国時代』、17ページ）

というわけだから高名な連歌師が陣中見舞いに来てくれたりすると、まさに敵味方入り乱れて連歌に打ち興ずる大騒ぎになった。

山家地域の武士たちがこぞって宗牧一行を迎え入れ、道中の案内もしてくれたが、じつをいうと去年からこの地域では戦いが絶えず、道路も通れない状況になっていた。ふだんは戦い合っている間柄にもかかわらず、都から高名の連歌師が来てくれると聞くと、彼らは敵味方であることを忘れて、一緒になって連歌師一行をもてなしたのである。

そもそも豊川で昼から酒を飲んでいたわけで、夕食のときの大酒はさすがにこたえたが、拒むわけにもゆかず、宗牧は夜更けまで飲みつづけた。その二日後、宗牧は多くの餞《はなむけ》をもらって出発する。

（同書、233～234ページ）

結局、合わせて3日間も「連歌休戦」をしていたわけだ。

カトリック、プロテスタント両派が「我こそはキリスト教正義の体現者なり」と主張して激突したドイツ三十年戦争（1618～48年）では、どうだったか。

ある年代記作者は、1633年にスウェーデン軍に占領されたシュレージェンの小都市ゴールドベルグの状況を次のように物語っている。

「貴族と非貴族は棍棒と鞭で打たれ、馬に縛り付けられて引きずりまわされ、強奪や略奪ならまだしも、射殺され、殺害され、絞殺された。
……締めあげ、ねじりあげられて目と脳みそが飛び出し、燃える硫黄を投げつけられ、親指を締め木にかけられ、足で踏みつけられたために、血が首にのぼった。井戸のなかへ追いこまれるものもあれば、パン焼き釜のなかであぶられる者もあった。女は責め苦にかけられた。抱いている子供が奪われて地面に叩きつけられ、家や市場や街路、墓地、教会などで夫や両親の前で死ぬほど辱められたために、こういう残酷な仕打ちを逃れようと、屋根、窓、塀から飛び降りた女も多かった。……」

（プレティヒャ、166～167ページ）

アルゴイ地方、ケンプテンにいた皇帝軍の乱暴ぶりもこれに劣らなかった。「……家のなかに隠れて助かったと思った市民も、斧やハンマーでむごたらしく打ち殺された。命を助けられて捕われの身となった多くの市民は、数百、あるいは数千グルデンの金のために生かしておかれたのであって、ピストルや装塡した銃を心臓に突きつけられ、首に縄を巻きつけられて、金と金目のものの隠し場所を無理やり言わされた。

……多くの女は恥ずべき扱いを受け、自分の夫を斧で殴り殺すことを強いられた。……何人もの負傷した兵士に包帯を巻いてくれた床屋を、彼らは打ち殺し、その娘を辱めて目をくり抜き、殺した父親もろとも窓から外の通りへほうり出した。また、手を切り落とされた女たちもある」

（同書、168ページ）

読者のみなさんは、めったに戦争のない社会の悲惨と、しょっちゅう戦争の起きている社会の悲惨のどちらを選ばれるだろうか。「平和な悲惨もある」程度のレトリックで陰惨で残虐な暴力に満ちたヨーロッパから眼をそむける姿勢は、根本的に間違っているのではないだろうか。

第4章

災害列島の恵みを再認識しよう

未開以上、文明未満状態を1万年以上続けた縄文時代こそ日本文明の礎

最新の考古学的知見では縄文時代は少なくとも1万2000年、最長では1万4000年続いたと推定されている。地球上のほとんどの場所で人間は農耕専業化とともに、文字を持ち、神官・戦士・農民の階級に分化していく。神官や戦士は都市に住み、農民は農村に住む。農民たちから兵士を徴募し、その兵士を養うために税を徴収することを通じて、国家や軍隊も形成される。

のちに文明圏と呼ばれるようになる場所の大部分でこうした過程が進行する中で、縄文時代人は数千年も副業として農耕をおこないながら、ついに農耕に専業化することなく1万年以上を過ごしてきたのだ。そして農耕に特化した弥生人が渡航してくると、一部は農耕に便利な平野部を明け渡しながら、山間部などで採集・狩猟・漁労に特化したまま生きつづけた。渡来した弥生人から農耕を習い覚えながら、徐々に農業に特化した集落で平和に彼らと交じり合っていく縄文人もいた。

縄文時代の人々は、黒曜石、翡翠《ひすい》、琥珀《こはく》といった日本列島の中でもかなり限定された場所でしか採掘できない輝石や鉱石を広範囲に流通させるネットワークを持っていた。長さを測る尺度も、長野県諏訪地方などのごく一部をのぞいて35センチの縄文尺に統一していた。

三内丸山遺跡6本柱建物の底面寸法図

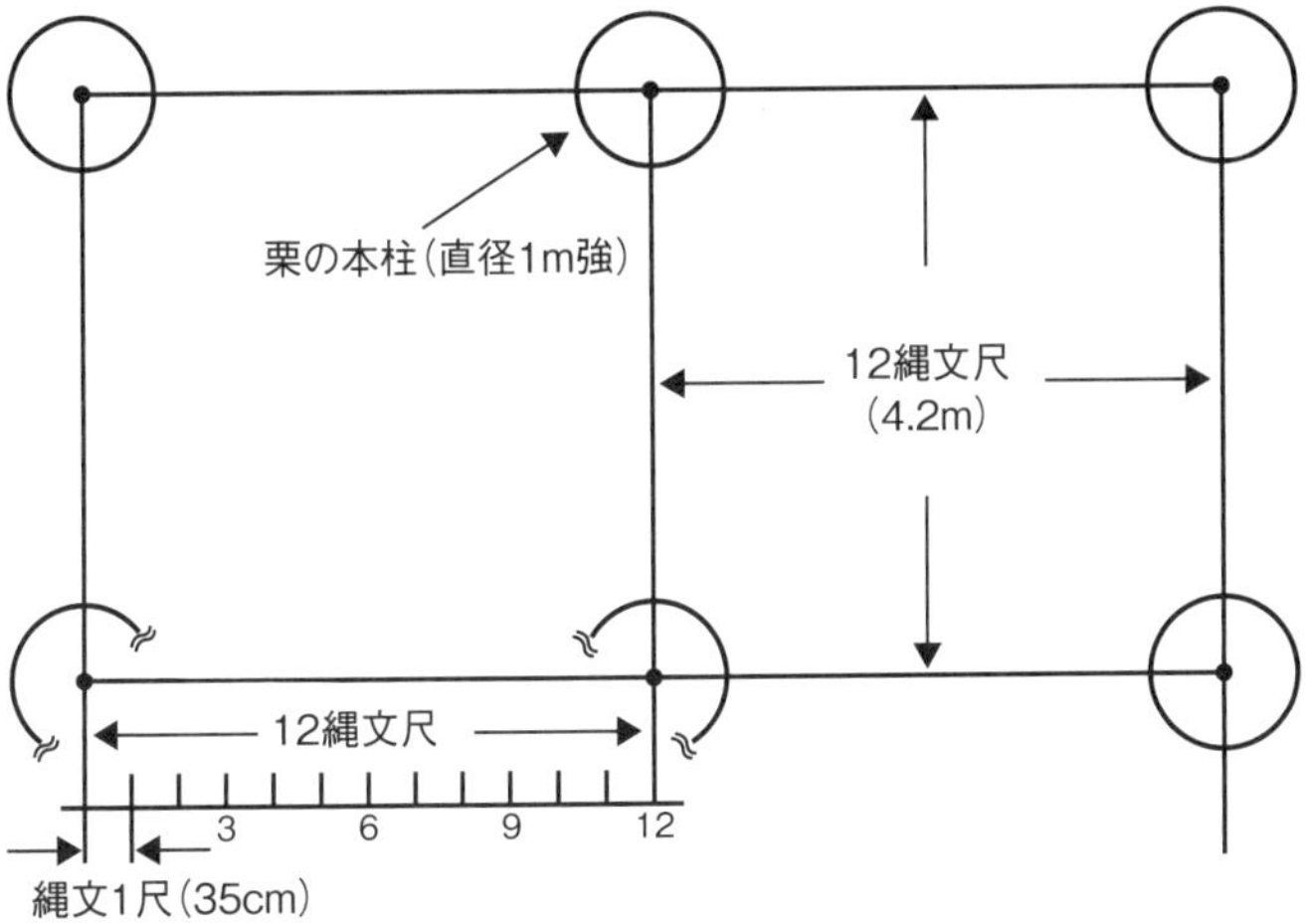

原資料：青森県教育委員会
出所：伊達宗行『「理科」で歴史を読みなおす』（ちくま新書、2010年）、47ページより引用

自然科学的な知見の豊かさには、驚くべきものがあった。青森県で発掘された三内丸山《さんないまるやま》遺跡の6本柱の建物は正確に4・2メートルの正方形ふたつをくっつけた長方形で、四隅は完璧《かんぺき》な直角になっている。伊達宗行『「理科」で歴史を読みなおす』によれば、縄文人は直角三角形のつくり方を知っていたという。

まっすぐな長い棒を12等分して3単位、4単位、5単位に切り分けてから三角形をつくる。この三角形のうち3単位の棒と4単位の棒が接する角が直角だとわかっていたので、縦8・4メートル、横4・2メートルの当時としてはかなり大きな建物も、きちんと四隅を直角にして建てることができたというのだ。

縄文人が時代による変遷を示しながら造っていた土器の完成度には、定評がある。また非常に早くから発達していた漆塗りの技術、そして特定の貝殻をかなり遠方から取り寄せて、デザイン性の高い腕輪に加工していた技術や美的感覚へのこだわりは、美しさ自体のために手間暇惜しまないライフスタイルを示している。それに加えて、ピタゴラスの定理を応用して直角の建物を構築する技術さえ持っていたわけだ。

技術や美意識を見れば、縄文人は紀元前1000～500年に弥生人主導で始まった農業専業文明を受け容れるよりずっと前から、「文明」状態に達していても良さそうだったと思える。それなのに未開以上、文明未満の縄文時代が1万2000～1万4000年も続いていたのは、いったいなぜだろうか。

この疑問自体がおかしいのかもしれない。我々には採集・狩猟・漁労でその日暮らしをしている人々は未開人で、毎年食べていけるあてのある農業生産をする人々は文明人だという先入観念がある。

だから採集・狩猟・漁労から農業に主要な「生産様式」が変わったことを、進歩と考えがちだ。だが縄文時代から弥生時代への変化は、ほんとうに進歩だったのだろうか。

あまり注目されない事実だが、採集・狩猟・漁労に特化しつづけているほうが農業専業になるより、はるかにエネルギー効率は高い。とくに畜力もほとんど使えず、ましてや機械力はほぼゼロの初期農業との比較では、人間が自分で負担しなければならないエネルギーの差が非常に大きい。

農業に特化した人々は、冬の農閑期以外ほぼ毎日働き詰めで、なんとか翌年の種もみを残せば生きていくのに不可欠の食料しか残らないきびしい暮らしをしていた。しかも圧倒的に穀物の比重が高くなるので、かなり栄養バランスの悪い食生活だ。

ところが採集・狩猟・漁労を風土や気象条件に応じてやっていた縄文時代人は、1日ほぼ4時間労働で海山の動物性たんぱく質、植物性たんぱく質、炭水化物をバランスよく取れていた。そして貝や木の実は旬のものを食べ、あまれば保存食にもしたし、季節外れのものは食べないほどぜいたくな食生活だった。その豊かな食生活を斎藤忠『日本人はどこから来たか』から引用しておこう。

> 埼玉県浦和市の大戸《おおと》貝塚《かいづか》……を調べた人は、当時の人々は、時期によって採取する食料も異なっていたのではないか、といっている。
>
> つまり、春や秋の、海の貝類がたくさん採れる時期には、人々は、手近なしじみは非常食料としてそのままにしておき、多少の時間と労力をついやして、遠浅の海岸や岩場に貝拾いに出かけた、と想像するのである。
>
> また、(愛知県)入海《いりみ》貝塚を形づくっているのは、はいがいであるが、そのはいがい層の中に、かき・まてがい・あかにし・にななどが密集して小層をつくっている。これは、入海貝塚をつくった人たちが、時期とこのみにしたがって、一種類ずつえらんで採集して食べたのではないか、と考えられている。
>
> (斎藤、102〜103ページ)

世界中どこでも農業への特化は「より確実に食べていけるようになりたい」と積極的に人間が

選び取った生き方ではなかったのではないだろうか。自然の恵みに依存しているだけでは増えた人口に十分な食料が行きわたらなくなったとき、膨大なエネルギーを投入しなければならないことはわかっていても、できるだけ大勢の人間が生きていけるように苦難の連続は承知の上で選び取った道ではなかっただろうか。

文明のゆりかごは貧しい生態系

そう考えると、なぜチグリス・ユーフラテス川流域、ナイル川流域、インダス川流域、黄河・揚子江流域で古代文明が発祥したのかも納得がいく。これらの地域には、共通点がふたつある。ひとつ目は、大河のほとりで農業生産には不可欠の水の供給量が安定していることだ。ふたつ目は、周辺地域は緑もあまり豊かではなく、生息している動植物のバラエティもどちらかと言えば貧しい地域だということだ。

つまり自然の恵みだけに依存していたのではすぐ生きていける人口の上限に到達してしまう場所に住んでいた人たちが、農業生産に特化するという苦難の道を選んだわけだ。そう考えると、なぜ農業生産への特化とほぼ並行して戦士階級が形成され、戦争が勃発するようになったのかも想像がつく。

同じように膨大な努力を注いだのに、自分たちの集落は日照りや水害で凶作。そばには順調に農作物が育っている集落があったとしよう。凶作に見舞われた集落にとって近隣集落で順調に育っている作物を奪いに行くことは、天候が与えた不公平を是正する方法と思えたかもしれない。他の集落の努力の成果を強奪することが正義という発想が、農業生産の普及とともに蔓延していくわけだ。

もちろん一度でもこうした襲撃があれば、凶作になった側だけではなく、順調に作物が育っている側でも武力を持って自分たちの収穫を守ろうとするだろう。お互いに相手方は自分たちの持つ資産や人命を奪おうとしていることを承知で、武力を使った衝突で勝ったほうが敵方の資産や人命を奪い取るための行動に出る。すなわち戦争の発生だ。

この点でも、日本の歴史はユーラシア大陸のほとんどの地域と顕著な対照を示している。縄文時代が非常に長かっただけではなく、農耕に特化した弥生時代への転換にも500~1000年という長い年月をかけていたのだ。ユーラシア大陸の大部分では自然の恵みに依存するので、人口上限が低い採集・狩猟・漁労民は耕地を増やせば人口増加を長期間維持できる農耕民によって、急速に追い立てられていった。

ところが日本では弥生的な農耕生産に特化した文明が、採集・狩猟・漁労の縄文文化にとって代わるのにとても長い時間を要している。また単純に南西から東北に普及していったのではなく、ところどころに農耕集落が成立しては、また採集・狩猟・漁労に戻るといった複雑な変化を見せていた。

地形がもたらした日本列島の吹き溜まり性

これはかなりの部分、日本列島の地球上に占める位置で説明できる。つねに偏西風(西からの風)が吹く北半球で、日本列島は地球最大の海洋である太平洋の西端に位置する最大の島々を形成している。北シベリアからは南下する必要があるが、ユーラシア大陸の東岸や東南アジアの島々から漂流してきた船にとっては、広大な太平洋の藻屑《もくず》と消え去る前の最後の漂着地となる。

また日本を目指した場合、東側に航路がそれた船は太平洋最大級の暖流、黒潮と、太平洋最大級の寒流、親潮が銚子沖付近で激突するあたりから、ほとんど島影のない広々とした東側に流されて行く。そうなると、人間が生きているうちに陸地にたどり着ける可能性はゼロに近い。

つまり縄文・弥生時代の航海技術の発展度合いを考えれば、特定の生産技術や文明を持った人々が大船団を組んで日本列島征服・開拓のために押し寄せるという話は、まったく非現実的だ。風向きや潮流の方向が、つねに日本列島を離れて太平洋のまん中に誘い込もうとしているのだ。航路が東側にそれてしまったときのリスクが大きすぎる。

第二次世界大戦直後、日本神話＝日本古代史という制約から解放されて有頂天になった人たちが「騎馬民族征服説」なるものを唱えたことがあった。いったい、どうやって騎馬の大軍団を日本本土に渡らせたというのだろう。鎧兜《よろいかぶと》に身を固めて馬に乗り、その馬に日本海を泳ぎ渡らせたとでも思っていたのだろうか。

鑑真和上《がんじんわじょう》が日本渡航を決意してから実際に日本にたどり着くまでには、じつに11年の歳月を要した。744年を最初に5回にわたって失敗に終わった航海のあと、754年の6回目でやっと成功するという苦難の歴史があった。

ただひとりの高僧とその弟子10~20人を渡航させるのに、これだけの苦労があったのだ。先史時代から平安時代までの日本への渡航は、だいたいにおいて命からがら漂着するというのが実情で、大軍団が武装して上陸するなどということは不可能だった。

逆説的になるが、だからこそ日本列島には秦の始皇帝時代に語られた「不老不死の仙薬が自生している夢の国蓬萊《ほうらい》」とか、マルコ・ポーロが元を訪れたころに言われていた「無尽蔵の金鉱脈がある豊かな島ジパング」とかの伝説がまとわりつづけてきた。それぐらいの幻想で鼓舞されなければ、行く気になれない島々だったのだ。

日本列島の究極の吹き溜まり性は、遺伝子考古学と言語学の組み合わせでも立証されている。日本土着ではなく、日本に渡来してきた人たちの大部分は日本を目指して来たのではなく、どこかに行くつもりが偏西風や海流に流されて日本に漂着したのだ。意図的な来訪者に対する漂着民の比率は、時代をさかのぼるほど高いだろう。

中橋孝博『日本人の起源』によれば、「約一五〇〇年前に生きていた伊川津縄文人（愛知県伊川津貝塚から発掘された）は約八〇〇〇年前のラオスや四〇〇〇年前のマレーシア先史人に近い（塩

ユーラシア大陸随一の孤立語密集地帯の「お山の大将」

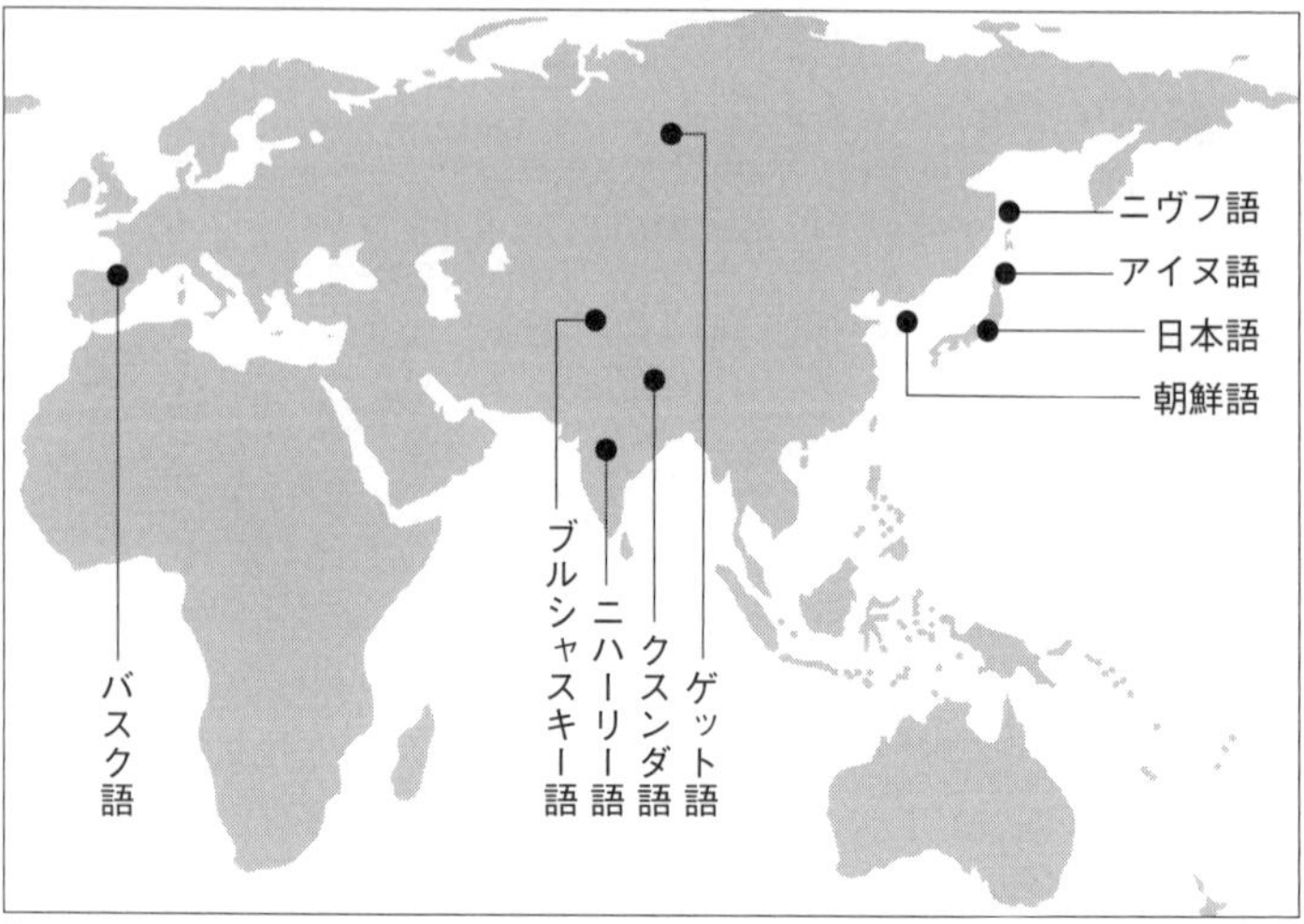

注：ユーラシア大陸の2,500以上の言語のなかで、系統不明の言語は9つにすぎない。
原資料：松本克己「私の日本語系統論——言語類型地理論から遺伝子系統地理論へ」、京都大学文学研究科編『日本語の起源と古代日本語』（臨川書店、2015年）所収
出所：瀬川拓郎『アイヌと縄文——もうひとつの日本の歴史』、51ページより転載

基）配列を持っている（177ページ）」という。まさに人種の吹き溜まりだ。

その半面、日本語は世界的にもめずらしい孤立言語だ。ユーラシア大陸とその周辺に存在する2500以上の言語の中でたった9つしかない、言語系統不明の言語の一角をなしている。

しかもユーラシア大陸東端に集中している北方群と呼ばれる4言語は、以下の特徴を共有しているという。

日本語、アイヌ語、朝鮮語、ニヴフ語は、旧石器時代にこれら地域に到達した人類の、「出アフリカ古層A型」とされる古いタイプの言語に由来する……。（瀬川、50ページ）

人種はとても複雑に入り乱れているのに、ことばは非常に古いかたちがあまり変更され

ずに残っている。これは最初に日本列島に住み着いた人たちのことばが、ほぼそのまま残ってきたことを示している。あとから日本に来た人たちは、長い間隔を開けて、先に来ていた人たちの子孫が原日本語を母語として自然に話すようになってからポツン、ポツンと五月雨《さみだれ》的にやって来たのだ。

あとからやって来た人たちが一挙に大量に入りこんでいたら、当然その人たちが母語としていたことばから、語彙《ごい》や文法で影響を受けていただろう。だが原日本語から現代日本語への変遷の中で、そうした断絶は見られないようだ。

日本に農業特化型の文明を持ちこんだ弥生人も、大半は小さな漂着民グループとしてやってきた。当初の母語にかかわらず、圧倒的多数の原日本語しか話さないまわりの人たちとコミュニケーションをとるために原日本語を修得していった。大軍団を組んで日本列島に乗りこんできて、先住民である縄文人に自分たちの生産様式を押しつけたり、縄文人を奴隷として使役したりはしなかった。

そして漂着した場所が水田稲作に適していて、しかも自然の恵みに依存して食べていける人口の上限に近づいていたところでは、順調に周辺の集落にも水田稲作が広まった。だが、まだ自然の恵みに依存する人口の上限までに余裕のある場所では、楽で栄養バランスもいい採集・狩猟・漁労の縄文型生活に戻っていった。それが縄文から弥生への転換にも、とても長い時間がかかった最大の理由だった。

日本ではことばにも階級性がなかった

縄文人はほぼ確実に、南東北地方以南の本州、四国、九州で共通語を話していた。これは非常に大きなポイントだ。おりに触れて日本列島に漂着した少数派の集団は、その時点ではすでに日本語に完全に同化していた圧倒的多数の先住民・昔の渡来民と同じことばを使って生きていくほかなかった。

だからこそ現代にいたるまで、知的エリートもふくめて日本人は外国語の習得が苦手な人が多いのだ。日本人の平等性や平和を尊ぶ性質は、支配階級のエリートと一般大衆が別のことばを話すという深い亀裂の入った社会で暮らしたことがない希有《けう》な生い立ちによるところが大きい。

たとえば中世ヨーロッパでは日常語としては完全に死滅していた古代ローマ人の母語、ラテン語が聖職者・知識人の共通語に採用された。ラテン語を読み、書き、聴き取り、話すことができなければ知識人とは見なされなかった。

もちろん庶民には何を言っているのかちんぷんかんぷんの外国語だ。また庶民が司教や司祭はどんな祈りを捧げているのか理解しようとするのは、身の程知らずな思い上がりだった。

イギリスではプランタジネット朝とそこから派生した諸王朝では、ヘンリー六世か七世の時代まで宮廷内の公用語はフランス語で、イギリスの貴族が英語を遣うのは教養のない庶民に何かを命令するときだけだった。現代イギリスでも、単音節か2音節のアングロサクソン系の単語ばかりしゃべる人は教養がないと見下され、3音節以上のラテン語系、フランス語系の単語を多用する人は教養が豊かだと尊敬される。これはもう、はっきり言語差別と言えるほど露骨に現れている。

日本でも宮中のやんごとなき方々は、独特のことばを遣われるらしい。だが、それはおもうも、おたあたといった幼児語化・オノマトペ化したやまとことばであって、外来語や外国語の影響は庶民の遣う現代日本語以上に弱い。

日本にもエリートと大衆が違うことばを遣う社会を構築しようとする試みは何度かくり返されてきた。奈良・平安時代の律令制導入とともに、文書は中国語の語順どおりに漢字ばかりを並べて表記するようになっていたわけだ。カタカナやひらがなが発明されたあとも少なくとも公文書は送り仮名も振らず、読み下し文にもしない中国語文法そのままに漢字を並べただけの時期がしばらく続いた。

ついで江戸時代中期に荻生徂徠《おぎゅうそらい》派の儒学者たちが、漢文を日本語の語順ではなく漢字の並び方どおりに、しかも当時（明末・清初）の現代中国語の発音どおりに発音することを提唱した。さらに論理的厳密さを必要とする論文はすべて中国語で読み、書き、聴き取り、話すようにしようとさえした。

エリートは別のことばを遣うようにしようという3回目の試みが、大日本帝国初代文部大臣、森有礼《ありのり》の英語公用語化論だ。3回とも日本の知的エリートたちのあいだでは、外国語を流暢に聴き取り話すことができるどころか、なんとか読み書き程度ならできるというレベルに到達する人間があまりにも少ないという単純明快な理由で失敗した。

一度でも植民地化されたことがあり、宗主国から送りこまれたエリートたちの母語を聴き取り、話さなければ絶対に出世はできないという境遇に置かれた歴史を経験した人々が見れば、なんとうらやましい言語環境かと思われることだろう。

だが現代日本の自民党・公明党連立内閣は、日本人教授が教え、日本人学生が学ぶ授業を英語で行えば補助金を出すという、宗主国なき植民地化路線を突っ走ろうとした。仏の顔も三度と言うが、まさに4回目の愚挙だった。しかし過去3回同様、日本の知的エリートたちの言語能力の低さが、今回の試みも惨憺たる失敗に導いてくれた。

こうして見てくると、日本の知的エリートたちは国民の圧倒的多数が同じことばを話すという、平等で平和な社会の基礎を掘り崩そうとする愚鈍な連中ばかりだったと思われるかもしれない。だが実際にはときどき熱病にでもかかったように外国語の公用語化を企てることはあっても、基本的に日本の知的エリートたちはことばによって人間を差別する風習を最小限に食い止めてきた。

自分の母語でもないことばを流暢に話せなければ出世できない世の中にするのが面倒くさかっただけなのかもしれないが。一方、ヨーロッパの知的エリートたちは、自分たちの話していることの中身を庶民に知られないようにするための努力を惜しまなかった。

災害に殺される国と人間が殺し合う国ではどっちに住みたい？

それにしても、なぜ日本列島では明らかに未開段階は脱しているのに、農業への特化、文字の獲得、戦士階級の登場、都市の誕生といった典型的な文明の特徴は持たない状態が1万年以上も続いたのだろうか。日本列島の自然の恵みだけが、ほかの地域とはくらべものにならないほど豊かだったのだろうか。

たしかに日本列島はユーラシア大陸の大部分より自然の恵みが豊かだっただろう。ふつうであれば文明の発展とともに低下する国土の緑被率が今でも非常に高いのは、その証拠と言える。ただ、ほかの地域の何倍、何十倍も高かったとは思えない。

そこで気づくのが自然の恵みの上限にたどり着かない理由は、上限の高さだけではないという事実だ。上限に向けて拡大を続けてきた人口が一挙に激減する。しかもそうした過程が何度も何度もくり返されるとしたら、上限にたどり着くまでに1万年以上かかっても不思議ではない。

すでにご紹介したとおり、日本近海は偏西風と海流の関係から深刻な海難事故の多発する難所ばかりだ。行方不明になったまま、遺体も難破船の残骸もまったく戻ってこない場合が多い。それに加えて3つの大陸プレートがお互いにのし上がったり、潜りこんだりの動きを持続しているので、ひんぱんに地震が起きる。近海や沿岸部で起きた地震は津波を起こしやすい。

国土面積当たりの活火山・休火山の数は、おそらく日本が世界最大だろう。噴火は時として周辺地域に数十センチの火山灰を積もらせる。農業に特化した田畑が数年、数十年と使えなくなる被害も大きい。溶岩流がそのまま冷えて固まってしまえば、永遠に使えなくなることもある。だが採集・狩猟時代にも、近隣一帯の動植物の生態系が変わってしまうことの被害は大きかった。大噴火があった地域では、定住人口が激減することも多かっただろう。

台風などによる集中豪雨も多い。川が急流ばかりなので、鉄砲水や土石流が頻発する。比較的緯度の低い地域でも、冬に豪雪の降る地帯が多い。また豪雪地帯の大半で春から夏の気温はけっこう高くなるので、雪崩《なだれ》の被害も大きくなる。日本列島では、いかに多くの自然災害が起きていたのかの年表をご覧いただきたい。

時代をさかのぼるほど記載が閑散としているのは、もちろん大昔は自然災害が少なかったことを示すわけではない。考古学的に確認できるほどはっきりした爪痕《つめあと》が残っている災害は、それほど多くないというだけのことだ。

江戸時代中期以降の観察力で項目を書きこんで行ったら、太古の昔から現在にいたるまで「日本中どこを見ても人死にが出る自然災害は1件も起きなかった」という年は、おそらくないだろう。

大きな災害では当時の人口に対してかなり高い比率の命が失われて、そうとう低くなった人口からの再出発ということがあっただろう。だから日本では、未開以上だが文明未満の、自然の恵みが許す人口上限に到達していない状態が1万年以上も続いたのだ。思わず「よくまあ、ご無事で現代まで命をつないでいただきました」と祖先に感謝したくなる。

日本では、天寿をまっとうせずに亡くなる人の大半は自然災害で亡くなってきた。海外のほとんどの国では自然災害より戦争や内乱、政治的、宗教的反対派や異なる人種グループに属する人たちの大量処刑などの人為的な理由で亡くなる人たちのほうが多かっただろう。

この差は日本列島に生まれ育った人たちとその他の人たちのあいだに、どんな違いをもたらしただろうか。私はかなりはっきり日本人に有利で、その他諸国民に不利な結果が出ていると思う。たとえば天寿をまっとうできずに死を迎えた人の近親が、その死に復讐したいと考えたとしよう。人為的な死であれば、必ず手を下した人がいる。攻め寄せてきた敵軍であったり、気に入らない臣民を虐殺した暴君であったり、異教徒、異端者を迫害した聖職者であったりする。

被害者の近親のうちかなりの人数が、そうした下手人にもっと過酷な死をもたらそうと努力することになる。往々にして最良の知的能力を持った人たちが、相手の命や資産を奪うというマイナスサムゲームに一生を捧げたりする。もし成就しなければ子孫にその恨みを伝えるし、成就すれば今度は相手方から復讐を誓う人間が出てきて、負の連鎖が止まらない。

相手が自然災害ならどうだろうか。信仰やまじないの力で亡くなった人を生き返らせたり、起きるであろう災害を食い止めたりすることができるだろうか。まず無理だろう。日本人には自然への漠然たる畏敬の念は抱きながらも、特定の宗教団体で熱心に活動する人が少ない。これは何

時期	勃発した災害
1096年	永長元年　近畿東海地方大地震、薬師寺、東寺など寺社の塔が倒壊する被害多し
1099年	康和元年　南海道沖巨大地震、摂津天王寺被害、土佐で田千余町が海に沈む
1108年	七月　天仁元年の浅間山噴火、山の東側一帯に火山灰堆積し、水田はほぼ壊滅『中右記』
1185年	七月九日　元暦二年の大地震、約3ヵ月で余震収まる『方丈記』
1293年	永仁元年　鎌倉大地震、建長寺炎上、死者2万3000人あるいは数千人
1471年	文明三年　桜島文明の大噴火、人畜死亡多数、埋没家屋多数
1498年	明応七年　短期間に2度の巨大地震、遠州灘では伊勢・志摩のみで約1万人死亡
1586年	天正十三年　畿内・東海・東山・北陸諸道の広域大地震、余震はほぼ1年続いた
1611年	慶長十六年　三陸沿岸・北海道東岸大地震、地震の被害は軽かったが、津波による死者多数
1657年	**明暦三年　明暦の大火(振袖火事)、焼死者、圧死者、溺死者10万8000人**
1682年	**天和二年　お七火事、焼死者3500人以上、大名屋敷・旗本屋敷・寺社300棟、民家5万戸焼失**
1703年	元禄十六年　江戸・関東諸国大地震、関東大震災に似た相模トラフ沿いの巨大地震
1707年	宝永四年　宝永地震、我が国最大級の地震、死者2万人、倒壊家屋6万戸、流出家屋2万戸
同年	同年　富士山宝永大噴火、上記日本最大級の地震の48日後に勃発
1724年	**享保九年　大坂妙知焼け、大坂404町、1万1700戸あまりが焼失**
1741年	寛保元年　渡島大島大噴火、北海道南部・津軽中心に被害、死者1467人
1772年	**明和九年　目黒行人坂の大火、焼死者1万4700人、江戸934町が焼失**
1783年	天明三年　浅間山大噴火、死者1151人、天明の大飢饉の原因となった
1788年	**天明八年　京都天明の大火、焼死者1800人あまり、京都市街80%、3万7000戸が焼失**
1792年	寛政四年　眉山山体崩壊(島原大変肥後迷惑)、死者約1万5000人
1793年	寛政五年　陸前・陸中・磐城大地震、余震が多かった
1829年	**文政十二年　江戸己丑の大火、焼死者・溺死者2800人、焼失家屋37万戸**
1854年	安政元年　安政東海地震、沼津から伊勢湾にかけての海岸沿いの被害がひどかった
同年	同年　安政南海地震、東海地震の32時間後に発生、被害は中部地方から九州におよんだ
1872年	**明治五年　銀座の大火、銀座・京橋中心に焼失家屋2926戸**
1879年	**明治十二年　築地の大火、日本橋・京橋・築地一帯で焼失家屋1万613戸**
1881年	**明治十四年　神田の大火、神田、日本橋、本所、深川一帯で焼失家屋1万637戸**
1888年	明治二十一年　磐梯山噴火　小磐梯山が噴火し、のち山体崩壊、死者461人
1891年	**明治二十四年　濃尾地震、岐阜・愛知県中心、煉瓦建造物の被害多く、死者7273人**
1896年	明治二十九年　明治三陸地震津波、地震被害は軽微だったが、津波による死者約2万2000人

出所:内閣府防災情報『参考資料　過去の災害一覧』、関裕二『日本人はなぜ震災にへこたれないのか』(PHP新書、2011年)、山田康弘『縄文時代の歴史』(講談社現代新書、2019年)などより著者作成

19世紀末までの日本の主な自然災害・火災年表

時期	勃発した災害
約2万2000年前	鹿児島県姶良カルデラ(鹿児島湾と桜島)大噴火、火山灰は東北地方まで到達(考古学的知見)
約1万5000年前	鬼界カルデラ(薩摩半島の南側)大噴火、火山灰は南東北まで飛散(考古学的知見)
約9500年前	桜島噴火
約2000年前	仙台市周辺の巨大津波(考古学的知見)
5世紀	榛名山噴火
5世紀半ば(?)	允恭五年七月十四日の地震、地震関連記事の『日本書紀』初出
6世紀初頭	榛名山噴火、火山灰約15センチ堆積
6世紀半ば	榛名山巨大噴火で、子持山南麓の黒井峯遺跡が生活していた状態のまま遺される
567年	欽明二十八年の諸国大水、飢え、食人の一方、隣の郡からの穀物搬送助け合いも『日本書紀』
599年	推古七年の地震、こののち天変地異に際し読経を命ずるという記述が頻出『日本書紀』
601年	推古九年五月　推古帝耳成の行宮滞在中に川が溢れ、宮に浸水『日本書紀』
642年	皇極元年十月八日以降、地震頻発し、春のような暖かさに『日本書紀』
642年	皇極二年一月一日　五色の雲が空をおおい、その後九月まで干魃など異常気象続く『日本書紀』
675年	天武四年十一月　大地震『日本書紀』
677年	天武六年五月　日照りで雨乞い;六月十四日　大地震『日本書紀』
678年	天武七年十二月　筑紫国大地震『日本書紀』
679〜682年	天武八〜十一年　毎年何回かの地震と日照り、霜害などで凶作続く『日本書紀』
684年	天武十三年十月十四日　白鳳大地震、伊豆諸島から土佐国まで大きな被害出る『日本書紀』
685年	天武十四年三月　信濃国に(火山)灰が降る『日本書紀』　浅間山最初の噴火か
686年	朱鳥元年一月十九日、同十一月十七日　地震『日本書紀』(同年9月天武天皇崩御)
720年	養老四年　干魃、洪水などで凶作、国家騒然『続日本記』
730年	天平二年六月　落雷被害続発『続日本紀』
734年	天平六年四月七日　大地震『続日本紀』
735年	天平七年　夏から冬にかけて天然痘流行し、若者にいたるまで死者多し『続日本紀』
737年	天平九年　天然痘で藤原4兄弟(房前、麻呂、武智麻呂、宇合)病没『続日本紀』
818年	弘仁九年　関東諸国大地震、山崩れ、谷埋まること数里。百姓が多数圧死
864年	貞観六年　富士山貞観の大噴火、死者、埋没家屋多数、青木ヶ原溶岩の形成
869年	貞観十一年五月二十六日　陸奥国大地震、多賀城下を大津波が襲う『日本三代実録』
887年	仁和三年　五畿七道大地震、京都で家屋倒壊、圧死者多数、津波で溺死者多数
1065〜69年	治暦元〜五年　浅間山たびたび噴煙を上げる『中右記』

注:火事は放火もあり、必ずしも自然災害とは呼べない。だが、なるべく倒壊時の人畜への被害を小さくする家の建て方は、大火となった場合に喪われる人命の多さと関連している。したがって、これも年表にふくめることにした。

十世代、何百世代にわたって、自然災害は信仰心の有無、強弱と無縁に多数の人命を奪ってきたことを知っているからではないか。

最近1~2世紀では自然科学的に災害のメカニズムを解明することによって、被害を軽減する研究が実際的な効果のある復讐になってきた。明治維新後、促成栽培のように欧米の大学制度を移植した日本では、文芸や社会科学ではかなり長期にわたって欧米の最新研究を祖述するだけの学者が多かった。

だが自然科学の分野では、明治中期ごろから欧米学者と互角に太刀打ちできる学者が育っている。自然災害に対する有効な復讐の手段として、自然科学研究を選んだ人が多かったからかもしれない。

「産めよ、殖やせよ、地に満てよ」こそが最良の復讐

宗教にも頼れず、自然科学の発展にもあまり期待の持てなかった時代の日本人は、いったいどんなかたちで自然災害に復讐しようとしたのだろうか。それを教えてくれる日本神話のエピソードがある。ご存じのとおり、日本神話では男神イザナギと女神イザナミの夫婦神が、日本の国土と国民を生んだことになっている。そしてイザナミが亡くなってしまって悲嘆にくれたイザナギは、イザナミと再会するために黄泉《よみ》の国に下って行く。

郵便はがき

料金受取人払郵便

牛込局承認

8133

差出有効期間
2023年8月
19日まで
切手はいりません

162-8790

東京都新宿区矢来町114番地
神楽坂高橋ビル5F

株式会社ビジネス社

愛読者係行

ご住所 〒 TEL:　　（　　）　　FAX:　　（　　）		
フリガナ お名前	年齢	性別 男・女
ご職業	メールアドレスまたはFAX メールまたはFAXによる新刊案内をご希望の方は、ご記入下さい。	
お買い上げ日・書店名 年　月　日	市区 町村	書店

ご購読ありがとうございました。今後の出版企画の参考に致したいと存じますので、ぜひご意見をお聞かせください。

書籍名

お買い求めの動機

1　書店で見て　2　新聞広告（紙名　　　　　　）
3　書評・新刊紹介（掲載紙名　　　　　　）
4　知人・同僚のすすめ　5　上司・先生のすすめ　6　その他

本書の装幀（カバー），デザインなどに関するご感想

1　洒落ていた　2　めだっていた　3　タイトルがよい
4　まあまあ　5　よくない　6　その他(　　　　　　)

本書の定価についてご意見をお聞かせください

1　高い　2　安い　3　手ごろ　4　その他(　　　　　　)

本書についてご意見をお聞かせください

どんな出版をご希望ですか（著者、テーマなど）

イザナミは会話には応じるが、姿は絶対に見るなという。その禁を破ってイザナギがのぞくと、体中から蛆《うじ》が湧き、雷のできものから稲光が飛び出すすさまじい腐乱死体になっていた。怖くなったイザナギは必死に現世に逃げ戻る。もうちょっとのところでイザナギを捕まえ損ねたイザナミは、イザナギに呪詛《じゅそ》のことばを浴びせる。林道義がわかりやすい現代語にしてくれているので、それを引用しよう。

「愛《いと》しい私の夫よ、あなたが私を振り切って離縁するというそういう覚悟ならば、汝の国の人草《ひとくさ》、人間を一日に千人絞《くび》り殺すぞ」と怒鳴ったんですね。そうしたらイザナギは負けていないで「お前がそう言うのなら、こっちは一日に千五百の産屋《うぶや》を立てるぞ」。つまり千五百人産むぞと言ったんですね。(林『日本神話の女神たち』、83〜84ページ)

ふだんは慈母の優しさを見せる女神が、突然大量虐殺をする荒々しい禍津神《まがつかみ》に豹変《ひょうへん》する。これほど的確に日本の自然を捉えた描写が、あるだろうか。イザナギは、前触れもなく大量殺人鬼になった自然に殺されてしまった人々に手向ける最良の復讐は、自然が殺した以上の人々を産み育てることだと宣言する。

結局のところ、日本国民は「自然が猛威を振るいはじめたら抵抗しても仕方がない」という無力感をつねに抱いていた。だからこそ「自然の猛威の犠牲になった人々のことをいつまでも嘆き悲しんでいても仕方がない。少しでも早く平穏な日常を取り戻して亡くなった人たちより多くの人々を産み育てよう」と災害後の復興に立ち向かってきたのではなかっただろうか。

大島直行は『月と蛇と縄文人』で我々にとって突飛であったり、過剰に見えたりする縄文人の創作活動のすべては、死と再生をくり返す月から滴り落ちる万物を再生させる霊水の受け皿としての目的にかなったデザインなのだと主張している。また縄文人の死と再生への強烈な願望は、脱皮をくり返しながら生き続ける蛇をモチーフにした作品の多さにも表れていると言う。

たしかに民俗学的な知見からもうなずけることが多い。現代にいたるまで必ず神社正面に飾られているしめ縄が交尾中の蛇二匹をかなり写実的に再現した姿であること、正月のお供えとして欠かせない鏡餅《かがみもち》は蛇がとぐろを巻いたかたちであることなどが、その典型だ。

「縄文のビーナス」「遮光器土偶《しゃこうきどぐう》」「火焔型土器《かえんがたどき》」すべてがそうであって、それ以外の解釈は成り立たないという論法には疑問も残る。だが、ときおり訪れる自然災害による大量死を受け入れざるを得なかった縄文人にとって亡くなった方々より大勢の子どもたちを産み育てたいという願いの切実さは、我々の想像を超えるものがあっただろう。

縄文人は、あまり実用性のなさそうなものの創作にすさまじいエネルギーを費やした。亡くなった方々より大勢の子どもたちを産み育てたいという情熱に思いをはせなければ、このエネルギー投入量は理解しにくい。

また人智のおよばないほど強大な自然災害に立ち向かうとき、卑小な人間同士が殺し合っていたのでは、ますます勝ち目がなくなる。だからこそ仲間割れとしての戦争を避けた縄文人の平和主義は、それ自体がときおり牙《きば》をむく自然をなるべく温和に保つことにも貢献していた。

先ほど紹介した三内丸山遺跡の6本柱建物は、直径1メートルのクリ材を用いている。山田康弘によれば、クリの木が直径1メートルまで成長するには日照条件の良いところでも200〜250年かかるという（山田康弘、154〜156ページ）。そして縄文人は少なくともそれだけの年数、人間の世代にして7〜10世代にわたって、クリ林を管理していたと考えられているのだ。

おそらく管理と言っても、なんらかの理由で伐採したり、災害で倒木になったり焼け落ちたりしたときに同じ木のタネを蒔き、実がなり、幹が木材として利用できるまで見守っていたという程度のことだったかもしれない。だが、これは凄いことだ。

地球上のほとんどの地域で大地の緑被率は、人間が火を使いはじめると同時に下がりはじめる。それまでは落雷以外ではめったに起きなかった火事が、野獣や敵対する人間集団に対する自衛や攻撃の手段としての故意の放火や失火で激増するからだ。

さらに農業に特化し、戦争が頻発すると緑被率下落のペースが一段と高まる。戦火で焼け落ちた森林の跡地にタネを蒔いても、その恵みを享受するのは、自分たちの子孫を殺したり、奴隷にしたりした連中かもしれないとすれば、人は伐採したり、焼け落ちたりした樹木のあとにタネを蒔かなくなるだろう。

自然の猛威にひれ伏すことが権力者の責務だった

このへんの事情を、いまやほとんど忘れられてしまった日本・日本人論の名著『三種の神器』でクルト・ジンガーはこう解説する。

日本の国土は、実に幾千もの大中小とりどりの島、港湾、渓谷からなり、広漠たる中国の平野が一様に広がっていたのとは対照的に、細分され、不規則である。東西南北に視線をむければ、どこかで穏やかな野趣をたたえた山々、火山脈、田畑、森林にぶつかる。均整ある形をしたものはまれで、完全な静寂とたしかな安定の時期もいたって少ない。

地震は情容赦《なさけ》もなくこの列島を揺すり、暴風が襲来し、雨はシャワーのように激しく降り、雲霧に取りかこまれる。日本の家屋は軽やかに地面に付着するにすぎない。地震や台風にめげないのはその脆弱《ぜいじゃく》な土台というより、むしろ揺れにたいして弾力的だからである。こうした家屋に住んでいる男女もまたそれにふさわしい性質を持つ。

体格はがっちりしていないし、確固不動の心構えもない。しかし災害にあうたびに、かれらはすぐに新しい生活の建設に進み、いたずらに過去を振り返ろうとはしない。にもかかわらず、かれらは心のうちではけっして忘れることのない民族のすべての過去を未来にはこびこむ。こうした生存の様式を支配するのは空間ではなく、時間、持続、自発的変化、運動の連続なので

ある。（207〜208ページ、なお原文は1段落だが、読みやすくするため、2ヵ所で改行した）

「庶民の対応はそれでよかったのかもしれないが、一国の指導者、権力者までもが自然の猛威の前にはひれ伏すだけでは無責任すぎるのではないか」とお思いの方もいらっしゃるだろう。だが自然の猛威の前になすすべがないという点では、庶民も権力者も同じなのだ。いや、せめて形だけでもなんらかの「対策」を示さなければならないという点では、権力者のほうがさらに弱い立場にあったとさえ言える。

世界中ほとんどの国で戦争の陣頭指揮を執るのが権力者だった。人間同士の抗争で優位を占めるには、知的能力が高く統率力のあるリーダーの存在が不可欠だ。敵に襲われると判断した集団は、自分たちの生活拠点のどこをどう攻められたら弱いかについて少なくとも敵のリーダーと同じ程度には知的能力の高い指導者を必要とする。

もちろん敵より知的能力が高いほうが敵に打ち勝てる確率は高まる。歴史を通じて多くの戦争を経験してきた民族ほど天才崇拝、英雄崇拝の風潮が蔓延するのは、自然な成り行きだろう。

自然災害は意図して人間を襲撃するわけではない。当然、敵の意図を読んでその裏を掻《か》く作戦を立てることなどできない。有効な対策はなるべくムダな抵抗をせず、ひたすら逃げることだけだ。しかも逃げる方向についても「正解」はない。襲ってくる災害の規模と自分を取り巻く地形などの環境を冷静に判断すれば、多少生き延びる確率が高くなるかもしれない程度のことだ。

そんなことを考えてぐずぐずしているよりは、本能的にこっちが安全そうだと思う方向に脱兎《だっと》のごとく逃げ出して運が良ければ助かるという方針のほうが現実的だろう。自然災害多発地帯、日本列島の中でもとくに津波被害の多い三陸海岸沿いには「津波てんでんこ」という言い伝えがある。

津波が来るとわかった瞬間に「家族そろってから」などという悠長なことはいっさい考えずに、自分が安全だと思う方向にてんでんばらばらに逃げるべきだという格言だ。それが家族の中で誰かひとりだけでも生き残るための最適なリスク分散法だという、長い災害の歴史から学んだ教訓なのだろう。

戦争では敵は他の人間グループだから、相手を上回る知的能力で味方を勝利に導く可能性はつねに存在していた。実際にそのチャンスを捉えて、戦争に勝った人間がヒーローであり、権力者となった。

負ければ男は皆殺し、女子どもは奴隷に売られることも多かったのだから、戦勝者としてのヒーローは民草に対して「命以外の持ちものは全部差し出せ」と言うことだってできた。実際に戦争を勝利に導くヒーローには、敗戦国から略奪した資産や敵の命を奪う代わりに奴隷として売り飛ばして得た代金、戦勝国で無事に生き永らえた国民が差し出す税として莫大な褒賞が支払われた。

日本では人智ではいかんともしがたい自然の猛威に頭を下げるとき、その先頭に立つのがヒーローであり、権力者だ。逆らうことのできない自然災害で出た犠牲者の霊を慰めるためにひな壇にがん首を並べて深々とお辞儀をするのが、権力者の最大の責務だった。

出羽の国飽海《あくみ》郡（現在の山形県と秋田県の県境地帯）にある鳥海山が810〜871年にひんぱんに噴火した。朝廷はどう対応したか。活発に噴火している火山には位階を授ける習慣があったが、それまで従五位勲五等だった位を838年に正五位に昇進させ、871年にはさらに従三位勲五等までとんとん拍子に出世させてやったのだ（益田『火山列島の思想』、71ページ）。

もちろん朝廷内にも「昇進させてやれば火山が火を噴くのをやめるだろう」と心から信じていた人はあまりいなかっただろう。だが為政者として何かしなければならない。

こうして当時の世界では並ぶもののないほど合理的な能力本位で構成されていた中国律令制度の位階が日本ではみごとに換骨奪胎されて、厄除けのおまじない程度に使われていたわけだ。

「殺す情熱」より「産む情熱」が日本の権力抗争の基本形

日本の歴史をふり返ると、ひとりの権力者に集中するのは例外的な事態だった。当然、権力者への富の集中も起きにくく、社会の上層と下層との差が小さくなっていた。日本の権力者たちは、なぜこれほど世界中どこの権力者も熱望したあらゆる権限の独り占めという状態に関して恬淡《てんたん》としていたのか？

日本が世界有数の自然災害多発国だからではないか。権力者といえども自然の猛威の前には無力だという歴然たる事実と、権力集中化を忌避する日本人独特の行動様式とは切り離せない。
アイヴァン・モリスは、これもまた忘れられた名著になりつつある『高貴なる敗北――日本史の悲劇の英雄たち』でこう述べている。

日本人の心の底流になっている諦観は、仏教の教義と、人がつねにさらされて生きている自然の災害との二つが結びついて生まれたものであるが、人生においての最もはげしい瞬間、極限状態に対して心を奪われるという日本人の心情に接するとき、その底流が明瞭に見えてくる。

（同書、59ページ）

発祥の地インドや大中継センター中国で、仏教の教義が日本的な諦観ほど情緒纏綿《てんめん》たるものだったのかについては疑問も残る。もっと無機質なものだったのではないかという気がする。だが「人がつねにさらされて生きている自然の災害」が日本人の英雄を例外なく悲劇の英雄にしたという意見には、全面的に賛成する。

日本の権力者最大の責務は、人智では防ぐことのできない災害が勃発したとき、誠実にお詫びをすることなのだから、一般大衆とのあいだにさしたる知的能力格差を必要としない。その代わりに必要とされるのは、弱みをさらけ出す率直さだ。

そして英雄は末路や最期に悲哀を漂わせていなければならない。人間は、いつかは自然の猛威にひれ伏す存在だし、日本の権力者はそのとき率先して頭を下げるために生きているのだから。

権力者に与えられる権限も報酬も小さい。独り占めしてもそれほどうま味がある地位ではないのだ。それに人にお詫びをするには、ひとりより大勢でしたほうが心強い。だから日本では縄文時代はもちろんのこと、表面的には律令制度をまねていた平安時代から一貫して権力者はたったひとりではなく、ぞろぞろ大勢で分担していた。

そこから日本独特の権力闘争のあり方も出てくる。殺す情熱ではなく、産む情熱、生かす情熱がほとばしる権力闘争だ。10世紀末から11世紀、つまり長い平和を謳歌していた藤原氏全盛期に権力中枢を握っていたのは、本来であれば傍流にとどまるはずだった九條家の人々だった。この九條家の開祖と言うべき藤原師輔《もろすけ》は50代初めに右大臣で亡くなっている。

ただ彼は生きているあいだの精力をあらかた天皇の姫君、内親王を籠絡《ろうらく》して自分の子どもを産ませることと、摂政太政大臣に昇りつめた8歳年上の実兄実頼《さねより》を呪詛することに捧げた。それでいて外面《そとづら》はよく、身分の高い兄には恭しく接しつづけ、亡くなるときには『九條殿遺誡《ゆいかい》』という、きれいごとばかり羅列した道徳教育の教科書のような遺言も残す、極端に裏表のある人物だった。

師輔が妻とした3人の内親王のうち、ひとりは残念ながら不妊だったが、あとのふたりが産んだ子どもたちの中から関白太政大臣、兼家《かねいえ》や摂政太政大臣、伊尹《これただ》を輩出し、身分の低い最初の妻が生んだ娘が皇子を生んだときには、後妻である雅子内親王をその養母として皇子がのちに冷泉《れいぜい》天皇となる布石をつくっておいた。

兄の実頼は清慎公とよばれたほど、当時の大貴族としては潔癖な人だった。933年に正妻の能子に先立たれてからは「正式に妻をめとらず、召人《めしうど》に閨房《けいぼう》と家事の世話をさせていた」（角田、

36ページ）が、孫の代まで家系が途絶えてしまう。日記に「どうせ名前だけの関白なんだから自分から辞めてしまったほうがいい」と書くほど権勢欲のない人だった。

一方、師輔は住まいの近くにあった雷神社を北野神社とするとともに北野寺を併設し、祈願文を捧げた。それは「男の子孫は国の棟梁《とうりょう》として思いのままに政治をおこない、天皇の外戚にもなり、女の子孫は皇后や天皇の母后となれますように」という権勢欲丸出しの内容だった。

こうして師輔は「いかにも平安時代中期の貴族らしく、政敵の失脚、配流、暗殺などを企てること」（角田、39ページ）なく、子孫が藤原家本流となる準備を整えたのだ。

そして権力は独占するものではなく、分かち合うものだった

ふり返って日本の政治権力の特徴を考えると、権力の分かち合いが常態で、ひとりの君主に権力が集中していた時期が例外だったことに気づく。伝説の巫女王卑弥呼とそれを助ける実務家の弟、摂関政治、院政、帝《みかど》と征夷大将軍の並立。さらに執権、三管領四職《かんれいししき》、老中、若年寄制度。すべて権力は一元化し、上昇するのではなく、どんどん多元化し、下降していく仕組みだ。

とくに興味深いのが院政という仕組みだ。多くの本で「藤原氏が摂政・関白として実権を握ったために天皇の地位が形骸化したので、藤原氏の掣肘《せいちゅう》を逃れて自由に政治をおこなうために天皇の座を退いた上皇や法王が実権を揮った」と説明している。

引き算でも割り算でもなく、足し算になる日本の権力構造

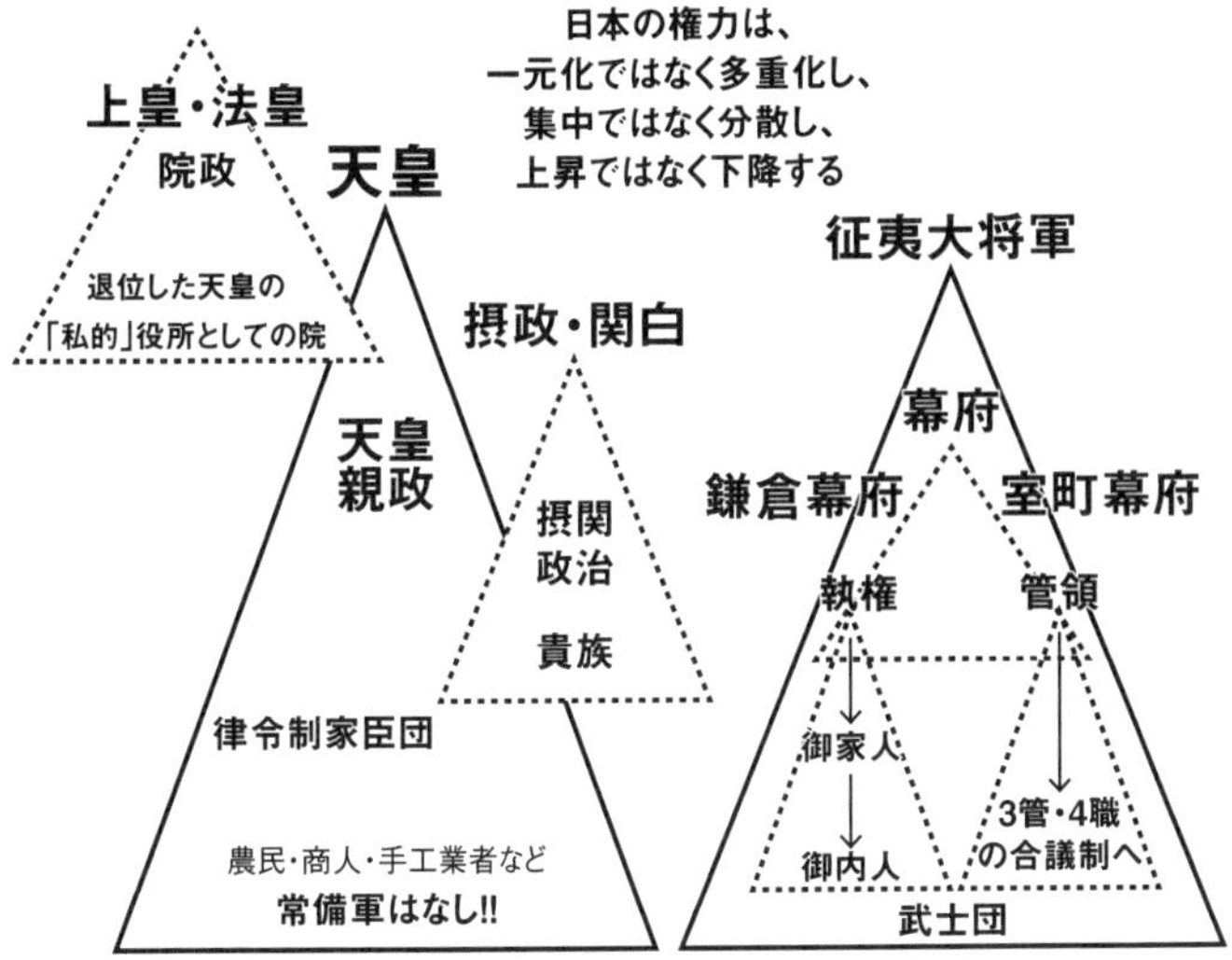

出所：さまざまな文献・史料より著者作成

だが、この説には決定的な弱点がある。世俗のまま上皇になった人たちも、仏門に入って法王となった人たちも、だいたいにおいて藤原氏の摂政や関白と緊密に連絡を取りながら院政をおこなっていたのだ。摂政・関白と上皇・法王のあいだには、歴然と役割分担があった（美川『院政』、中公新書、2006年）。

また多くの場合、上皇や法王がふたり以上同時に存在していた。その人たちそれぞれが「院」という私的なオフィスを持っていたのだから、権力の独占を狙って始めたものだとすれば、明らかに目的に反することをしょっちゅうしていたわけだ。さらに「治天の君」という表現は、必ずしも天皇より実権を持っているという意味ではなく、何人かいる上皇・法王のうち、だれがいちばんの実力者なのかという意味で使われていた。

日本の権力者たちは、なるべく競争相手を殺さずに自分の子孫に権力の座を伝えようとしていたと理解すれば、なぜ院政が始まったのかもかんたんにわかる。自分の兄弟を皆殺しにするという荒っぽい手段が使えないとすれば、弟に「あなたに天皇の位を譲るけど、私が生きているうちにあなたも私の息子に譲位してくれるという条件付きですよ」というのが、いちばん確実だ。

譲られた弟は弟で自分にとっては甥に当たる兄の息子に対して、同じような条件付きで天皇の位を譲って上皇か法王になる。だから、たいていの場合、上皇や法王は同時にふたり以上いることになる。

ヨーロッパの王室で似たような譲位をした例としては、カール五世が弟、フェルディナント一世に神聖ローマ皇帝の座を、そして息子フェリペ二世にスペイン国王の座を譲ったことぐらいしか思い浮かばない。だが日本ではまず弟に譲って、自分が生きているうちに弟から息子に譲り返してもらうのが、天皇生前譲位のスタンダードなパターンだった。

だが日本でも自由意志ではなくだまし討ちで天皇を法王に祭り上げてしまう事件が1件あった。花山《かざん》天皇（在位984~986年）は17歳で即位したが、19歳のとき寵愛する側室を亡くして落胆していた。

そのとき側近の藤原道兼《みちかね》に「御出家なさってはいかがでしょう。私もお供しますから」と言われて剃髪《ていはつ》してしまう。ところが、これは自分の娘が生んだ親王を早く天皇位に就けようとした道兼の父親兼家の策略で、道兼はどたん場で剃髪せずに逃げて行った。

そこから先がいかにも日本的だった。これだけはっきり自分から天皇位をだまし取った黒幕がだれかを知っていたにもかかわらず、花山天皇が選んだ復讐は藤原兼家・道兼父子を殺すことでも、失脚させることでもなかった。彼の「復讐」は駄々っ子のような体制一般への「反抗」に過ぎなかった。

（藤原一門でも兼家の長男である道隆の子で道兼の甥と、とくに花山天皇譲位事件の黒幕に関連の深かった）藤原隆家は、花山天皇から挑戦状を叩きつけられたことがあった。すなわち法皇が「いかにそなたであっても、わが花山院の門前を無事に通り抜けられることはできまいよ」と言って隆家を挑発したというのだ。

（喜んで挑戦を受け入れた隆家は）選びに選んだ牛車で花山院へと向かった。彼は「逸物《いちもつ》の御車《おんくるま》牛《うし》」に「輪強《わこわ》き御車《おんくるま》（車輪の頑丈な車両）」を牽かせていたという。……だが兼家も、同院の近くまで牛車を進めただけで敗北を宣言しなければならなかった。……このとき、隆家を待ち受ける花山法皇は、「えもいわぬ勇幹幹了の法師ばら（言葉では表現できないほどに勇敢で獰猛な僧侶たち）」を中心に、あわせて70人とも80人ともいう多数の従者たちを花山院の四囲に配置していた。（繁田『殴り合う貴族たち』、143〜144ページを抜粋して引用）

花山法王は、天皇に即位する前から奇矯な振る舞いが多かったという。それにしても天皇位をだまし取られたことへの復讐が、ガキ大将同士の意地の張り合いで終わる。しかも相手は貴族中の貴族、藤原一門の御曹司だ。その気になれば、大勢死傷者の出る内乱や戦争にだって発展させることができたかもしれない。

のちに関白在職中だった父道隆の死によって摂政太政大臣になる可能性もふくらんだ隆家は、兄の伊周《これちか》とともに花山法王に矢を射かけてお袖を貫いてしまうという事件を起こしていた。以前、通せんぼをされて突破できなかったことを根に持っていたのかもしれない。

だが、この不祥事を絶好のチャンスととらえた叔父の藤原道長（じつは摂政の地位にいたのは1016〜17年の2年だけ）に追い落とされて、出雲権守《ごんのかみ》（島根県副知事）に左遷されてしまう。道長は藤原師輔の三男だった兼家の五男だが、道隆、道兼といったアクの強い兄たちの陰に隠れた目立たない存在で、ひたすら娘を産み、その娘を天皇に嫁がせることに専念するという、日本型覇者の道を歩んだ人だった。

こうして藤原一門の氏《うじ》の長者となった道長は「この世をば　我が世とぞ思う　望月の……」と詠むほどの栄華を極めるのだ。藤原氏一門内の家督争い、だれが天皇の地位に就くかをめぐってこれだけの権力の変遷を惹《ひ》き起こすために、いったいどのくらい血が流されただろうか。

まったくゼロに近い。剃髪出家どたキャン陰謀1件、通せんぼ事件1件、弓矢を使った威嚇射撃が袖を射抜く事件1件で済んでしまったのだ。つくづく日本は平和な国だったと痛感する。

幕末日本の貧富の格差は名誉革命期のイギリスより小さかった

権力が分散していた状態だったので、権力者と大衆とのあいだの貧富の格差が小さかったことの利点も見逃せない。購買力が広く薄く分布していたので、日本は中華王朝に朝貢をしなくても、民間貿易で十分海外から来た商人にとってうま味のある取引相手として平和な交渉を持続できていた。

この「政経分離」は中華文明のいいところを摂取し、悪いところを受け容れないで済ますことに大いに貢献した。さらに平和が続くことによって、富の蓄積が大きな後退を余儀なくされる場面も回避することができた。

斎藤修によれば、幕末動乱期直前1840年の日本の階層別所得水準を見ると、農民1に対して、工商（職人や商人全体）つまり町人で1・6、支配者つまり武士と公家で1・77倍と非常に平準化していた。名誉革命の起きた1688年イギリスの階層別所得水準は、農民1に対して、工商が2、支配者は軍人をふくむと4・7、軍人を除くと6で、日本と比べれば格差が大きかった。

イギリス東インド会社に徴税機構を浸食される前、絶頂期のインド・ムガール帝国では農民1、工商3・7に対し、兵士をふくまない支配者は25・6と突出して高かった（斎藤、174ページ）。

当時のインドは大いに繁栄していたのだが、その恩恵を得ていたのは一握りの支配者階級だったことがよくわかる。

それに比べてはるかに平準化していたイギリスより、さらに日本は所得格差が小さかったわけだ。なお、この推計には難点がある。それは武士・公家の所得水準は不明だが、被支配階級より小さいはずはないとの仮定で推計していることだ。

もし権力機構としての徳川幕府が町人の所得を捕捉できていれば、この仮定は正しいだろう。だが幕府は農民の所得さえ満足に捕捉できないので、定免法《じょうめん》という定額納税でお茶を濁していたのだ。

農業所得よりずっと隠匿しやすい商人の所得を捕捉することはできなかったに違いない。ようするに支配者たる武士・公家と、農民・町人の所得格差はもっと小さかった可能性が高い。きっと町人全体の所得水準は武士・公家の所得水準より高かっただろう。

もちろん町人の中では、棒手振《ぼてふ》りと呼ばれた零細行商人から豪商までとてつもなく大きな所得格差がある。しかも町人同士での格差は、平和に富を蓄積できる時代が続くほど開いていただろう。権力とは無縁の大商人の中から、大名よりはるかに大きな資産を蓄積する豪商も出てきた。

江戸時代中期、出羽の「新潟屋」の屋号で米商人をしていた本間家当主光丘《みつおか》とその叔父で米相場師として活躍した本間宗久《そうきゅう》は「本間様には及びもないが、せめてなりたや殿様に」と唄われるほどの財を成した。これは比ゆ的な表現だっただろう。だが全国に名の知られていた三井家、住友家、鴻池家《こうのいけ》などは、江戸や大坂の大商圏を本拠として本間家よりはるかに大きく、大名の大部分より大きな資産を構築していた。

天災は庶民の味方？

江戸時代、鯰《なまず》には地震を起こす力があるとする民間伝承にもとづいて大量の鯰絵が描かれていた。そこで非常に興味深いのが、鯰絵の中には地震を貧富の格差を解消する「庶民の味方」として描いたものも多数あったことだ。

画面左側で神主ふうの衣裳を着た鯰は、まん中で裾《すそ》をからげ下半身ふんどし一本で梯子《はしご》にのぼっている威勢のいい兄いを始めとする下層階級の職人などを指し図している。一方、右側の総髪で威厳のある神主姿が板についているのは、鯰を抑える霊力を持つと言われる鹿島大明神だ。こちらの味方には羽織袴の富裕層が多い。

持てる者、すなわち、武士、新興町人、問屋、高利貸し、株仲間の有力者、さらに遊女たちまでも鹿島大明神に率いられており、持たざる者、すなわち奉公人、小商人、職人のように、強力な株仲間における地位や名声を持たない者は、彼らの鯰に率いられ、支援されている。

（アウエハント、86ページ）

この絵の狙いは、大地震になっても下層の人間が失うのは命だけだが、金持ちは命に加えて資

江戸時代には、地震は庶民の味方という発想が

出所：C·アウエハント『鯰絵　民俗的想像力の世界』（岩波文庫、2013年）、91ページより引用

産も失うから、地震は平等化に貢献すると訴えることとなのだろう。

この絵とは別の「出現苦動明王（「不」動明王ではない）」と題した鯰絵がある。そこには鯰と雷神と火神が一体化した苦動明王が、壁の崩れかけた土蔵の屋根にまたがり、その下では善男善女が手を合わせて拝んでいる場面が描かれている。ここでも地震自体は苦痛だが、その地震が豪商の土蔵を倒壊させて、庶民にも金銀小判をばら撒いてくれるという自然災害を庶民の味方とする発想が表れている。

残念ながら三井・住友・鴻池クラスの豪商になると、実物資産ばかりか金融資産も全国各地に分散させて持っていたはずだ。そうとうな大地震でも屋台骨が揺らぐことはなかっただろう。その意味では、この主張自体は間違っている。

もっとも、この「天災は庶民の味方」論はき

れいごとばかりではない。二、三世代のうちに数十軒の粗末な漁師の家が並ぶ寒村から世界有数の大都市となった江戸には、大工、左官、屋根葺《ふ》き、建具職人が大勢いた。彼らにとって、災害からの復興需要はとてもありがたい景気刺激策だったのも事実だ。

ただ「どうせ日本列島に住んでいるかぎり、時々地震が起きることは避けられない。それなら、あまりモノを溜めこまずに楽しいことをして暮らしたほうが得だ」という発想には共感できる。

民俗学者の藤沢衛彦《もりひこ》は柳田国男ほど名声を博した人ではない。だが先に紹介した鯰絵の貴重なコレクションを集めていた。そして日本列島の風土がいかに特異かという点について、柳田よりはるかに深い洞察を残している。一例を挙げよう。

地震の国、日本は、また、火山の国である。火山の現象は、過去の地質時代にあった地殻の大変動が、今日にまでのこしている余韻とでもいうべきものであろう。太古では、火山はもっとかつやくしていたと、火山学者たちは論証している。／とすれば、わたくしたちは、火山というものに、もっと関心をもつべきかもしれない。火山の爆発、その噴火・噴煙、そうしたものが、ただ人々の心に威圧を与えたとばかりみるのはあやまりであろう。むしろ、そこから、活動力、生命の源泉、といったものを感じとったかもしれないからである。

（益田、74ページから重引）

ときとして大量死の元凶となる火山に、その大量死から再生へのエネルギーを求める。一見、自然に無条件降伏しているようでありながら、殺される以上の人数の子どもたちを産み育てる場所とエネルギーの源を、その自然の中に見出そうとする。日本の大衆はしたたかだ。

第5章

信仰からの自由が無戦争時代をリードする

最後まで残りそうな宗教戦争といちばん縁遠い日本

製造業主導経済からサービス業主導経済への転換の中で、資源を持つことの有利さは減少する。第一次世界大戦後に提唱され、第二次世界大戦後に実現した無併合・無賠償の平和という原則をねじ曲げてでも戦争で他国領土を占領したい誘惑にかられたのは、希少な資源の埋蔵地を奪取しようとした国が多かった。その希少な資源の価値が、ＧＤＰに占める製造業のシェア低下とともに下落しているのだ。

戦争一般が少なくなってきただけではなく、今後損得ずくで戦争を仕掛ける国はめったになくなる。そろばん勘定では間尺の合わない戦争をしなければならない理由があるとすれば、いちばん多いのは宗教対立だろう。そこで重要なのは、日本には早くからどんな宗教を信じても迫害されない信仰の自由が確立されていただけではなく、どんな宗教も信じないこともまた、自由とされてきたことだ。

もちろん豊臣秀吉のキリスト教禁止令以降、キリスト教は弾圧されていた。だがキリスト教以外は全部邪教で、おまけにキリスト教徒のあいだでさえカトリックとプロテスタントがお互いに相手を異端として虐殺し合う宗教だったのだから、これだけは仕方のない例外だったと言えるだろう。

シェークスピアの書いた膨大な分量の戯曲の中で、意外なほどキリスト教信仰にかかわる描写がないことが、昔は謎とされていた。今ではその理由は明白になっている。彼は、英国国教会のみが唯一正統のキリスト教とされていたエリザベス一世治下のイギリスで、ほぼ間違いなくカトリック信者だったのだ。

カトリックが多数派を占めている国でプロテスタントがどんなに残虐な処罰を受けたかは、比較的よく知られている。だがプロテスタントが多数派となった国でのカトリックに対する弾圧も負けず劣らずすさまじかった。

以下に、なぜシェークスピアはキリスト教の教義について、できるかぎり言及しないように用心深く戯曲を書いていたのかがわかる文章を引用しておこう。

（シェークスピアの）母方のアーデン家は、カトリックの旧家として知られていた。遠縁にあたるカトリックのエドワード・アーデンが、一五八三年、謀叛《むほん》の疑いで、その娘婿《むすめむこ》ジョン・サマヴィルとともに捕らえられ、十二月に首吊《くびつ》り・内臓抉《えぐ》り・四つ裂きの処刑を受けた。すなわち、首吊り台にかけ、息のあるうちに降ろして生殖器を切り落とし、腹を引き裂き、死にかけた本人の目の前で引きずり出した内臓を燃やして見せ、それから首を切り落とし、遺体を引きちぎり、ばらばらの手足等をあちこちの獄門にさらしたのである。

（河合祥一郎『シェイクスピアの正体』、１４８ページ）

日本のヨーロッパ史の本の中には、「1555年のアウクスブルク和議で信仰の自由が確立された」といったとんでもない間違いを平然と載せているものもある。そういう本をお読みの方は、シェークスピアは1564年生まれで1616年に亡くなったから、もう宗教的な迫害を恐れる必要はなかったとお思いかもしれない。

だが和議は神聖ローマ帝国議会の決議なので、帝国の領土外ではなんの拘束力もない。さらに、この和議で存在が容認されたのはルター派だけで、カルヴァン派は相変わらず異端だった。もっと深刻な問題として「信仰の自由」を獲得したのは、領主と自治都市の参事会だけだった。彼らがカトリックか、ルター派プロテスタントかを選び、領民はすべて領主の選んだ宗派を信仰しなければ、異端と見なされたのだ。中世ヨーロッパがいかに信仰の自由とはほど遠い世界だったか、おわかりいただけるだろう。

だから戦国時代に日本にやって来たフロイスは、日本人は自由に自分の信仰を選んでいると驚いた。彼の『日本覚書』から、関連箇所を引用しよう。

われらは唯一のデウス、唯一の信仰、唯一の洗礼、唯一のカトリック教会を唱道する。日本には一三の宗派があり、そのほとんどすべてが礼拝と尊崇とにおいて一致しない。

（松田・ヨリッセン、92ページ）

われらにおいては、教えに背いた人は背教者または変節漢とみなされる。日本では、思いのまま、そのつど、宗派を変える。これは何ら破廉恥ではない。

（同書、97ページ）

つまりフロイスは「この世にたったひとつだけ永遠不変の真理があって、その真理からちょっとでも外れたものは、無価値どころか有害だ」と決めつける偏狭な世界観でものを見ているわけだ。もちろん、たとえキリスト教信者を名乗っていても、「唯一」のカトリック教会に逆らう信仰の持ち主は無慈悲に排撃する。

プロテスタントはプロテスタントで、自分たちの解釈したキリスト教だけが唯一の正しいキリスト教だと確信していた。そこから外れたカトリックは情け容赦なく弾圧する。それがいかに残虐な処刑にいたるかは、すでにご覧いただいたとおりだ。

どちらにとっても真理はひとつだけではないかもしれないと疑うこと自体が、異端ないし邪教なのだ。キリスト教徒たちは、何と窮屈な精神世界に延々2000年近く封じこめられてきたものかとあきれる。

キリスト教は偏狭で独善的な宗教だ

2000年近くというのは大げさな表現だと思われるかもしれない。だが20世紀初めまでのアメリカ先住民《インディアン》は、自分が生まれ育った土地にあとから乗りこんできたキリスト教徒たちによって「キリスト教を丸ごと受け入れるか、それともせん滅戦争の標的になるか」とのふたつ以外の選択は与えられなかったのだ。

南北戦争中の1864年、平和に野営をしていたシャイアン族に襲いかかり、虐殺と凌辱をほしいままにした騎兵隊員800名を率いていたのは、メソジスト派の牧師でもあるチビントン大佐だった。この大虐殺の最中、部下に「殺せ！　大きいのも、小さいのもだ。シラミの卵はシラミにしか孵《かえ》らない」（阿部珠理、28ページ）と命令していた。

戦国時代の日本にやってきたキリスト教徒たちの布教活動に話を戻そう。イエズス会幹部たちによる日本人に関する評価の違いもおもしろい。

名門の出で軍人上がりの修道僧として第三代の日本布教長を務めたフランシスコ・カブラルは「日本人ほど傲慢で貪欲で不安定で偽装的な国民をこれまで見たことがない、といい、日本語は南蛮人宣教師にとって習得不可能な言語であり、日本の風習は野蛮であり、ヨーロッパのそれは高尚であるとみなした」（松田・ヨリッセン、48ページ）。

日本語を理解する努力さえ放棄した人間だから当然だが、彼は南蛮貿易の利益で釣って大名をまず改宗させ、その領民を強制改宗させてしまえばいいという布教方針だった。なるほど、戦国大名なら傲慢で貪欲で偽装的だっただろう。

一方、イタリア人の父を持ちながら母方の姓を名乗った近畿圏担当の布教長ニエッキ・ソルド・オルガンティーノはイエズス会では傍流を歩んできた。主として上方《かみがた》の日本人との交流を深めていた彼は以下のように日本人を絶賛している。

われら（ヨーロッパ人）は、たがいに賢明に見えるが、彼ら（日本人）と比較すると、はなはだ野蛮であると思う。私は真実、毎日、日本人から教えられることを白状する。私には全世界じゅうでこれほど天賦の才能をもつ国民はないと思われる……。

都（ミヤコ）こそは日本においてヨーロッパのローマにあたり、科学、見識、文明はさらに高尚である。信仰のことはともかく、われら（ヨーロッパ人）は彼ら（日本人）より顕著に劣っているのである……。

（同書、49ページ）

戦国末期の日本の自然科学が当時のヨーロッパの自然科学より優れていたかとなると、さすがにひいきの引き倒しの感がある。だが、おそらく彼が布教活動の対象としていたのは大名やその家臣団より、市井の庶民が多かったのではないだろうか。

だとすれば宗教戦争、異端狩り、魔女狩りなどで血みどろの戦いが続いていたヨーロッパの兵士や農民に比べて、日本の平民、とくに商人たちが高尚な見識を持ち、平和な社会で生きていたのは間違いのない事実だ。戦国時代末期でさえ、日本にはヨーロッパ諸国よりはるかに穏やかな文明を持っていたことは、すなおに日本人が認めるべき優位ではなかっただろうか。

日本人は早くから信仰からの自由を確保していた

福島県塔寺の心清水八幡神社には当初写経帳として出発し、のちに完全に世事見聞雑録となった長い巻物が残っている。１３５０~１６３５年までのうち、約20年間の中断期間以外は延々書き続けられた250年分を超える記録だ。392尺、120メートルというから、書き継がれた年数でも物理的な長さでもギネスブックものだろう。

この長帳《ながちょう》の出発点は、恵隆寺立木観音堂という寺で毎年おこなわれる修正会《しゅうしょうえ》という、ありがたいお経を読誦《どくじゅ》する会の記録だった。どんなお経をどういう順番で何巻読んで、接待の当番はだれが務めたかといった内容だ。初めのうちは写経の裏に、そのころ世間ではどんなことが起きていたかを書き添えていた。だが戦国から天下統一が近づいた1576~95年には、表も裏も一切記入事項のない空白期間となる。

この期間に地域を支配する戦国大名は芦名《あしな》氏から伊達《だて》氏へ、そして蒲生《がもう》氏へと目まぐるしく変わっていた。

この荒廃の時代から長帳の近世が記録を回復したとき、これまでの長帳とは似ても似つかぬものになってしまっているのである。年中行事としての表書きはまったく消滅して世事見聞録のみの記事になって、歴史の裏書がここでは表書になっているのである。……修正会の年中行事は続いた。しかしそれは記録にならなかった。そして裏が表になり、すべてになった。

（高橋、『もう一つの日本史』、150ページ）

高橋富雄はこの逆転現象の意義を以下の3点にまとめている。

1　宗教行事の内側からの世俗化だということ。つまり、外部から批判が出て本来であれば書きたいのに書けなかったといった葛藤《かっとう》はなく、行事自体は粛々と持続していた。だが、毎年ほぼ同じことをやっているのであれば、わざわざ記録を残すために書き留める必要はない。また「必要がないからというだけでやめたら、仏罰が当たる」といった心配をした人たちもあまりいなかったようで、それが「内側からの世俗化」だというわけだ。

2 大都市の著名な寺社ならさまざまな記録が残っている行事や事件が地方の寺社ではどう展開していたか、あるいはしていなかったかの貴重な一次史料となっていること。

3 天変地異に関する記録が正確で、特定の災害の絶対年代を決める手がかりが豊富であり、また京や鎌倉の主要な出来事についてもかなり的確な情報をつかんでいたこと。

（高橋、150〜151ページ要約）。

宗教行事のほうは毎年同じことをやっているのだから「以下同文」ならぬ「表書き同文」でわざわざ書く必要もなかろう。だが世間で何が起きたかは書き留める価値があるというわけだ。しかも、どうしても勘定高くなりがちな京や大坂のような大都市の話ではない。会津若松市に近いが、そこから只見線というローカル線に乗って5駅目の塔寺駅で降り、さらに山の中に入っていったところにある、心清水八幡神社という地方の小さな神社に伝わる巻物なのだ。読経の記録ならお寺が、祝詞《のりと》を書き上げたものなら神社が保管すべきだといったせせこましい区別にこだわっていない。

現代日本でも、熊野できびしい修験道に励む人たちがいる。彼らが当惑するのは「あなた方は仏教の修行をしているのですか、神道の修行をしているのですか」と聞かれることだそうだ。狭い宗教や宗派の枠を超えて、みんなが平和に暮らせるようにと願っているのだという。

それとともに我々にとって興味深いのは、天変地異の記載が多いことと、京や鎌倉の情報が比較的正確に伝わっていることだ。これもまた自然災害が頻発して、敬虔な信者も無神論者も同じように被害を受ける経験を積んできた結果かもしれない。

起きてしまった災害自体に対しては抵抗のすべがなかったとしても、いつごろどんな災害がどの程度の規模で起きたかは記録しておくべきだ。その時代の通信手段、輸送機関の制約の中で、できるだけ早く正確に、そして広範囲にわたる情報を集めておくことが、防災と発生後の被害の最小化に欠かせないからだ。

書き手はいったいどういう人たちだったのか、どうやって世代から世代へと書き手が継承されていったのかなど、いろいろな疑問が湧いてくる。江戸時代の寺子屋教育は、当時世界中の初等教育と比較しても非常に普及度が高い。災害対策としての情報収集の意義を考えると、日本の庶民のあいだではかなり昔から識字率が高かったのも、自然災害が多かったからかもしれないといった連想も浮かぶ。

日系人がいかに信仰から自由であるかを示唆するエピソードもある。アメリカで学業成績がよい3つの人種グループが、ユダヤ系、インド系、日系だと言われている。その中で際立った違いを示すのが、自分が信仰している宗教への帰依度だ。

ユダヤ系やインド系の人々は自分の信仰している宗教の教えに忠実な人ほど成績が良い傾向が

ある。ところが日系人は「一応真言宗です」とか「一応神道です」という答えに「でもあまり熱心な信者ではありません」と付け加える人たちのほうが成績は良い。つまりユダヤ系やインド系の人たちの好成績は、まだ宗教の力を借りたものであるのに対し、日系人の成績の良さは宗教の力に依存していないのだ。

これはこれからの時代に、ほんとうに貴重な資質となる。宗教の違いによる紛争を避けることができるのも大きな利点だ。ただ、それだけではない。

第二次世界大戦後、戦争を起こすことの利点は激減した

第二次世界大戦後、戦争が軍事力の強いほうに有利なゲームではなくなった。国際的武力紛争自体でさえも軍事力の強い側の勝率は低く、政治・外交的にはつねに不利だった。戦争がほんものの戦争とは思えないほど「強者」に不利なゲームとなったことには、5つの理由がある。

1　豊かな国ほど戦時に兵士として動員される若年層の総人口に対する比率が低下して、戦争はあまりにも貴重な人的資源の浪費であることがはっきりしてきた。

2　経済の工業化はピークを過ぎ、大量生産装置・大量輸送機関・大量殺戮兵器がいずれも「規模の不経済」を招いている。これ以上大型化を進めてもつくり過ぎ、運びすぎ、殺しすぎに

しかならず、敵に対して優位に立つための有効な技術革新とならない。とくに大量殺戮兵器については、もし核兵器が実戦に使えるものなら核保有国はすでに圧倒的に有利な立場にいるはずなのに、そうなっていない。

3　過去20年間に世界中の中央銀行が必死に取り組んだリフレ政策は、資産インフレを起こすことはできても物価インフレを起こせていない。すなわち国債で調達した戦費の元利返済負担を、戦後インフレによって大幅に軽減するという手が使えなくなって久しい。

4　無併合・無賠償の講和が世界標準となって、戦勝国にほとんど経済的メリットがなくなった。

5　「1国1票」の国連総会では、つねに軍事・経済における弱小国に有利な決議が出る。国連加盟193ヵ国中8、9割は経済・軍事上の弱小国なので、この状態は永続的と見るべきだ。

だが、なぜしょせん「人気投票」に過ぎない国連総会決議が政治・外交において大きな力となるのだろうか。これはもう外交の舞台で現実がそういう方向に展開しているからだとしか、説明のしようがない。

その兆候は第二次世界大戦直後の1949年に、中国共産党が国共内戦に勝って国民党・中華民国政権を台湾に追い落としたころから始まっていた。翌1950年6月、スターリンの兵器供与を受けた北朝鮮軍の戦車軍団が北緯38度線を超えて韓国領内に侵入し、わずか4日間で首都ソウルを占領する。

米軍を中心とする国連軍の支援を得て反撃に転じた韓国軍は、38度線までは北朝鮮軍を押し戻したが、膠着状態になる。10月には予備役をふくめると100万名を超える戦力の中国義勇兵軍団が参戦する。国連軍総司令官マッカーサーは韓国領に侵入した北朝鮮のみならず、中国東北部(旧満州国)への爆撃や、原爆の使用を提言して1951年4月に解任される。

マッカーサーの古風な軍人的発想では「先に侵略してきた敵軍を叩くのだから、全面降伏させるまで戦線を拡大し、手元にある兵器の中でもっとも強力なものを使うのは当たり前」だったのだろう。だが第二次世界大戦中には通用した「敵は悪の枢軸、わが軍は正義の味方」という論理は通らなくなっていた。

世界的に植民地解放の機運が盛り上がっていたし、第二次大戦中は友軍だったソ連軍、中国共産党軍を突然悪の枢軸と決めつける論調はアメリカ国内でさえあまり受け入れられなかった。さらに第二次大戦末期、だれが見ても日本の敗色は濃厚な中で広島・長崎に投下された原爆が軍事技術者の想定を超えた数の民間非戦闘員の命を奪ったことも影響していただろう。

結局、北朝鮮・中国義勇軍、韓国・国連軍は38度線を境界として今なお終わっていない長い休戦期間に入る。国連軍の主力を担ったアメリカ軍にすれば、侵略してきた敵を旧国境まで押し戻しただけで停戦に持ちこまれたのは負けに近い引き分けだった。

第二次大戦以降の戦争がそれまでとは異質の「戦争もどき」に変わったことを鮮明に示したの

が、1958～76年にかけて三次にわたって戦われたイギリス・アイスランド間のタラ戦争（Cod War）だった。タラ戦争とは、当時のアイスランド領海からはほんの少し外れた海域でのイギリス漁船団のタラ漁を、アイスランド政府が実力行使でやめさせようとしたことから始まった「戦争」であることを意味している。

タラ戦争が戦争をもどきにした

だがCod Warという原語が当時緊迫の度を高めていたアメリカ・NATO軍対ソ連・ワルシャワ機構軍のCold War（冷戦）に引っ掛けた駄じゃれだったことでもわかるように、マスメディアはこの「戦争」をじつに軽く見ていた。そして戦闘行動だけを見ていれば、まさに冗談のような戦争だった。

開戦当時まだ世界第2位の海軍力を擁していた英国海軍（ソ連海軍は対独戦で消耗しきっていた）に対し、アイスランド海軍には航空母艦・戦艦は言うまでもなく、海上保安庁の巡視船程度の装備もなかった。ふつうの船舶の甲板から上を鉄板で覆い、機関銃を固定する台座さえない船室に軽機関銃を持ちこんで大英帝国海軍の艦船に立ち向かったのだから、戦闘行動では英軍の圧勝続きだった。

ところが国連の場ではまったく逆だった。英軍が戦闘行動で圧勝するたびに、まず領海が拡大され、続いて排他的経済水域（ＥＥＺ）が設定され、さらにそのＥＥＺが拡大された。明らかに弱小国が実戦で負ければ負けるほど、国際世論は弱小国に有利な方向になびいていったのだ。

Cod WarでCold Warから抜けたlは、いったい何を意味するlだったのだろうか。「力は正義であり、正義は勝つ」というlogicのlではなかっただろうか。従来どおりの力の論理は通らなくなっていた。ベトナム戦争から、ごく最近のお粗末極まる米軍アフガニスタン撤退まで、基本的に軍事力の弱いほうが政治・外交的には勝っている。

双方があらゆる兵器を駆使して敵国を屈服させるまで戦う古典的な戦争になれば、当然勝つのは軍事力・資金力で勝る豊かな国のほうだ。だが私はアフリカ大陸サハラ以南の最貧国と呼ばれるような国々を例外として、最後に勃発したほんものの戦争はイラン・イラク戦争（１９８０～88年）だったと考えている。

アメリカの支援を受けたイラク軍と、イスラム世界全体では少数派であるシーア派の国イランとが正規軍同士の正面戦を戦った。もしこの戦争で軍事的勝者が出ていたら、その勝者は即外交的・政治的にも勝利していただろう。だが、この戦争は双方に合わせて１００万人の犠牲者を出しながら痛み分けに終わっている。

イラク軍によるクウェート領土占領に端を発した第一次湾岸戦争（１９９０～91年）も例外のように見える。もし国連軍を率いたアメリカ軍がイラク軍をクウェートから撤収させた段階で終わっていれば、軍事力の強い側が政治・外交的にも勝ったためずらしいケースと言えただろう。だがアメリカは大量殺戮兵器の存在を理由に、有志軍を率いてイラク領内に侵入し、サダム・フセインを捕縛するための第二次湾岸戦争（２００３年）に突っこんでいった。

それから20年近くの歳月が過ぎたが、いまもなおイラクから足を抜けずにいる。とうてい政治・外交的な勝利とは言えないだろう。

アメリカの「テロとの戦い」が無戦争時代の幕を開いた

村上兵衛という著述家がいた。１９４４年3月に陸軍予科士官学校を卒業し、同年7月、陸軍少尉として新設の近衛歩兵第6連隊旗手として宮城を中心とする首都東京の守りに就いた。実情は次々に飛来するＢ29爆撃機の空襲から逃げ惑うだけといってもいい軍人生活だった。亡くなったのは、アメリカを中心とする「有志軍」がイラクのサダム・フセイン政権壊滅を目指して起こした第二次湾岸戦争勃発直前の２００３年1月だった。

生涯、日本人にとって軍隊とは何か、戦争とは何かと問いつづけた人だ。したがって存命中は当時論壇に君臨していた進歩的知識人から軽視されていた。だが主要著作を読むと、最近の親米右翼、親米保守の連中ならおそらく「反日」の一言で切って捨てるだろうと思う。それほど「大東亜戦争」の過程で日本国民が朝鮮半島の人たちや沖縄の人たちに強いた犠牲についての真摯《しんし》な反省を書き連ねている。

ようするに、どういう世の中になろうと、圧倒的少数派であることを宿命として背負わされていただけではなく、その宿命を喜んで受け入れた人だった。その村上兵衛がクウェート領内の油田地帯を軍事占領していたイラク軍に対する、国連のお墨付きを得た多国籍軍による短期間の追討行動であった第一次湾岸戦争から約1年後に、『再検証「大東亜戦争」とは何か』という本を書いていた。

終わったばかりの戦争の世界史的意義を云々するというのはなんとも剣呑《けんのん》な作業だが、村上は堂々とこの重責に取り組んでいる。

とどのつまり地上戦「百時間戦争」によって、ペルシャ湾岸戦争は多国籍軍の圧倒的勝利のうちに終結した。この戦争は、ひょっとすると「世界最終戦」になるのではないか——という思いが、あれから一年経ったいま、私の脳裏には明滅している。（同書、216ページ）

イラク軍の全面撤退で終わったこの戦争についての、クウェート政府の多国籍軍メンバー諸国への感謝状には、金銭的には多大な貢献をした日本の名は出てこなかった。「カネは出したが、血を流さなかった」という理由で意図的に無視されたのだ。

そして、このころから「だから日本は国際社会でナメられる。早く堂々と海外派兵ができるように憲法を改正し、有事立法も行え」と主張する人たちが増え始めた。それまでの論調から、当然村上兵衛もそれに同調すると考えていた人が多かった。だが彼はここで正反対の方向へと転換した。

いまや日本は、好むと好まざるとにかかわらず、世界の中の大国として存在している。「湾岸危機」のさなか、日本の巨額の戦費提供という「貢献」は、一部世界の冷笑の的となり、日本の国民にも肩身の狭い思いを感じさせたが、しかしその「意味」は、しだいに歴史的なものになりつつある。つまり、あの時点において、日本の役割は大筋において正しい選択だったのであり、軍事力と経済力の相関について、世界に多くの教訓をもたらした。(同書、２４４ページ)

そして、この本を以下の言葉で結んでいる。

今日の世界は「無戦争時代」、換言するなら「半永久平和の時代」の、いわば夜明けにある。ひとは多く、自分の生きている時代の意味を知らない。そして十年、二十年の歳月を経て、過去を振りかえったときに、過ぎ去った時代の意味を知る。(中略)かつて明治開国に当って、遅れて西洋文明に参入したわれわれの父祖が、幾多の血と汗を流さねばならなかった、その肩の重みを、改めて実感をもって追想する。

そうして今日のわれわれが、もし世界の平和に応分に寄与するところがあるならば、明治以来の戦争に斃れた多くの人々の諸霊も、いくらかは暖かい眼眸をもって、われわれの行動を照覧し給うのではないか。(同書、２４６ページ)

蛇足を承知で言えば、第一次湾岸戦争には武力による他国領土の併合を国連決議によって阻止し、占領部隊を自国に退却させるための「正義の戦争」という大義名分があった。したがって、この時点では将来サダム・フセイン統治下のイラクのように他国領土の併呑を図る愚鈍な国が出てくれば、その国に対する正義の戦争を遂行する余地は残されていた。

しかし第一次湾岸戦争時の第41代アメリカ大統領ジョージ・H・W・ブッシュの実の息子で、第43代大統領となったジョージ・W・ブッシュは戦争が生き残るためのその狭い道さえ閉ざしてしまった。『再検証……』執筆後約10年、村上兵衛が亡くなってまだ3ヵ月も経っていない2003年3月に第二次湾岸戦争が始まった。

国連決議もなく、アメリカ連邦議会による宣戦布告もなく、イラク軍が大量殺戮兵器を配備しているという根拠のない「情報」だけを頼りに事実上イラク油田に利権を持つ米英とこれに追随するオーストラリア軍だけの「有志連合」軍で、サダム・フセイン政権の打倒とでっち上げ裁判によるフセインの処刑を目的とした、他国の内政に露骨に干渉するための戦争だった。

もし第二次湾岸戦争勃発の時点で村上兵衛が生きていたら、自分の予言が外れたと失望しただろうか。むしろ、やはり大局は無戦争時代へと動く中での、戦争を持続させたがっている勢力の最後の悪あがきと見なしたのではないだろうか。

第一次湾岸戦争は百時間戦争と呼ばれるほど短期間で終わった。それに対して第二次湾岸戦争によってイラク領内に進攻した米軍がその後15年あまりこのドロ沼から足を抜くことができずに進退きわまっているところまで見とどけたとすれば、なおさらその意を強くしたに違いない。

アメリカはイラクでも、シリアでも、はるか昔にさかのぼればイランでも、なんとか宗教の影響を振りほどいて世俗的な政治を行おうと苦闘する政権の足を引っ張って、アラブ・中東世界をイスラム原理主義、過激なテロリズムのほうへ追いやり続けている。

中東情勢がここまで混迷を極めている最大の要因をふたつ挙げよう。ひとつ目は、第二次大戦終結直後にイスラエルの建国を許して、パレスチナに生活基盤を持たなかったユダヤ人を大量入植させたことだった。

そして、ふたつ目は1951年にイランで公正な選挙によって誕生したムハンマド・モサデグ率いる民族派社会主義政権を英米石油資本の利権を守るためにクーデターによって転覆させたことだった。

アメリカがイスラム過激派の専制政治の道具と非難しているバース党は1947年にシリア人キリスト教徒で政治思想家だったミシェル・アフラクの指導のもと、統一・自由・社会主義を標《ひょう》榜《ぼう》するアラブ社会主義復興党として発足した政党だ。

フセインの失脚・刑死までイラクの政権政党だったし、現在のバシャール・アサド政権の与党でもある。イスラム教徒が圧倒的な多数を占める国々で、キリスト教徒が創設したことでもおわかりいただけるように、政治をイスラム教支配から解放することも重要な使命のひとつとして活動してきた。

アメリカが親子2代にわたるアサド政権を独裁とか専制支配とか非難する根拠として「アサド家が属するアラウィ派はイスラム教シーア派の中でも小さな分派なのに、かれこれ50年近くも政権を維持してこられたのは強権的な弾圧をしてきた」からだと指摘することが多い。

だが、この論法が通用するのは信ずる宗教が政治に多大な影響を及ぼす国だけだ。いまだにキリスト教徒でなければ大統領になれないアメリカは、その典型だ。しかし宗教的には少数派に属するアサド家が半世紀にわたって政権を維持できているシリアは、アメリカに比べればはるかに政教分離の進んだ国だという見方もできる。

ソ連東欧圏消滅というかたちで強敵が自滅してくれてからのアメリカは、圧倒的な軍事力によって世界中の敵対勢力を服従、ないし消滅に追いこむといったおめでたい観測をする地政学者もいた。

だが実際には失策続きだ。ソ連軍による侵略に対して立ち上がったアフガニスタンのイスラム原理主義者や過激派テロリストを「自由の戦士」とおだてあげ強化してしまったあとで、彼らを敵に回した長い戦争で勝利するどころか、不名誉きわまる撤退に追いこまれている。

費用対効果で見れば戦争は引き合わない時代になっている

イギリスの陸軍士官学校に当たる王立軍事アカデミーで26年間にわたって教鞭《きょうべん》をとったジョン・キーガンは、1993年に『戦略の歴史』を書いた。その中にはキーガンも世界は無戦争時代に向かっていると考えていたことを示す、以下の1節がふくまれている。

戦争の利益はその犠牲に優る、あるいは戦争をしても帳尻が合うと計算したときに人間は開戦の決断をしてきたのは明らかである。しかし、今やその計算の方向は逆向きになっている。明らかに、犠牲が利益を上回っているのである。（中略）増大する一方の武器の調達費用は天文学的な数字に達し、もっとも豊かな国家の予算すら歪めている。そして、貧しい国が軍事的に侮れない力を追求しようとすれば、経済力拡大のチャンスを自ら否定することになる。

また実際に人間が戦場に向かうことで払う犠牲は、ますます高くつくものになっている。豊かな国家の間では、そのコストは担えるものではないという認識で一致している。豊かな国と戦争に踏み切った貧しい国は散々な目に遭わされ、恥を晒すことになる。貧しい国同士の戦争は、あるいは内戦状態に陥った貧しい国は、自らの安寧を破壊し、さらには戦後の復興を可能にする社会組織まで失うことになる。

（キーガン『戦略の歴史』、124〜125ページ、原文1段落を1回改行）

キーガンは3つの場合にわけて戦争の不可能性を説いている。第1に現代世界では、豊かな先進国同士の戦争は無併合・無賠償で講和することが国際社会の常識となっている。この時代に戦争に勝つことの恩恵は、ほぼ絶対に莫大な戦費をまかなうほど大きくならない。第2に貧しい国が豊かな国と闘えば、惨敗して恥をさらす。第3に貧しい国同士の戦争は、双方の社会秩序を乱し、経済復興の基盤も掘り崩す。

私がかつてもっとも心配していたのは、アフリカの中でもとくに貧しい国々で戦争や内戦が収まらないことだった。過去に戦争に踏み切った国々のその後がどんなに悲惨かという例をいくつ見たとしても、平和を守った国が実際に繁栄する実例を見ないうちは戦争が続くのではないかと絶望したこともある。

だが冷静に考えれば、アフリカ最貧国のあいだでも戦争や内戦の犠牲者数は確実に下がってきている。1991～97年のコンゴ内戦の80万名や1994年のルワンダ内戦の90万名から、1998～2003年のコンゴ・ザイール戦争（第二次コンゴ戦争）の380万名へと犠牲者数が増えたのがピークだった。その後は2003～09年のスーダン政府対正義平等運動内戦時の30万名へと、明らかに退潮に転じている。

最近いちばん心配していたのは、世界最大の軍備を持つアメリカの動向だった。アメリカはたとえ選挙で多数を獲得した候補者でも、聖書に手をかけて神に宣誓ないし言明しなければ大統領にはなれないほど政教分離の遅れたキリスト教神権国家だ。

そのアメリカは、たとえばイスラム教の影響下にあると確信している自国の気に入らない政権に対して特務工作や挑発を仕掛けてでも戦争に引きずりこむ。朝鮮戦争勃発以来70年も経ったというのに、アメリカは自分たちが嫌いな国に戦場での惨敗という恥をかかせることができるなら、損得勘定ではまったく帳尻が合わなくても戦争に持ちこむ悪癖を矯正できていない。

理由の一端は、アメリカの大衆が実際には有力産業の代理人でしかない政治家や官僚や大手メディアといったエリートたちの言うとおりに動く、あまりにも従順な存在になっていることにある。そして軍産複合体にとって、だぶついた兵器のストックを更新する口実となる実戦での兵器の損耗は大歓迎だ。石油・エネルギー産業にとっては、資源浪費大国として是が非でも守り抜きたい中東の石油利権を守るという大義名分がある。おまけに、どちらにも強力なロビイスト集団がついている。

実戦の場でアメリカの武力における圧倒的な優位は、当分くつがえりそうもなかった。だから、すぐそこまで来ている無戦争時代にあと一歩のところで踏みこめない時期が続くのかと、もどかしく思っていた。

フーシ派イエメン軍による
サウジ油田・製油施設爆撃成功の世界史的意義

ところが2019年9月半ばのフーシ派イエメン軍による低弾道ミサイルとドローン爆撃を併用したサウジアラビア石油精製施設と掘削装置の破壊活動が、大成功を収めた。当初のサウジ側の発表では、世界供給量の10％に当たるサウジ原油生産量の半分、つまり世界供給量の約5％が破壊され、復旧には数ヵ月かかるだろうとのことだった。

第一印象は「これは何がなんでも原油価格を引き上げたいサウジアラビアの狂言自爆だろう」というものだった。ピンポイント爆撃があまりにも的確に製油施設や掘削装置の心臓部を直撃しているし、その爆撃に使われたミサイルの破片を見ると、なんともちゃちなしろものだ。どうせ遊休化させることにしていた設備を派手に爆破して、需給逼迫の思惑で原油が値上がりすることを狙っているのだろうと推測したのだ。

爆撃報道直後には20％も値上がりした原油価格が1週間で元の低水準に下がったら、サウジ側が突然前言をひるがえした。今度は「復旧は数日でできるし、サウジから全世界への供給量も減らない」と言い出したのだ。この続報も狂言自爆疑惑を深めた。

だが、しばらくして、この爆撃の約2ヵ月前には「フーシ派がサウジに対するドローン爆撃攻勢を強め、同時にイエメンの首都サヌアで堂々と低価格ドローンの画期的な性能向上を誇示する展示会を開催した」という報道が出ていたことに気づいた。その後も次々と今回のフーシ派によるサウジ石油施設爆撃成功の、まさに世界史的なゲーム・チェンジャーとしての意義を解明するネット報道などが続いた。

これらの記事を読むにつれて、これはサウジの狂言自爆でもなく、イラン正規軍によるミサイル攻撃でもなく、フーシ派イエメン軍による低弾道ミサイルと低価格ドローンを併用する作戦の赫々たる戦果だとわかってきた。中でも非常に重要なポイントが、兵器における価格と効率の逆転現象だ。

じつはレーダーでもっとも探知しにくいのは発熱量が低く、低空しか飛べない低価格ミサイルなのだそうだ。ドローンに至ってはそれ以上に発熱量が低く、低空を飛び、まさにピザ宅配用程度のちゃちな機種と似たような総重量なので、レーダーでは絶対に探知できない。したがってレーダーで探知して迎撃という手が使えない。唯一有効な対抗策は電波妨害だが、無害な場所で自爆させるような芸当ができるわけではなく、墜落・衝突場所が悪ければ資産や人命に甚大な被害が出る可能性もある。

ドローン攻撃側にとって実戦上の問題は遠隔操作があまり正確ではないので、目標物近辺で敵側の内応者に操縦を引き継いでもらう必要があることだろう。だがサウジアラビア人は、めったに疲労がきつかったり、肉体的苦痛にさらされたりする仕事をしない。だからサウジアラビア軍兵士にもアラムコ現場作業員にも、イエメンから出稼ぎに来ている人たちが大勢混じっているらしい。

おまけにサウジアラビア・UAE連合軍は、延々とイエメンの非武装民間人を殺傷してきた。恨みを抱きながら、それでも生きていくためにサウジアラビアの製油施設で働いているイエメン人は多いだろう。低価格ドローンによって、莫大な資産価値を持つ原油掘削・精製設備を破壊する条件は揃っていたのだ。

さらに、この低価格ドローンは特殊な資格がなければ参入できない軍需物資市場に行かなくても、通常の化学薬品や電子機器の市場で調達した部品・機材を使って総額200ドル程度で手作りすることができるという。しかも、こうした事情が今やアラブ・イスラム世界でもっとも信頼されている報道機関でもあり、討論フォーラムでもあるアル・ジャジーラで公開されている。

最後のダメ押しとして、こうした非対称型武力紛争には本質的に貧しい国に有利で、豊かな国に不利だという特徴がある。豊かな国には高額警備機器で守られた不動産価値の高いオフィスに高給取りが密集した場所など、低価格兵器で狙えば絶大な費用対効果の発揮できる場所があちこちにある。貧しい国に同じ手で報復しようとしても、貧しい国にはそもそもそういう場所がない。

つまり、この作戦の成功は世界中で貧者が富者に対してちゃぶ台返しをやってのける舞台を整えたのだ。豊かな国と貧しい国の戦争では、惨敗して恥をさらすのは豊かな国のほうだという時代がやって来た。

その後、サウジアラビア・UAE連合軍と北イエメンのサウジ傀儡《かいらい》ハディ政権は、フーシ派南イエメン軍のミサイル、自爆ドローン、即席爆発装置を駆使した攻勢によって劣勢に追いやられている。

戦争報道に特化した『サウス・フロント』というウェブサイトがある。このサイトは、2021年9月6日のエントリーで、フーシ軍が北イエメンのマリブ市をミサイル数発、自爆ドローン数機で爆撃したと報じた。またフーシ軍はサウジアラビア領内のアラムコ製油施設や石油積出港にも攻勢をかけている模様だ。さらに北イエメン領内のアデンに駐留しているサウジ・UAE連合軍の司令官が、4日即席爆発装置によって死亡したことも伝えている。

サウジ・UAE連合軍は、アメリカからの膨大な軍事・経済支援によって兵器の装備や資金力では圧倒的に優勢だ。空爆と経済封鎖をからめた攻勢によって、一時はフーシ派には餓死か、戦死しか残された道はないと言われるほど優位に立っていたのだ。

その連合軍が、自爆ドローンや即席爆発装置に頼るフーシ派によってここまで追い詰められている。まさに豊かな国と貧しい国の戦争で惨敗して恥をさらすのは豊かな国のほうだという時代を象徴している。

もちろん自国兵士の命さえ重視しなければ、いろいろ対抗策もあるだろう。あるいは核ミサイルなどを使ってテロリストの巣窟《そうくつ》と決めつけた国を先制攻撃するような乱暴な手段に訴える可能性も皆無ではない。

だが、さすがにそこまで非情・無法に徹することができなければ、豊かな国の軍隊が貧しい国に駐留している場合の対処法は限られている。ほぼ唯一の安全な対抗策は「三十六計逃げるにしかず」だ。

おそらくこの世界史的な大転換にまっ先に反応したのは、アメリカのトランプ前大統領だった。もともとトランプは「中東アフガニスタンからの即時撤兵」というスローガンを掲げて2016年の大統領選に勝った、右の反戦候補だった。

ところが当選直後にシオニスト全面支援を主張するキリスト教原理主義派の大スポンサーが付いたこともあって、この公約を棚ざらしにしたまま親イスラエル・反イスラム圏に傾斜していた。だが、さすがに長年クイズショーの司会をしていただけあって勘と反射神経は鋭い。

サウジ石油施設へのドローン爆撃成功の直後に古証文を引っ張り出してきて、シリア北東部からの全面撤収を指示した。もしアメリカ軍の最新兵器と兵士たちだけを狙ったドローン攻撃が実行に移されたとしても、有効な防御策がないことを機敏に察知したようだ。

とにかく自分の大統領在任中に多数の死傷兵を出しながら国際世論からは孤立を深める失態が起きたら、目も当てられない。２０２０年の大統領選で再選を目指すためにも、そんな危険は冒せないと直感したのだろう。

だがトランプは本能的に逃げようとしただけで、論理的に熟慮した上での結論ではなかった。そのまた直後に「シリア北東部の油田地帯を守るためのパトロール隊は残す」と言って、一度撤収したシリア駐留軍の一部を再派遣するなど混乱をきわめていた。さらに油田地帯という守るべき「聖域」がないのでやりやすかったはずのアフガニスタンからの撤退を後回しにしてしまった。

その結果がいかに悲惨な撤収作戦だったかは、読者の皆さんもよくご存じだろう。「アメリカ軍に駐留されているよりはタリバン政権のほうがマシだ」と思っているアフガニスタン国民の多さは米軍撤収声明後、いかに急速にタリバン支配地域が拡大したかでわかる。だがタリバンも安全に全国土を掌握するほどの支持基盤を持っているわけではなく、今後も混乱が続きそうだ。

しかし地球上で最大、最強の軍隊が、低コスト武器による逆襲に手を焼いて逃げ惑うだけという基本的な構図は変わらない。歴史の流れは滔々《とうとう》と無戦争世界を実現する方向にむいている。

「これからは逆に貧しい国が低価格兵器を使って豊かな国の資産を破壊するための侵略戦争が頻発するのではないか」という懸念は取り越し苦労だろう。非対称型武力紛争では貧しい国のほうが強いと言っても、それは貧しい国が豊かな国の軍隊に侵略され、民間人を殺傷され、なけなしの資産を破壊されていることに対する国際世論の同情があればこそだ。

だが世界中が日本と同じように信仰から自由ではない

日本人の大半は、自分たちがいかに恵まれた「信仰からの自由」を享受しているかという自覚があまりない。だから世界情勢を見る際にどれほど宗教が重要な役割を果たしているかも理解できないでいる。

朝日新聞が延々と展開していた「トランプ支持者＝キリスト教原理主義者」キャンペーンが、その典型と言えるだろう。原理主義者とは聖書の教えが歴史的事実でもあり、同時に永遠の真理でもあるという人たちのことで逐語主義者《リテラリスト》と呼ばれることもある。

自然科学的な世界観に真っ向から対立し、「聖書に書いてあることは聖書に書いてあるがゆえに一言一句すべて正しい」と主張する人たちのことだ。だが「トランプなんかを支持するのは、理屈もわからずに感情だけで動く連中だろう」と決めつけるのは危険だ。

たしかにアメリカの公立小中学校で教育を受けた人たちの中には、驚くほど知的訓練を受けていない人が多い。だが、いくらなんでも「とにかく聖書にそう書いてあるから、これは真実なんだ」と主張する人たちだけでアメリカ大統領を選出するほどの大勢力になるはずがない。現代人でキリスト教信者だと言えば、それだけでもう狂信的な人たちだと決めつけるのは、やはりアメ

ほぼすべての宗教・宗派を通じて
アメリカ国民はトランプよりバイデンを好んでいた
トランプ2020年2月対バイデン2021年4月

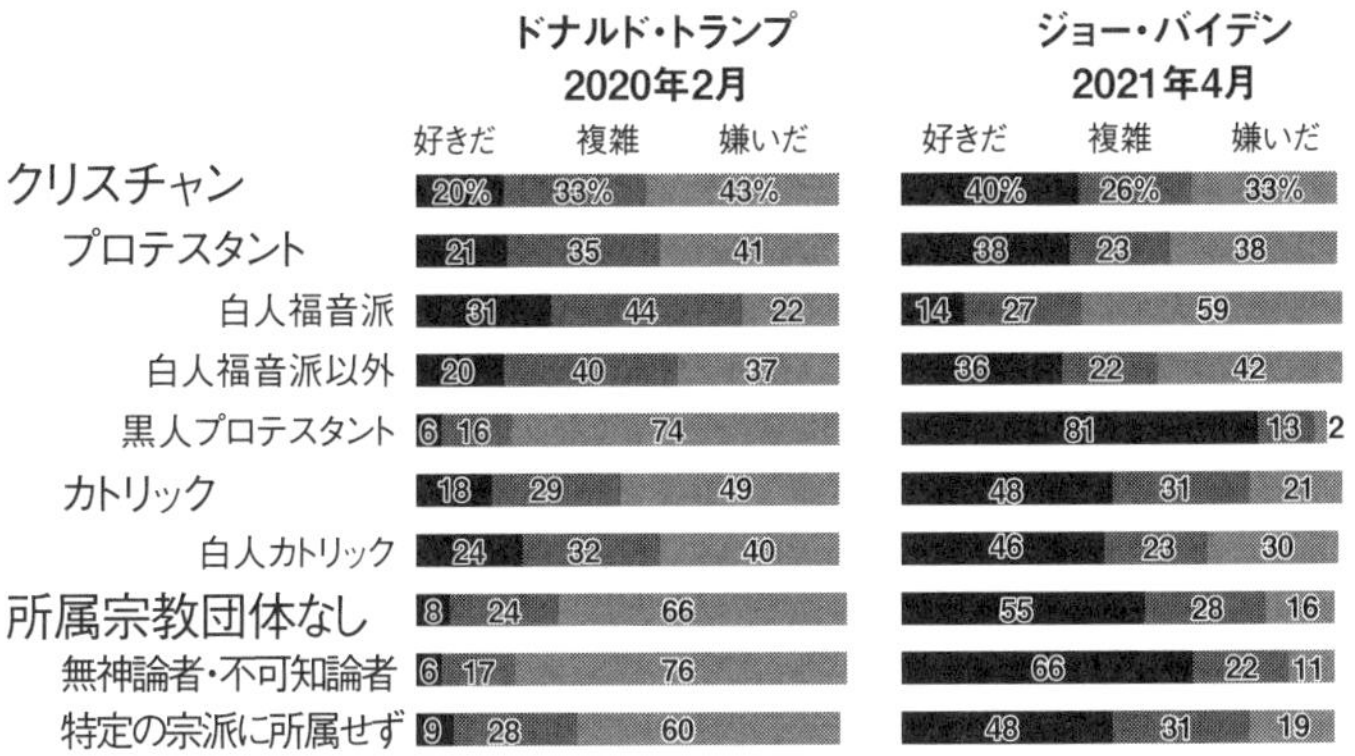

注：白人・黒人の区別がある設問ではどちらかひとつと答えた人のみを集計し、ヒスパニックは除外してある。また、無回答も集計から排除しているので、パーセンテージの合計は100%に達しない。
原資料：ピュー・リサーチ・センターが2021年4月5〜11日に行った世論調査結果
出所：ウェブサイト『Pew Research Center』、2021年5月4日のエントリーより引用

リカにおける「穏健な常識人」としてのキリスト教徒の存在感の大きさをまったく理解していない議論だ。

実際のところ、宗教・宗派への帰属意識別にトランプ・バイデン両候補に対する好感度を尋ねた世論調査では、ほとんど超「宗派」でバイデンへの好感度が高かった。

唯一、原理主義者や逐語主義者の比率の高い白人福音主義者のあいだでだけ「トランプ好き」が30%に対して、「バイデン好き」が14%と、ダブルスコアでトランプがリードしていた。だが、それでも回答者の3分の1にも達しない程度の好感度なのだ。

それ以外の宗教・宗派では、無宗教・無宗派をふくめて圧倒的にバイデンへの好感度が高かった。

それでは2016年に大番狂わせでトランプがヒラリー・クリントンを破って大統領になったのは、

いったいどうしてなのかという疑問が浮かんでくる。

朝日新聞は一貫して「プアホワイトが一時の熱狂で大量に原理主義に宗旨替えしてトランプに投票した。だが4年間のトランプ政治に幻滅して、今度は穏健な宗派に戻ってバイデンに投票した」という作り話で押し通している。トランプは2016年より多くの得票を獲得しているのだから、まったく辻褄《つじつま》の合わない議論だ。

なぜ、こんなに宗教・宗派別で見れば不人気なトランプが2016年には勝ち、2020年でも僅差《きんさ》で「負けた」ことになっているのかを改めて考えてみよう。注目していただきたいのは、下から2行目の「無神論者・不可知論者」のあいだでの「トランプ好き」が6%に対して、「バイデン好き」が66%とひときわ大差がついているという事実だ。

じつは、この項目だけは回答者の宗教・宗派による分類というよりは回答者の教育水準・所得水準による分類になっている。アメリカで堂々と「私は無神論者です」とか「不可知論者です」と公表して無事に暮らしていられるのは、ある程度の教育水準と所得水準を確保した人たちのあいだだけで生きていける特権的な人たちだ。中層から下層の生活環境でそんなことを言ったら「あいつは倫理観のかけらもない不信心者だ」と思われて言いがかりをつけられたり、暴力を振るわれたりする。

2016年と2020年の大統領選は、アメリカとしてはめずらしく、宗教・宗派によってではなく所得水準によって投票パターンが分かれた選挙だった。そして宗教的にはあまり好きではないどころか、むしろ嫌っていたトランプに大挙して投票したのは、かつてはかなり所得水準が高かったが、今ではプアホワイトと呼ばれるほど零落《れいらく》している現役と退職後の白人工場労働者たちだった。

彼らはロナルド・レーガンからバラク・オバマまで「口先で何を言おうと巨大寡占企業の使いっ走りをしている連中に任せておいたのでは絶対に自分たちの暮らしは良くならない」と見切りをつけてトランプに賭けたのだ。さて、この賭けは成功したのだろうか。

いろいろ細かい不満はあっても、大筋では成功だったと言えるだろう。あきらかに勤労所得を減らしながら莫大な過剰投資を目論んでいる「地球温暖化を防ぐための二酸化炭素排出量削減」には最後まで抵抗した。また都市に集中した消費者向け中小零細サービス業の大量破綻を狙った都市ロックダウンにも反対を貫いた。

それでもやはり「穏健で良識あるキリスト教徒主流派」の壁を破れなかったので、2020年の大統領選では接戦の末負けたことになっているのだろう。それぐらいトランプのような横紙破りの政治家に対する多数派キリスト教徒の反感は根強い。そしてアメリカ社会ではキリスト教徒の絶対多数という壁は高くて厚い。

あなたの宗教・宗派は……？
1999～2020年

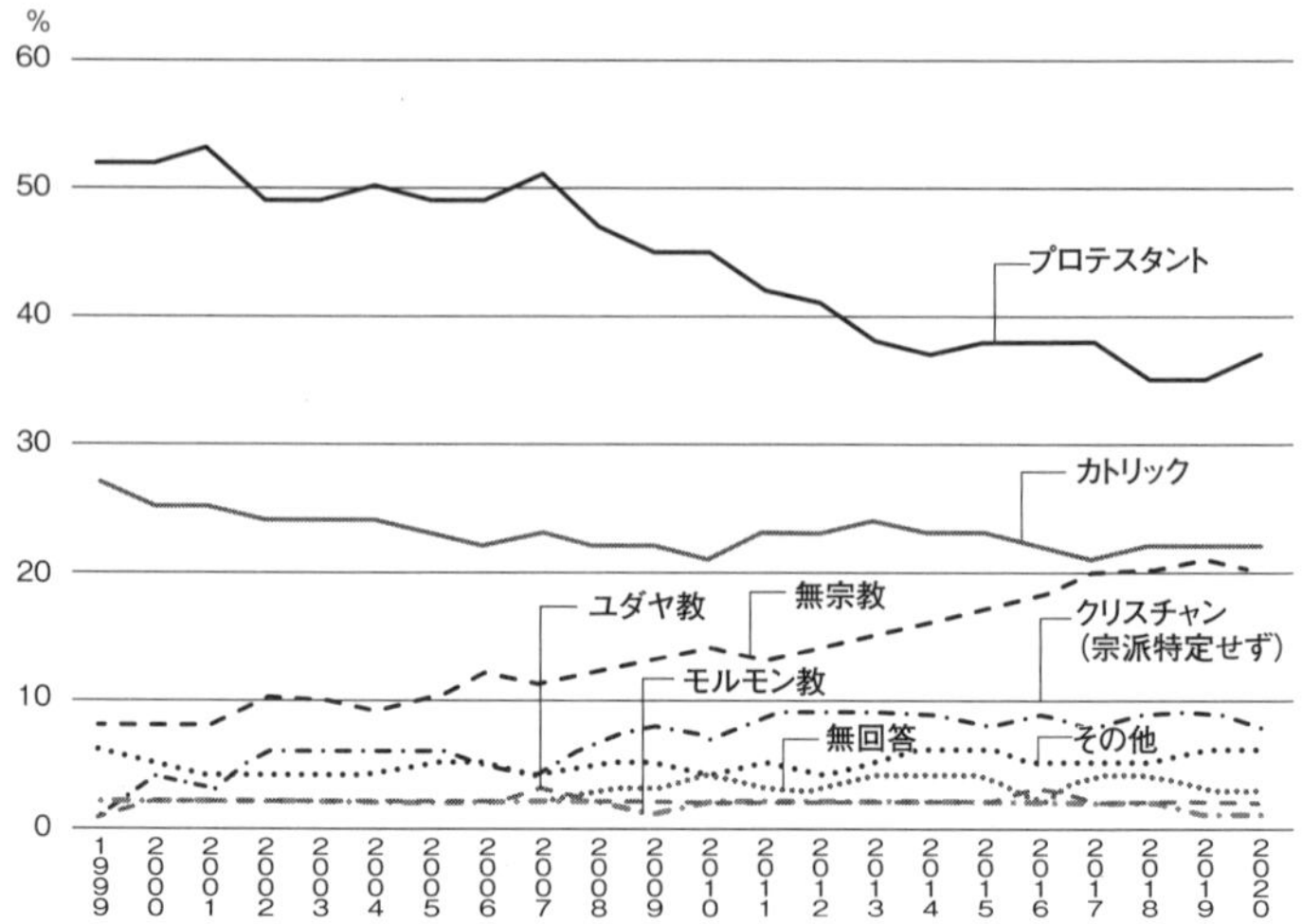

出所：ウェブサイト『Gallup In Depth Topics A to Z』、2021年8月28日現在のエントリーより引用

アメリカは今なおキリスト教神権政治がまかり通る国

この壁がどのくらい高くて厚いかを示すグラフをご覧いただこう。

アメリカでも最近は「キリスト教徒が減った」と大騒ぎするメディアもある。だが実際にはプロテスタントが37％、カトリックが22％、宗派を特定しないキリスト教徒が9％と、全体の3分の2を超えているのだ。

さらに8％から20％へと12ポイントも伸びた「無宗教」は、じつは一握りの寡占資本が牛耳っている現代アメリカの政治体制によって得をしている高学歴・高所得の連中が多い。唯一信仰の自由に向けて期待が持てる兆候と言えば、プロテスタント・カトリックそれぞれで減ったシェアを「無

宗教は重要ですか？
1992～2020年

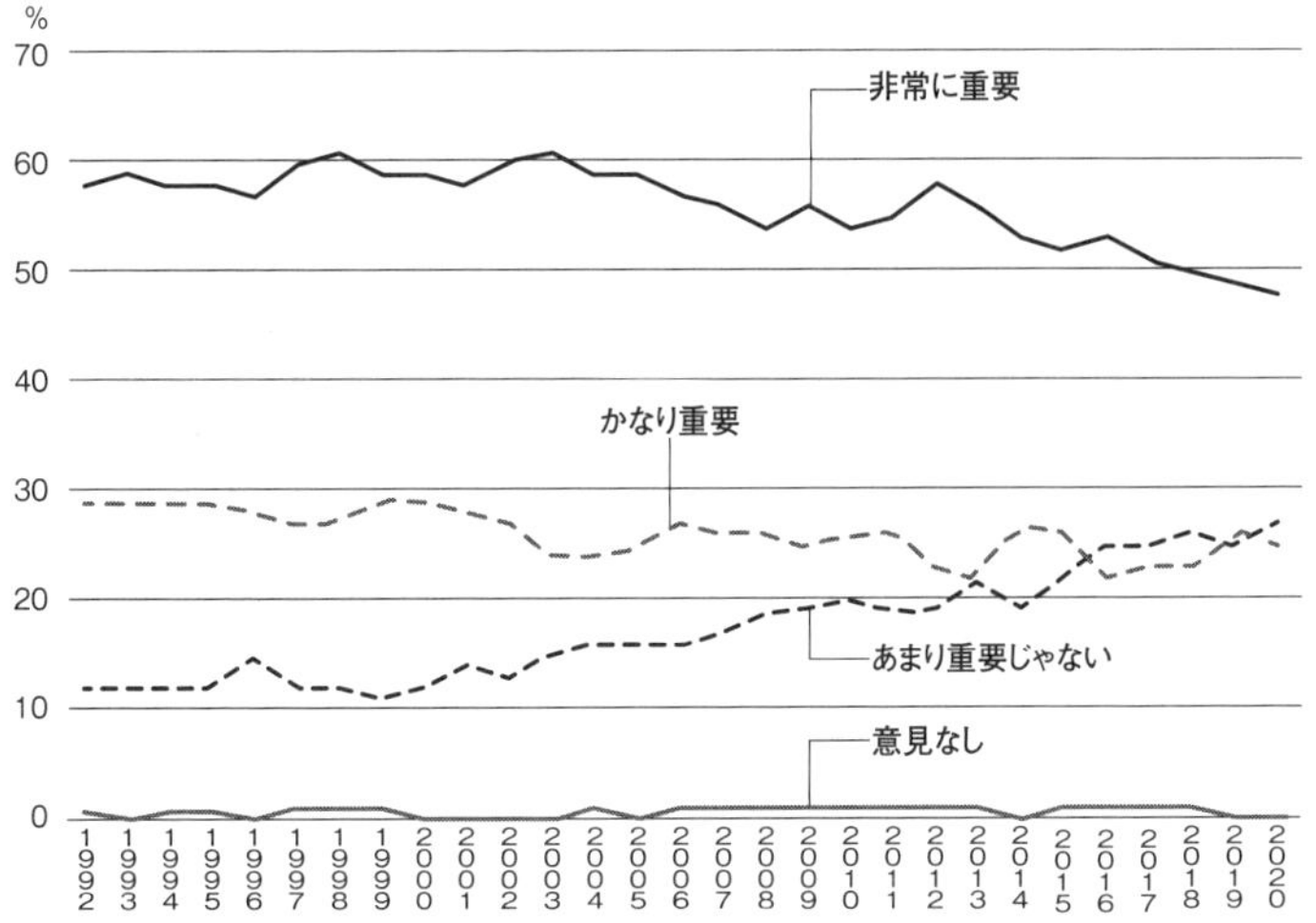

出所：ウェブサイト『Gallup In Depth Topics A to Z』、2021年8月28日現在のエントリーより引用

宗教」と分け合っているのが、「宗派を特定しないキリスト教徒」となっていることだ。

　これは今や大企業、大学、病院などと同様にロビイングを通じた集金マシンと化している教会組織にカネを巻き上げられたくないキリスト教徒たちだろう。それにしても「あなたが生きていく上で宗教は重要ですか？」という質問に「非常に重要」と「かなり重要」と答えた人を合わせると全体の73%、4分の3近い数字になっている。

「あまり重要じゃない」という回答はたしかにじわじわ増えている。だが、もし「まったく不要だ」という選択肢があったとしても、無回答と同程度の低いパーセンテージにとどまるのだろう。

　今もなおアメリカ国民の約4分の3が神にすがらなければ生きていけない日常を過ごしていることがはっきりわかるのが、次ページの2枚組円グラフだ。

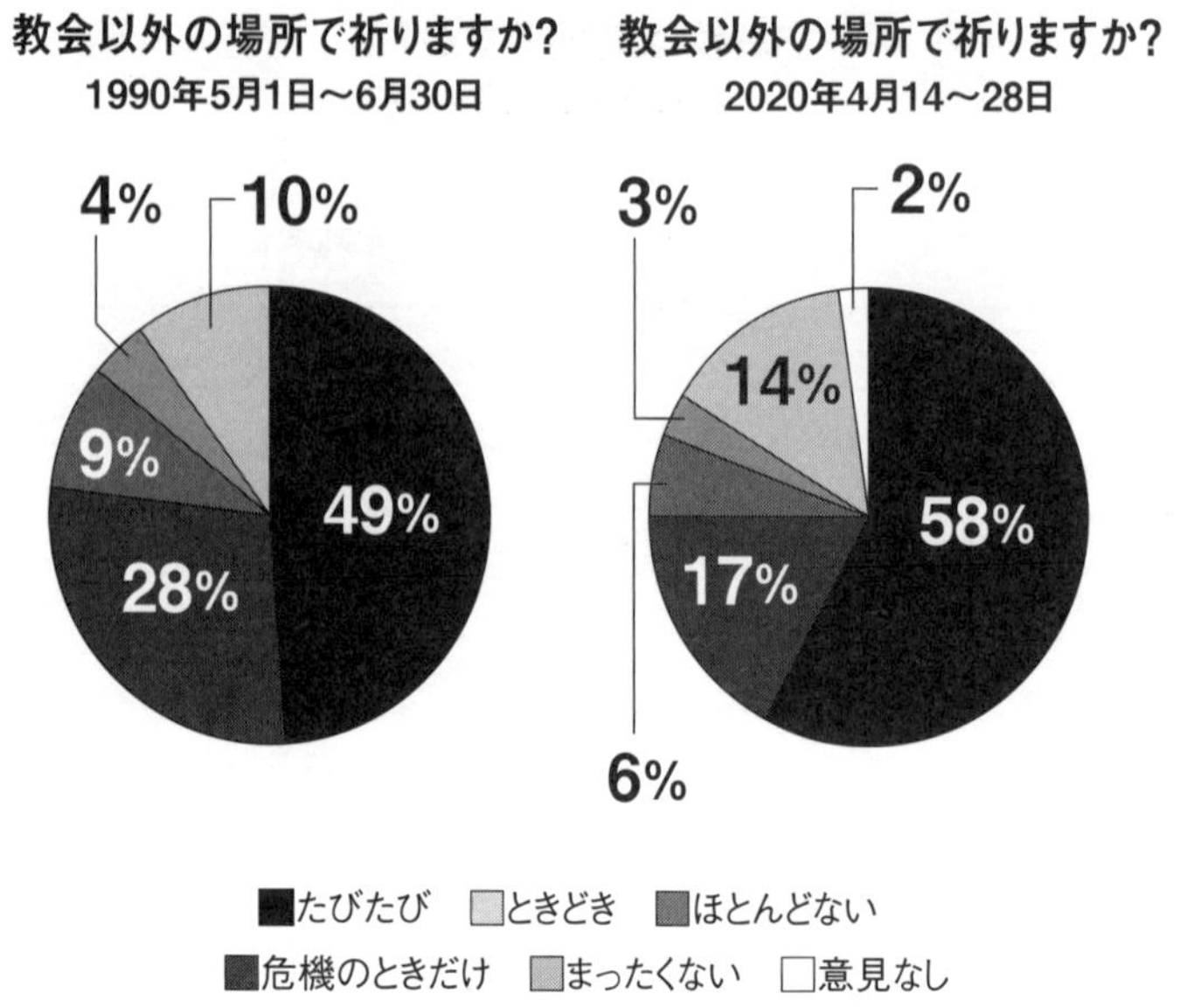

出所：ウェブサイト『Gallup In Depth Topics A to Z』、2021年8月28日現在のエントリーより引用

「たびたび」と「ときどき」の合計は１９９０年から２０２０年で77%から75%へと、わずか２ポイントだけだが下がっている。しかし「たびたび」だけを抜き出すと、49%から58%へと９ポイントも上がっているのだ。苦しいときの神頼みというが、世界最大最強の経済・軍事大国の国民が21世紀の今、これほどひんぱんに祈りを捧げなければならない理由はいったいなんなのだろうか。

次ページのグラフは、アメリカ国民が聖書に書かれたことばは、どんなことばだと考えているかを示している。

１９８０年代半ばまでは40%台に到達することもあって「霊的に高揚したことば」に肉薄していた「ありのままの事実」という回答は、さすがに24%まで低下してきた。それでも国民の約４分の１が、聖書のことばはありのままの事

聖書のことばは……？
1976〜2017年

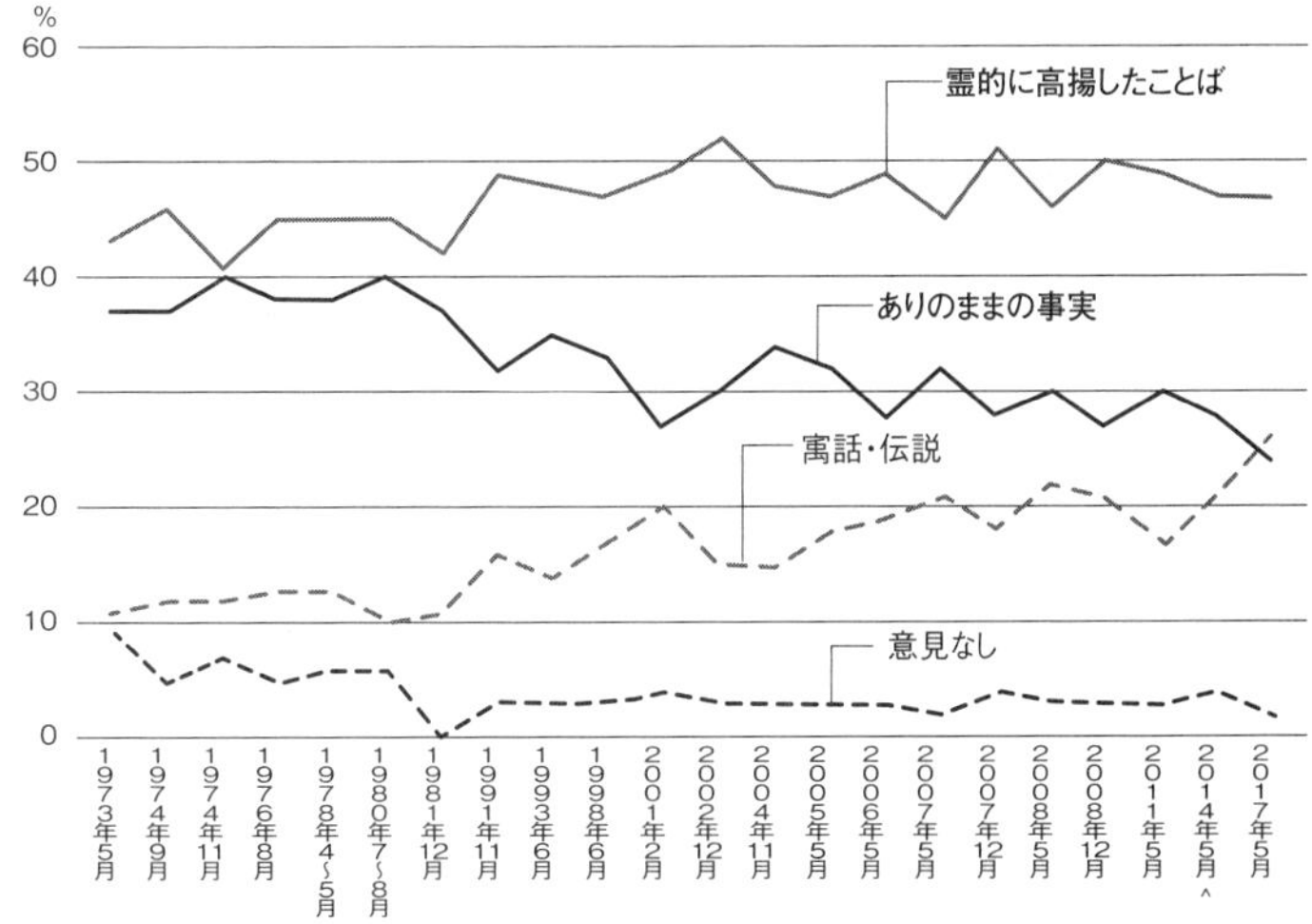

注：^ 標本の半分のみに質問
出所：ウェブサイト『Gallup In Depth Topics A to Z』、2021年8月28日現在のエントリーより引用

実を伝えていると答えている。

新約聖書は1世紀末のまだ教会組織としての統一見解もあやふやな時期に、さまざまな伝道者たちが遺した書簡や説教記録をまとめたものだ。個人差ばかりか、同じ書き手の文章の前後にもあきらかな矛盾が露呈しているところが多い。また、なぜか正典に採用されたヨハネ黙示録は本書冒頭でもご紹介したが、現世全面否定の終末待望論だ。その書物をありのままの事実と受け止める側にある心理には、とにかく確固とした権威にすがりつきたいという願望がかなり強く出ていると思う。

過去40年強で寓《ぐう》話《わ》・伝説という答えが13％から26％に倍増したのは、喜ばしい。だが「ありのままの事実」という回答と、「霊的に高揚したことば」という回答の合計得票率が２０１７年でも70％を超えている。この安定した高さは不気味だ。アメリカ国民の大半は、今なお「これこそイエス・キリストがお考えになった真実だ」

と思う方向に向かって突っ走っていく人たちなのではないだろうか。

科学の美名のもとに信仰を押しつけてくる人たち

この状況を巧みに利用して、自分たちにとって都合のいい方向に大衆を引きずり回そうとする動きが顕在化している。地球温暖化・気候変動と新型コロナウイルスに関する騒動をあおり立てている勢力だ。具体的には欧米諸国ほとんどの政府、WHOや大手製薬会社、気候変動に関する政府間パネル（IPCC）のメンバーたち、再生エネルギーに巨大投資をしている企業、大手マスメディアといった連中だ。

「地球温暖化の危機だから人為的な二酸化炭素排出量を激減させなければならない」という議論と、「新型コロナウイルスは大疫病で、人は感染を防ぐためになるべく密集を避け、大都会の混雑したところには行かないように。蔓延を避けるために、なるべく多くの人がワクチンを規定の回数接種するように」と各国政府やWHOが命じていることには奇妙な共通点がある。

きわめて根拠があいまいな主張を「これが科学の指し示す唯一の正解だ。お前は科学を信じないのか」と強引に押しつけてくることだ。このことば遣い自体が、まったく科学的ではない。だいたい科学は信ずるものではない。そのときどきに集められるだけのデータについて、これがもっとも整合性の高い説明だろうという仮説を提示するだけだ。

当然、もっと多くのデータが得られて今までどおりの説明ではうまく現実に合致しなければ、新しい説明を考える必要が出てくる。なるべく多くのことがらをなんの前提条件も置かずに、なるべく単純に説明できる論理を構築しては壊し、壊しては構築するという作業のくり返しだ。

「これが唯一の正解だ」などという論法は、信仰としてはありえてもまったく科学的ではない。「お前は永遠の真理を受け入れて天国に行くのか、拒否して地獄に堕ちるのか？」と脅されているのとまったく同じことだ。世の中に唯一絶対の真実などというものは存在しない。ほんの少し前までは、これが良心的な科学研究者ならだれもが共通見解として持ち合わせていた常識だった。

しかし１９４６年にアメリカで贈収賄合法化法が制定され、カネのある企業や産業団体がロビイストを使ってますます自分たちに有利な法律制度をつくらせることが、正当で合法的な政治活動と認められてから、世界は確実に悪いほうに変わっていった。最近では学術研究の世界でも、たくさん研究資金を引っ張ってこられるのが有能な学者で、カネを引っ張ってこられない学者は無能だと評価される。

当然、有能な研究者になるほど大きなスポンサーから巨額の研究費を引き出せるように、ありとあらゆる問題について「なんらかの手を打たなければならない」という前提で研究課題を設定する。莫大な研究開発費や設備投資を必要とする解決策は企業のスポンサーがいっぱい付くからすばらしい研究だということになる。何もしないほうがマシだという学者にはほとんど研究費が付かないので、世間からも無視されっぱなしになる。

こういう状況では自然科学者でさえ、何が人類のためにもっとも良い解決策かについて最善の解答を出してくれる可能性はきわめて低い。たとえば地球温暖化＝気候変動問題だ。「地球が温暖化しているのは、人間が化石燃料を燃やすことによって二酸化炭素濃度が上昇しているからだ。温暖化によって海面下に沈む地域が拡大し、異常気象が多くなり、地球は人間だけでなくあらゆる生物が住めない環境になる」といった危機意識のあおり立てをしたほうが得だ。どんなにでたらめな「解決策」を提唱しても、その「解決策」でたんまり利益を得られるスポンサーがついてくれる。

研究者たちも予算獲得競争から解放された「名誉教授」的な立場になれば、正直に実情を伝えてくれる。だが鼻先に研究費というニンジンをぶら下げられて、そのニンジンの獲得競争をしているあいだは、めったに大スポンサーのご機嫌を損ねるようなことを言わない。とくにアメリカの一流大学や研究所でその傾向が強い。

まっとうな気候学者や太陽系物理学者のあいだでは、まず「地球が温暖化している」という事実認識そのものが多数派見解ではない。ましてや、それが「大気中の二酸化炭素濃度が拡大したからだ」という原因論にいたっては議論百出でコンセンサスらしきものはまったく形成されていない。

「温暖化が破滅的な影響をもたらす」という結論に至っては地球上の全生物にとってネットでプ

ラスか、マイナスかのシミュレーションをおこなえる信頼すべき計量モデルはまだ存在していない。それなのに「温暖化は事実であり、このまま放置すれば、地球は人間どころか動植物すべてにとって住めないほど環境が劣化してしまう」という恐怖キャンペーンがおこなわれている。

そして温暖化を阻止する唯一の道は、化石燃料を燃やさずに再生可能エネルギー源からつくった電力ですべての動力をまかなうことだとも断言する。ところが再生可能エネルギー源の中でもとくに太陽光発電と風力発電は、稼働時間が天候任せで膨大な過剰設備を建造しておかなければ電力の安定供給ができない。

いや、稼働率そのものの平均値が10％とか20％とかで、あまりにも低すぎる。おまけに天候次第でその低い平均値から激しく上下して2〜3％になったり、30〜40％になったりする。どんなに設備能力を拡大したところで、安定供給は望めない電力源なのだ。

いまや先進諸国の「リベラル」な知識人たちのあいだでは、「コロナ教」「地球温暖化教」「再生エネルギー教」といった新興宗教が大流行りだ。昔から新興宗教の世界では、「信者をつくれば儲かる」「信者は儲かる」と言い習わしてきた。なるほど、信＋者＝儲けだ。そして世界中でこの手の新興宗教ががっぽり儲けていると言っても、やはり浸透度が高いのはキリスト教・ユダヤ教の信者が多い国々ではないだろうか。

とくにキリスト教国では権威ある知的エリートに「これが神の教える永遠不変の真理だ。つべこべ言わずに従え」と言われると、平伏してしまう人が多いような気がする。そして彼らがかつぐ尊い神様の前にひざまずかない連中は、人類の敵扱いをされる。

日本は信仰からの自由が保証された国

この情けない世界情勢を見るにつけても、日本の大衆に課せられた使命は大きい。哲学者N・P・ジェイコブソンは著書『ジャパン・ウェイ　日本道』で、世界中見渡しても「そのときどきのデータに応じて最善の答えを出すが、データが変わるにつれて自分の意見も変えていく『自己修正的共同体』を形成しているグループは、ふたつしかない」と断言した。

ひとつはあらゆる公理や定理にとらわれることなく、日々もっと単純明快に世界を理解できる方法はないかと切磋琢磨《せっさたくま》している国境を越えた一流の自然科学者たちのコミュニティだ。もうひとつは日本の大衆だと言っている。さらに「はっきりした信仰体系にゆだねられていない」ことこそ、日本の最大の強みだと断言している。

信仰は急激な変化にはいつも打ちのめされる。……このような信仰体系を過大視する共同社会は、予測出来ない決定的な変化に直面すると、絶えず不利益をこうむる。「閉ざされた心」、つまり、確信しているものに対して決して二度と考え直すことをしない心のような、不適応さというハンディキャップは、しばしば「信仰体系のある文化」と同義となる。この見地からして、日本人は世界で最も恵まれた国民であり、寛大で、受容的で、柔軟性があり、前向きである。そして、日本人は、他のすべての国民にみられるような、はっきりした信仰体系にゆだねられていない。

（同書、80ページ）

いまや自然科学者のコミュニティが、必ずしもそのときどきで最善の答えを出す集団ではなくなっている。それより、なるべくたくさん研究費の取れる答えを出すようになってしまったのだ。

だからこそ地球上に今も存在する唯一の自己修正的共同体を形成している日本人は、世界全体のために大きな貢献をしなければならない。その準備はできているだろうか？

次ページのグラフをご覧いただきたい。

20世紀最後の年、2000年に出版された『現代日本人の意識構造〔第五版〕』から、宗教関連でもっとも重要と思われるふたつの質問への回答が1973～98年にかけてどう変化したかを示している。左側は「何をあるいはだれを信じていますか」という質問への答えであり、右側は「どんな宗教活動をしていますか」という質問への答えだ。

左側を見ると、神か仏のどちらかを信じている人がピークの1983年では83％に達していたのに、1999年では71％に減ったというふうに見える。だが、このふたつに「何も信じていない」を加えた「得票率」の合計は、つねに100％を超えていた。つまり神、仏の双方を信じていた人が必ず存在していたわけだ。

だから信仰を持っている人の比率は、100％から何も信じていない人の比率を引いた数字だろう。1973年の70％から1983年には77％まで上がったが、1999年ではまた70％に戻

信仰・信心とおこなっている宗教的行為
1973〜1998年

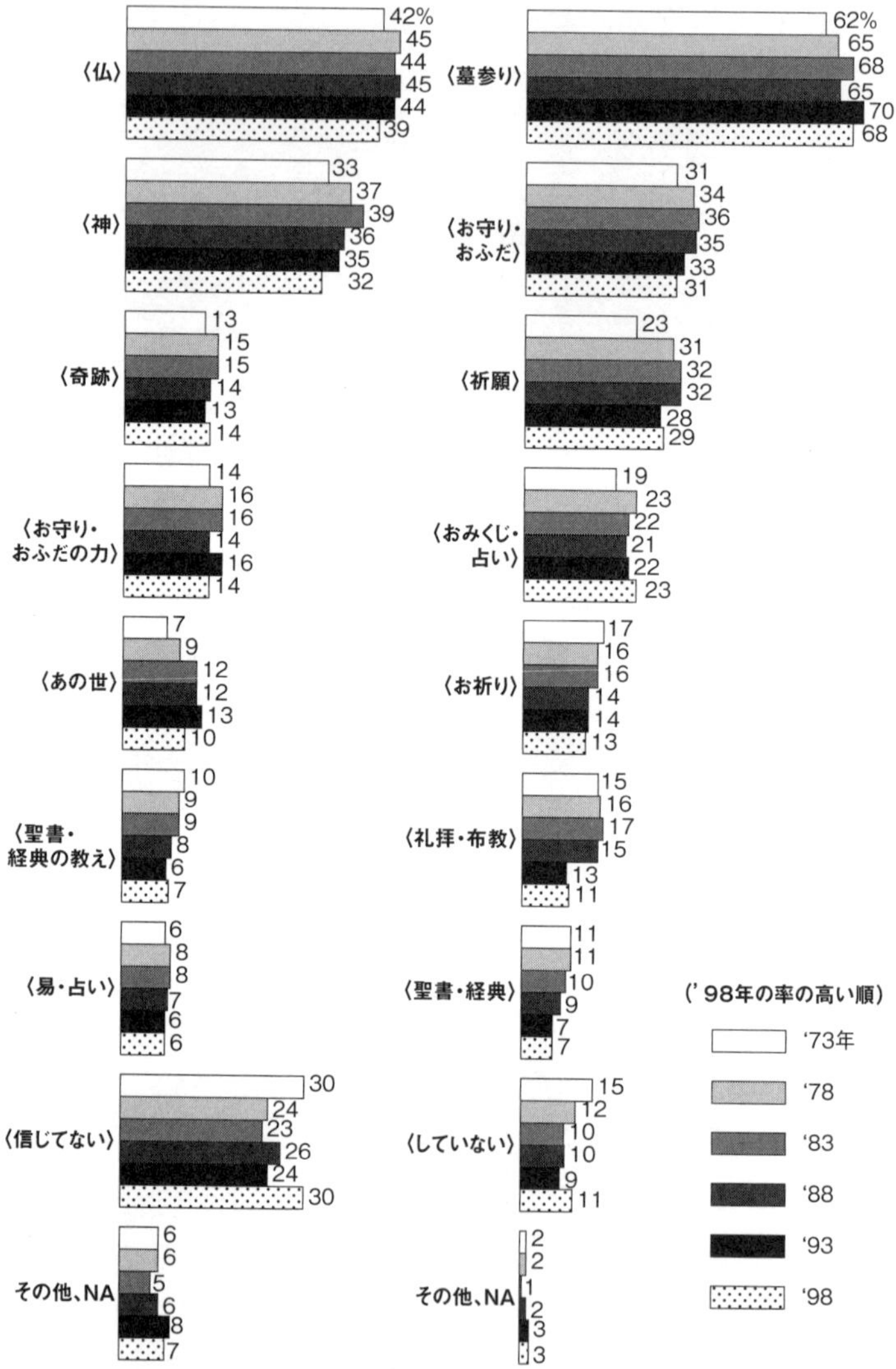

出所：NHK放送文化研究所編『現代日本人の意識構造［第五版］』（NHKブックス、2000年）、（左）131ページ、（右）138ページより転載

っている。

また、つねに僅差で仏が神をリードしている。神は神道のような汎神論の神々から、キリスト教やイスラム教の全知全能の唯一神までさまざまだろう。ということは宗教的な勢力図を描けば仏教が圧倒的に強くて、「仏教こそ日本の国民宗教」ということになるのだろうか。

右側のどんな宗教活動をしているかという質問にも「お墓参り」が安定して60％台から70％になっているので、そう考えたくなる。だが、これはおそらく日本人の精神的なあり方に仏教が果たしている役割の過大評価だ。まず日本では明治維新直後の廃仏毀釈《きしゃく》期以外は長い神仏共存時代があったので、仏を信じている人々のあいだで「神道の神々も信じている」という人が多いはずだ。

お墓参りも同様だ。世界各地に伝播《でんぱ》した仏教だが、日本以外で春分の日、秋分の日を中心とする数日間に特別な儀式をする宗派はなく、先祖のお墓参りをする習慣もないようだ。お彼岸の墓参り自体が太陽神信仰も重要な要素としている神道の影響を受けて、日本で独自の発展をしてきた仏教行事らしい。

結局のところ日本人が宗教を信じ、宗教活動をおこなう際にも、ほかのさまざまな生活場面と同じように何かひとつだけを重視して、ほかは排除するという心理にはなじめないのではないか。信仰はいいが、その信仰が整合性のある信仰体系にまで高められると、ものの見方に拘束衣を着せてしまう。

日本人ひとりひとりが、そこまで突き詰めて考えているわけではないだろう。だが日本国民全体の集合意識のようなものがあるとすれば、それは「体系化された信仰」に危険を嗅《か》ぎとっている。信仰もまた、折衷的で混沌《こんとん》としていたほうがいい。これは既成の価値観ががらがらと音を立てて崩れていく、今のような時代にはほんとうに大事な心構えだと思う。

第6章

経済の主導権を握るのは投資か、消費か？

恐怖キャンペーンにだまされるな

人類はこれまで何度も深刻な感染症と闘ってきた。たとえば226～227ページの年表で左側下から2行目をご覧いただきたい。

「1980～90年代には、エイズ感染者が世界で5000万人にのぼり、そのうちじつに1600万人が命を落とした」とWHOと国連の共同研究は発表している。

新型コロナウイルスは、エイズよりはるかに致死率の低い感染症だ。高齢で生活習慣病が重い人たちをしっかり守りながら、被害の少ない人たちのあいだで蔓延させれば、自然免疫の形成によって徐々に下火になることも明白だ。日本よりはるかに重症者、犠牲者の多いアメリカでさえ疾病予防管理センター（CDC）は、年齢層別で感染者の生存率を以下のとおりと発表している。

0～19歳99・997％。20～49歳99・98％。50～69歳99・5％。そして70歳以上94・6％。致死率が32％に達していたエイズ被害の深刻さと比べて、いかに被害の少ない感染症かはっきりわかる。

だが自分たちが儲けるために危機感をあおろうとする人は、歴然たる事実にもまったく動ずる気配はない。まず、べら棒に過大な致死率推計が派手に言いふらされた。その結果、都市全体のロックダウンとか、治験期間の短すぎるワクチン接種とかが正当化された。実際に感染率、致死率の数値を冷静に追っていれば、生活習慣病を持った高齢者以外ならコヴィッド-19は季節性インフルエンザよりずっと致死率が低い感染症だということは、はっきりしている。

残念ながら各国政府、WHOや大手製薬会社、IPCCや再生エネルギーに巨大投資をしている企業、大手マスメディアによって強烈に恐怖心を刷りこまれた先進諸国の大衆は「これが唯一の解決策」という信仰に引きずりこまれてしまった。私もアメリカの大衆がいかに信心深いかは熟知していたつもりなので、アメリカの反応は想定内だった。

だが、もう少しは理性的な判断力を発揮するだろうと思っていたヨーロッパ諸国がスウェーデンをほとんど唯一の例外に、軒並みアメリカと同じように恐怖宣伝に屈服していったのは予想外だった。感染者も犠牲者も非常に少ないオーストラリアやニュージーランドの政府が「コヴィッド-19患者がひとりも出なくなるまでロックダウンやワクチン接種を続ける」と息巻いているのは、予想外どころか正気の沙汰《さた》とは思えない状態だ。

スウェーデンではロックダウンも学校閉鎖もせず、マスク着用もワクチン接種も義務付けせず、ほとんど従来どおりの日常生活を保ってきた。そのスウェーデンでは、新型コロナの1日当たり感染者数は2020年12月初旬の人口1万人当たり7人弱でピークを打ち、2020年4月の2度目のピークでは4人強、同年8月末では1人未満とほぼ完全に終息している。

一方、パレスチナ人が平和に暮らしていた土地を軍事占領したまま居座り、正規軍兵士が平然と民間人を殺傷しつづけている軍事専制国家イスラエルではどうか。国民にマスク着用やワクチ

2001年	(米)ブッシュ新大統領、京都議定書に拘束されずと宣言 (米)ハイテクバブルの崩壊が始まる (米・中東)イスラム過激派が民間航空機乗っ取り自爆攻撃 (中央ア)米軍アフガニスタン内戦に介入 (中)中国WTOに加盟 (米)エネルギー商社エンロンが当時史上最大規模の破綻 (米)アフガニスタンでカルザイ政権を擁立
2003年	(米)大量殺戮兵器の存在を理由に米軍、イラクに侵攻
2006年	(米)11年ぶりの住宅価格低下で住宅ローン破綻激増
2007年	(米)住宅ローン専業企業の経営危機続発 (中)中国上海総合株価指数が大暴落
2008年	(米)ベア・スターンズは救済され、リーマン破綻 (米)大手9銀行が連邦政府からの救済資金を受け入れ (世界)金融危機日本・欧州にも波及 (日)積極投資をしていた大和生命が倒産
2009年	(英)イングランド銀行量的緩和に踏み切る (欧)ギリシャで国家ぐるみの粉飾決算が露呈
2010年	(欧)ギリシャ・アイルランドの国債価格が暴落
2011年	**(日)東日本大震災勃発** (米)フェイスブック、ネット広告業界の首位に (米)アフガニスタンからの撤兵開始 (欧)欧州中銀、イタリア・スペインの国債購入開始
2012年	(日)円全面高:1ドル77.66円、1ユーロ95.58円
2013年	(米)米特許法が先願主義に変わり、特許権訴訟激増
2014年	(中東)シリア・イラクでISISがイスラム国家の樹立を宣言 (アフリカ)WHOが「エボラ熱緊急事態」を宣言
2015年	(中)中国株暴落も2007年よりはるかに小幅 (仏)パリ同時多発テロで130人超が死亡
2016年	**(日)熊本地震:気象庁観測史上初の年間2回の震度7を記録** (英)国民投票でEU離脱を可決 (米)大統領選でトランプ勝利
2017年	(米)トランプ気候変動に関するパリ協定からの離脱を宣言
2019年	(中東)フーシ派イエメン軍サウジ製油施設爆撃に成功
2020年	(米)「深夜の逆転劇」でバイデン大統領選に勝利 (世)新型コロナウイルスコヴィッド-19流行
2021年	(米)アフガニスタンからの米軍撤退、惨めな失敗に

世界政治・経済・社会年表

1976～2021年

1976年	(中)第一次天安門事件、文革4人組支配への批判表面化 (中)毛沢東死去
1977年	(中)鄧小平復活
1979年	(米中)国交樹立 (中東)ホメイニ師帰国とともにイランイスラム革命勃発 (英)サッチャー政権誕生 (旧ソ連＝ロシア)アフガニスタン内戦介入
1980年	(中東)イラン・イラク戦争勃発(～88年) (米)レーガンが大統領選に勝利
1985年	(中)人口10億人突破と発表
1986年	(旧ソ連＝ロシア)チェルノブイリ原発事故
1988年	(旧ソ連＝ロシア)ゴルバチョフ最高幹部会議長に就任
1989年	(旧ソ連東欧圏)各地で暴動・革命・政権交代頻発 (中)第二次天安門事件勃発後開明派指導部が失脚 (日)大納会が史上最高値で取引を終え、翌年の暴落へ
1990年	(旧ソ連＝ロシア)ソ連解体が本格化 (独)東西ドイツの統一 (中東)イラク軍クウェートに侵攻し、一時同国を占領
1991年	(米)第一次湾岸戦争、多国籍軍を率いイラク攻撃を開始 (旧ソ連東欧圏)ワルシャワ条約機構中軍事機構解体
1992年	(スイス)長年の非同盟政策からIMF・世銀加盟に転換 (英)ヘッジファンドに対するポンド防衛作戦の完敗
1993年	(ロシア)エリツィン大統領が非常事態宣言 (欧)ECがEU(欧州連合)に改組 (世界)117ヵ国が全会一致でウルグアイ・ラウンドを可決
1995年	**(日)阪神淡路大震災勃発** (世界)GATTを継承拡大したWTOが発足
1996年	(中央ア)タリバン、アフガニスタン国土の約4分の3を掌握
1997年	(英中)イギリスが香港を中国に返還 (東南ア)タイバーツを始め東南アジア通貨危機続発 (英)北アイルランドをめぐる和平交渉開始 (世界)気候変動に関する京都議定書採択
1998年	(英)北アイルランド和平成立直後に最大規模のテロ勃発 (欧)欧州中央銀行設立 (ロシア)国債・通貨危機勃発
1999年	(世界)5000万人のエイズ感染者中、1600万人が死亡と報道
2000年	(米)大統領選開票で混乱の末、民主党ゴア候補が敗北宣言

出所：さまざまな資料より著者作成

ン接種を義務付け、ワクチンを2回接種した人の比率は85%を超えている。2020年9月の最初のピークが人口1万人当たり7人、2021年1月の2度目のピークが10人弱、同年8月末では11人を超えたが、ピークアウトした気配はまったくない。コヴィッド-19は疫病対策と称して人々の行動の自由を抑制すればするほど蔓延する感染症なのだ。

アメリカばかりかヨーロッパでも、先住民をほぼ駆逐して白人の国にしてしまった旧大英帝国領の国々でも、権威ある人々に「安心してこれを信じろ」と言われると信仰にすがりつく人々がこれほど多かったのかと痛感する。彼らは最初は「2回射てば98%の安全性が保証された免疫ができる」と言われて、そのとおりに従ったのだろう。だが、その後事態はどう展開しているのか。810万人のニューサウスウェールズ州民は、オーストラリア政府健康担当責任者ケリー・チャント博士から「コヴィッド-19は永遠に消えない。死ぬまで年に何回かワクチンを射ちつづける生活に慣れるしかない」と宣告されている。シドニー市民はワクチンを接種し、マスクを付けた状態でも「日常会話は慎むように」と命じられている。

とくに怖いのは、オーストラリアやニュージーランドのように被害が軽い国々の政治家や医療官僚が「コヴィッド-19は永遠に消えない。我々は一生ワクチンを射ちつづけ、公共の場に出るにはワクチン接種証明が必要だという日常生活に慣れなければいけない。これが新世界秩序だ」といった発言をしていることだ。他人の行動ばかりか考え方まで統制しようとする下心が見え透いていることに、気づいてもいないらしい。

人類は予防法も治療法もまったくわかっていないころから、感染症と共存してきた。あっさり消えていったものもあれば、しつこく付きまとっているものもある。

だが「新しく発生した感染症の犠牲者がほとんど出ないうちに、予防法や治療法を発見しよう」とか「完全に撲滅するまでは警戒を解くな」というのは、日常生活を続けていく上であまりにもコストが高すぎる非現実的な目標設定だ。

そういう非現実的な目標設定をして大手製薬資本の使いっ走りをする政治家や医療官僚、「知的エリート」がぞろぞろ出てきた。人類にとって、この連中の大量発生こそが今回のコロナ騒動における最大の被害ではないだろうか。

それにしても日本の知的エリートたちが崇拝してやまない欧米の知的エリートたちは、いつまでこの恐怖宣伝を続けるつもりだろうか。そして欧米の大衆は、いったいいつまで引きずり回されているのだろうか。治験によって安全性が確認されていないので、製造会社は薬害に関する免責を受けて出荷しているワクチンを射ちつづけることの副反応のほうがよっぽど怖いとわからないのだろうか。

そんなことはお構いなしに世界中の政府と、国連やWHOのような国際協調機関、もちろん製薬会社からたっぷり研究費をもらっている医学研究者たちが経済活動一般、とりわけ都市でのサービス産業に深刻な打撃を与える恐怖キャンペーンを続けている。そして、もっと被害の実態が漠然としている「地球温暖化」についても、懸命に危機感をあおっている。

先進諸国政府が目指す「二酸化炭素排出量ゼロ」政策の危険性

地球温暖化の元凶である二酸化炭素の排出量を削減する対策なるものが、コヴィッド-19対策のワクチン同様、ほんのわずかなプラスよりはるかに大きなマイナスをたらすものばかりなのだ。まず太陽光発電パネルにしても風力発電用の風車にしても、膨大なエネルギーを使って公害廃棄物の多い原材料から造られる。1基当たりの発電量が大型火力発電所とはくらべものにならないほど少ないので、莫大な費用とエネルギーを投入して大量の送電鉄塔や送配電のための電線網を造らなければならない。

電気自動車（EV）用のリチウムイオン電池にいたっては、クルマ1台に積みこまなければならないリチウムやコバルトなどの危ない物質の量があまりにも多いので、自重がすさまじく重くなる。だから、それでなくとも電車、地下鉄、自転車などに比べてエネルギー効率の悪い自動車をさらにエネルギー浪費型の輸送機関としてしまう。人間ひとりを運ぶのにガソリン車でも人間の体重の10～15倍の自重を一緒に運ばなければならないのだ。

これがEVになると、重いリチウムイオン電池を満載しなければ1回の充電で走れる距離がガソリン車より短すぎるので15～20倍になる。エネルギー量の5～7％は移動をしたい人間が移動するために使うが、残りの93～95％は自分では別にどこに行きたいとも思っていない自動車を運ぶために使っているのだ。

さらに処分がやっかいな公害誘発物質が多いだけではなく、ちょっとのショックでも爆発炎上する。最大の問題は電解質に有機溶剤を使っているので、高温の中ではほんのちょっとした振動などでも、陰極から陽極へのマイナスイオンの流れがショートして火花が散ることだ。

現在実用化されている車載用リチウムイオン電池は、ほとんど全部有機溶剤を使っていて円筒型、プリズム型、パウチ型の3種類に分かれる。それぞれに一長一短あるが、火花が散って爆発炎上しやすいという欠陥は共通だ。この欠陥をかなり改善すると考えられているのが電解質を固形にしたタイプで、爆発炎上の危険は大幅に下がると推定されている。

なぜ実用化できていないかと言えば、価格が高すぎるからだ。現状では同じキャパシティの固形電解質リチウムイオン電池のお値段は液体型の約8倍と言われている。世界中の自動車メーカーの中で固形リチウムイオン電池開発では先頭を切っているトヨタは、2020年代半ばにはなんとか実用化できるのではないかと予測している。

これは読者の皆さんにじっくり考えていただきたいポイントだ。「地球温暖化によって環境が破壊されるから今すぐガソリンエンジン車をEVに換えろ」と息巻いている人たちが想定している「地球破壊」は、どんなに早くても20年後か30年後の話だ。昔「5年後」とか「10年後」とか言っていた人たちは、誇大宣伝がバレて権威が失墜している。

1980～90年代にアメリカのグレイシャー国立公園を訪ねると、「あと10年でこの雄大な景色は眺められなくなります」という危機感丸出しの看板がかかっていた。いつしか10年が20年になり、今ではもう看板自体が撤去されている。

ＥＶ化推進論者たちは20〜30年後の被害の大きさもわからない温暖化を食い止めるために、ガソリンエンジン車より爆発炎上の危険が何十倍、何百倍と高いリチウムイオンＥＶに今すぐ切り替えろと主張しているわけだ。彼らはほんとうに環境のことを考え、さまざまな選択肢の利害得失を検討した上で自動車のＥＶ化を主張しているのだろうか。地球温暖化教の教祖様に教えられたことを、何の疑問も持たずに受け売りしているだけではないだろうか。

さらに「とにかく化石燃料を燃やすのは怖いので、あらゆる動力源を石油、石炭、天然ガスなどの火力発電に頼らないでつくった電気に変えろ」とも言っている。これもまた「再生可能エネルギー発電は善、化石燃料は悪」という信仰告白であって、科学的なものの見方とは無縁の発想だ。

「ガソリン車をＥＶに」の狂気

ガソリンエンジン車を全部ＥＶにするということは、世界中の道路網にかなりの密度で分散配置されているガソリンスタンドをすべて充電所に切り替えることを意味する。こういう主張をする人は、いったいいくらぐらいカネをかければ実現できる目標なのか考えてみたことがあるのだろうか。

ボストン・コンサルティング・グループの試算によれば、EVの自動車市場占有率が10～20％になった時点で電力会社の送電線網拡充だけで1台当たり1630～5380ドルが必要とされる。現在、地球上に存在する自動車の総数は約76億台と言われている。そのうちでEVの数が幸いにも想定普及率の下限に近い8億台にとどまってくれたとしても、送電線網拡充だけで1兆3000億～4兆3000億ドルが必要になるのだ。

道路沿いのガソリンスタンドを全部充電所に入れ替えるなどということになったら、いったいどれほど費用がかかるか想像もつかない。

そもそもさまざまな動力源を使ってやっていた仕事をたったひとつの動力源に頼るのは、分散しているリスクを集中させてしまう拙劣なエネルギー政策だ。ましてや他のエネルギー源を削って電力に一本化するというのは、あまりにも費用対効果が悪い。

世界の主要国がエネルギー需要のどの程度を電力に頼っているかご存じだろうか。ほとんどありとあらゆる機械が電力で動いている印象があるので、50％以上は電力としてエネルギーを使っているのではないかという気がする。実際にはまだ製造業依存度の高いロシア、インド、ドイツが10％台、ほとんどの先進国と中国が20％台前半で、イタリアの30％と日本の28％だけが突出して高い。

なぜ世界全体ではこんなに低いかと言えば、電力は石油、石炭、天然ガス、水力、原子力などの一次エネルギー源から電力に変換するときにも変電や送電をするときにもロスが出て、割高なエネルギー源だからだ。平均的に見れば、一次エネルギー源が発する熱量の3割強ぐらいしか最終消費者のところに届かない。

現状で世界一変換効率が高いのはガス複合（コンバインド）発電だ。天然ガスを燃やして電気をつくりながら、その廃熱で水蒸気を発生させ、その水蒸気でもタービンを回して発電する仕組みだ。しかし、これでも一次エネルギーの約3分の1は発電中の廃熱として失われてしまう。

こう説明すると「太陽光や風はタダだから変換効率が悪くても割安なはずだ」とお考えの方もいるだろう。だが電力をつくるのに必要なのは一次エネルギー源だけではない。一次エネルギー源を電力に変換し、電圧を上げて送電中のエネルギーロスを少なくし、確実に早く送り届けるためには発電所・変電所・送配電線網を構築する必要があり、稼働期間を通じてこれらの施設の減価償却費がかかるのだ。

しかも電力はいったんつくったらどんどん使ってしまったほうが得だ。貯蔵しておく時間が長いほど散逸してしまう。そのために電池があるじゃないかと思うが、じつはどんな電池だろうと電力を貯め始めた直後から少しずつ散逸していく。身近な乾電池では使わずに放っておいたら、いつの間にかまったく電力がなくなっていたことがよくある。

携帯やポータブルPCなどの蓄電池はもう少し性能が良くなっている。だが、まったく使わずに放っておいても徐々に電力が目減りするのは同じことだし、長年充電をくり返していると目減りのペースはどんどん早くなる。

一方、石油、石炭、天然ガスは、それぞれタンク、バケツ、ボンベに入れておいて実際にエネルギーが必要なときに燃やせばいいので、ほとんど保存中のロスを考える必要がない。まったくと言っていいほど目減りしないかたちで貯蔵しておけて、必要なときにエネルギー源として利用することができる。「貯蔵性」の良さで化石エネルギー源に代わるものは存在しない（核燃料は、貯蔵中の安全維持コストがはるかに高い）。

さらに電気と自動車の相性はあらゆるエネルギーのあらゆる利用法の中で、最悪と言っていいほど悪い。まず電力は最終消費までのロスが大きいので、なるべく単純な力仕事には使いたくない。音を出すとか、さまざまな色の光を放つとか、たんにエネルギーを燃やしただけではできないことをやらせなければ、割高になる。

ところが自動車は、単純な力仕事の中でもとりわけ愚鈍な力仕事をさせられている。目的地があって移動する人間ひとりを運ぶのに、その10〜20倍の重さの自動車全体を移動させるエネルギーを使うからだ。どうしても自動車を電化したければ、送電時や充電時のロスがいちばん少なくて済むのは、送電線網に直接つながっているコンセントにプラグを差しこんで使うことだ。だが自動車という自動車が、自宅から延々と長い延長コードを引きずりながら道を走ることはできない。

電力は頼りすぎては危険なエネルギー源

さらに大きな問題となるのが、自動車の大部分がEVになった場合にほぼ確実に発生するハッキング被害だ。化石燃料・エネルギー関連の情報サイト『オイル・プライス』が、なかなかおもしろい角度からこの問題にアプローチした論考を2021年9月7日付で載せている。日本とはかなり違う社会的背景を補足しながら、大意を訳出してみよう。

充電所での決済の大部分が、インターネットでつないだクレジットカードでおこなわれるだろう。そこまでは、現在のセルフサービスガソリンスタンドでも似たようなものだ。

だが、ガソリンスタンドでのクレジットカード情報盗難被害はほとんど出ていないのに、充電所ではもっと大物を釣りあげようとするハッキング被害が間違いなく出てくる。ガソリンスタンドでランダムに抜き取ったクレジットカード情報で、大金を稼ぐことなどできないだろう。

ポンプはもちろん電動だが、ふつうにプラグをコンセントに差しこんですぐ下のタンクから汲み上げている。インターネットはからまないので、客のクレジットカードまで侵入したハッカーでも、そこから先の業務内容に手出しをすることはできない。

しかし充電所の業務ソフトにはおそらく侵入できる。1台当たりの電力量が大きい上に、時間帯によって混み合ったり閑散としたりの差が激しい。地域全体でかなり綿密な短期の需給予測を出し合いながら調整するはずだ。その情報伝達はクレジットカード決済同様、インターネットに頼ることになる。

そこにハッカーが侵入したら、どうなるか。大都市圏全体の充電用開閉スイッチを握って何百台とか何千台分の開閉を同期させることもできるかもしれない。これをやられたら、そうとうキャパシティに余裕をもって構築した送電線網でも、需要の急増に対応できずに広域停電になる。地域経済への影響は深刻だろう。

ある日突然、充電所網経営企業に身代金請求が舞いこむ。「我々は御社○○地区の充電スイッチを押さえた。△日△時までに指定の口座に追跡不能の暗号通貨で××億ドル振り込まなければ、充電スイッチをいっせいに開く」という内容だ。いったいどう対応するのだろうか。

それ以前に道路沿いに点々と存在する充電所網の需給調節をインターネット経由でやること自体が、あまりにも無防備ではないだろうか。道路沿いのガソリンスタンドや天然ガススタンドに多少余裕を見たガソリン、天然ガスの現物を配っておけば、かんたんに避けることのできるリスクなのだから。EV推進派は、本気でこんなに無防備なシステムを実現しようとしているのだろうか。

もうひとつ、興味深い事実がある。石油・エネルギー総合情報サイトとしては、「化石燃料全廃・再生可能エネルギーのみ」というバイデン政権やIPCCやパリ協定調印国の大風呂敷を真剣に受け止めている。「ひょっとすると飯の食い上げ?」くらいの必死さで再生可能エネルギーやE

Vの弱点を探っているのも、この危機感の現れだろう。

石油大手《オイルメジャー》はどうか。泰然自若としている。どうせ再生可能エネルギーなどまったく実用性がないんだから、本気でそんなもので莫大な電力需要をまかなおうとしたら大失敗する。そのあとで「やっぱりあなた方に頼るしかない」と泣きついてくるに決まっている。そうしたら、どうせだぶついている原油を思いっきり吹っ掛けて売りつけてやろうと手ぐすね引いて待っているのだ。

かなりはっきりした状況証拠もある。「地球温暖化はフェイクニュース、パリ協定離脱」を掲げていたトランプ政権下で原油価格とエネルギー大手の株価は下げつづけていた。2020年11月にバイデンが当選してからは、原油もエネルギー株も一本調子に上がっている。金融市場も「再生可能エネルギーは化石燃料の脅威ではない」と確信しているようだ。

巨大資本が「損得勘定」抜きで恐怖をあおる理由は何か

世界中の政治家、高級官僚、有力産業の寡占企業経営者や大手金融機関は、だいたい頭のいい人たちで構成されている。なぜ彼らはこんなに盛大なむだ遣いとリスク拡大をしろとあおり立てているのだろうか。

結局、これは損得勘定の問題ではなく、権力の問題なのだ。重厚長大製造業華やかなりしころには有力産業で大きなシェアを占める寡占企業の設備投資動向が、経済全体の浮沈のカギを握っていた。だが個人向けサービスが経済をリードしている今では、設備投資動向が経済に及ぼす影響力はずっと小さくなっている。

サービス主導の現代経済では大規模製造業の寡占企業でも、莫大な資金を調達して設備投資や研究開発投資をすれば、大きな収益を得られそうなプロジェクトが極端に減少している。そういう企業が資金調達をするために存在する大手金融機関の業績も、パッとしなくなって当然なのだ。

１９８９年末をピークに株と不動産のバブルが崩壊してからの日本経済は、製造業大手各社の株価も金融業界も鳴かず飛ばずになった。これが世界中の先進国でいちばんすなおに経済実態を反映した製造業と金融業界の姿なのだ。

代わりにだれが経済全体の浮沈を左右するようになるかというと、サービス業に従事する数多くの中小零細企業と消費者一般だ。そんな世の中になったら、寡占企業の経営者たちと金融機関にはほとんどおいしい思いをするチャンスがなくなる。

だが自分たちの投資判断ひとつで経済全体の動向を決められる状態が続けば、「地球温暖化を阻止するために再生エネルギーを使いましょう」というキャンペーンや、大都市圏経済活動のロックダウン自体では大損をしても、あとでいくらでも取り返すチャンスはある。

この一握りの人間たちが社会全体に及ぼす影響力は、立派に権力と言えるだろう。経済権力さえ自分たちの手に握りしめたままでいることができれば、個別のキャンペーンごとの収支尻など合わなくてもいいのだ。

しかし一握りの寡占企業と大手金融機関の設備投資や研究開発投資の判断が、国民経済、世界経済の動向を左右するという特権を手放してしまえば、あとから取り返すチャンスはほとんどない。手放した特権はほかの一握りのグループの手に渡るわけではなく、無数の消費者と非常に多くの中小零細企業のやり取りで価格と数量が決まる市場に吸収されてしまうからだ。

だから稼働率が10〜20％の発電装置の採用を積極的に呼びかけて、エネルギー分野で膨大な過剰投資・重複投資をさせようとする。またコロナ騒動に便乗してロックダウンのような荒っぽい手を使ってでも、都市型消費には欠かせない中小零細サービス事業者を根こそぎ潰してしまおうとする。

狙いはただひとつ。一握りの寡占企業と大手金融機関の経営者たちの設備投資動向が国全体、それどころか世界全体の景気を左右する状態を維持することだ。

問題の核心が権力にあるからこそ、彼らは「地球温暖化」や「新型コロナ」については、個別プロジェクトごとの収支を無視していられるのだ。

底流には経済のサービス化を押しとどめようとする焦り

そこから「ネット通販さえあれば、店で買いものをする必要はない」とか「ズーム会議さえできれば、オフィスに出勤する必要はない」とかの主張が出てくる。あげ句の果ては「そもそも人間が密集すること自体がリスクなのだから、なるべく都会には出かけずに、うちの中にこもって在宅勤務をするようにしよう」などと言い出す人まで登場した。

どこの国でも在宅勤務のやりやすさは、勤労者の教育水準・所得水準と密接に相関している。教育水準や所得水準の高い人たちは在宅勤務がしやすく、低い人たちはしにくい。「在宅勤務だけでいい」といった主張を平然とする人たちは、自分が所得格差や教育格差をますます広げようと言っているのだとわかっているのだろうか。

さらに勤労者が都会に集まらなくなることは、大都市に立地しているからこそやっていける少数派志向の店舗、レストラン、娯楽施設などに甚大な被害を及ぼす。「そのためにネット通販があるじゃないか」という人は、個人消費向けサービスの実態をほとんどわかっていない。

ネット通販で代替が効くのは、あまり鮮度にも品質にもこだわらなくてもいい工業製品の販売ぐらいのものだろう。それだって自分の眼で実物を見て、手触りまで確かめて買える実売店で買ったものと同程度の満足が得られるはずがない。アメリカでネット通販があれだけ普及しているのは、そもそも寡占化のメリットがほとんどない小売業で強引に寡占化した大手業者の運営する実売店舗があまりにもお粗末だったからだ。

ネット通販が本格的に伸びはじめる前、アメリカの小売業界で「カテゴリー・キラー」と呼ばれる一連の企業がもてはやされた。靴のペイレスとか、おもちゃのトイザらスとか派手な出店攻勢と出店直後の安売りで地域内の同業者を駆逐してからは、品質は粗悪で値段も安くないものを売りつけて収益を上げる業態だった。

ネット通販が拡大すると、こうしたカテゴリー・キラーが続々潰れていった。ネット通販側に魅力があったというより、カテゴリー・キラーがあまりにも消費者をなめた経営をしていたというだけのことだ。まず実際にアメリカの個人消費に占めるサービスと製商品の比率は、コロナ前とコロナ後でどう変わってきたのかを確認することから始めよう。

アメリカの個人消費に占めるサービス業の比率はどう変わったか

2020年年初、まだ新型コロナの影響がまったく出ていなかったとき、アメリカの個人消費総額約13兆4000億ドル（年率換算、以下同じ）のうち約8兆6000億ドルがサービスで、約3兆ドルが日用消費財、約1兆8000億ドルが耐久消費財だった。

コロナ禍第一波の頂点と言うべき同年3月には、総額10兆8500億ドルに落ちこんだ中でサービスは6兆8000億ドルまで激減したが、日用消費財は2兆7500億ドル、耐久消費財は1兆4000億ドルと日用消費財の下落幅が小さかった。

ロックダウンは続いていても「巣ごもり」消費は活性化した2021年年初には、総額は13兆1000億ドルと、コロナ前の水準に迫っていた。だがサービスは7兆8500億ドルと落ちこんだままなのに日用消費財は3兆1500億ドル、耐久消費財は2兆1000億ドルとコロナ前

レストラン・バー月次売上高（季節調整済み）推移
2004〜2021年

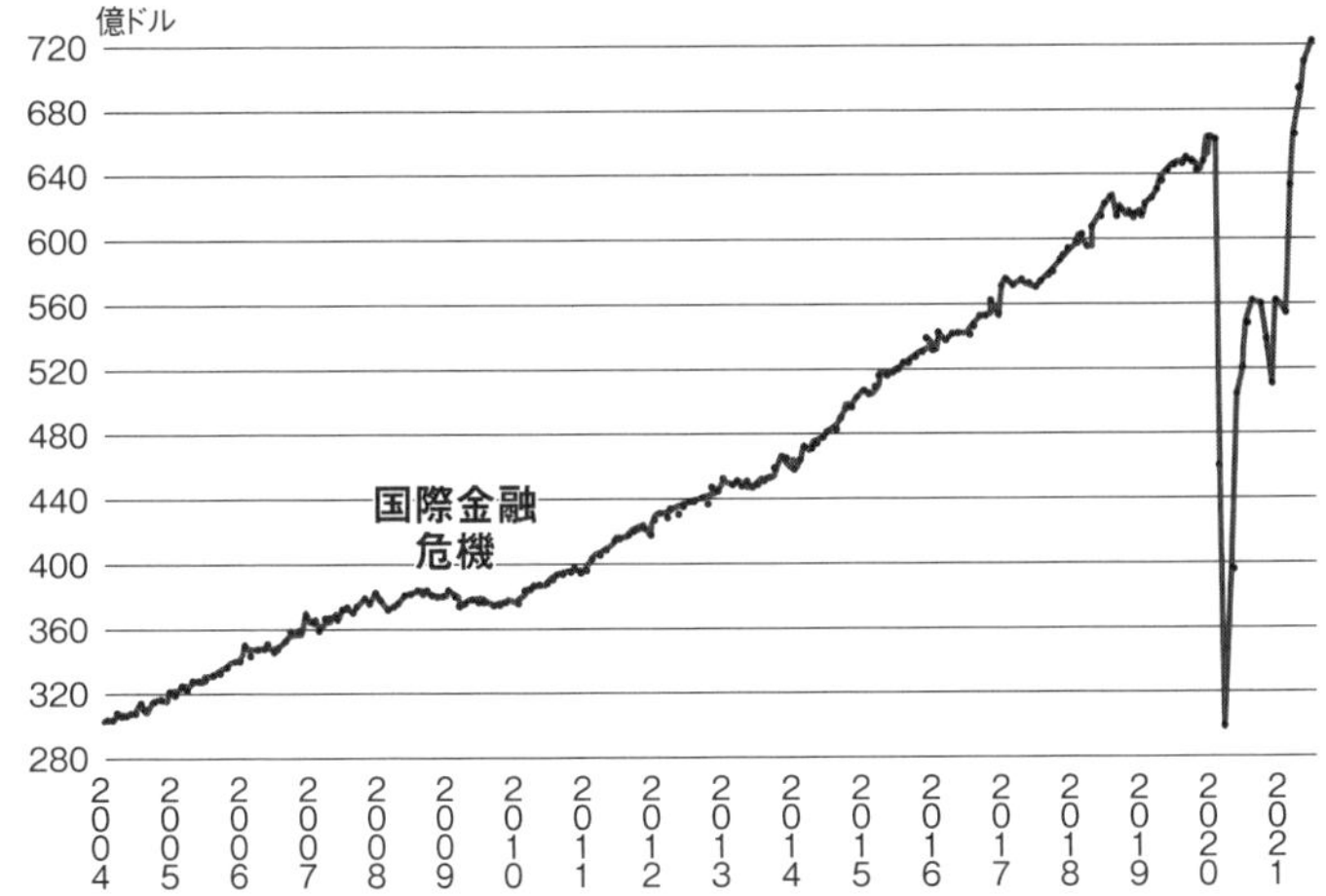

原資料：米連邦商務省国勢調査局データをWolf Streetが作図
出所：ウェブサイト『Wolf Street』、2021年8月17日のエントリーより引用

無店舗小売店月次売上高（季節調整済み）推移
2004〜2021年

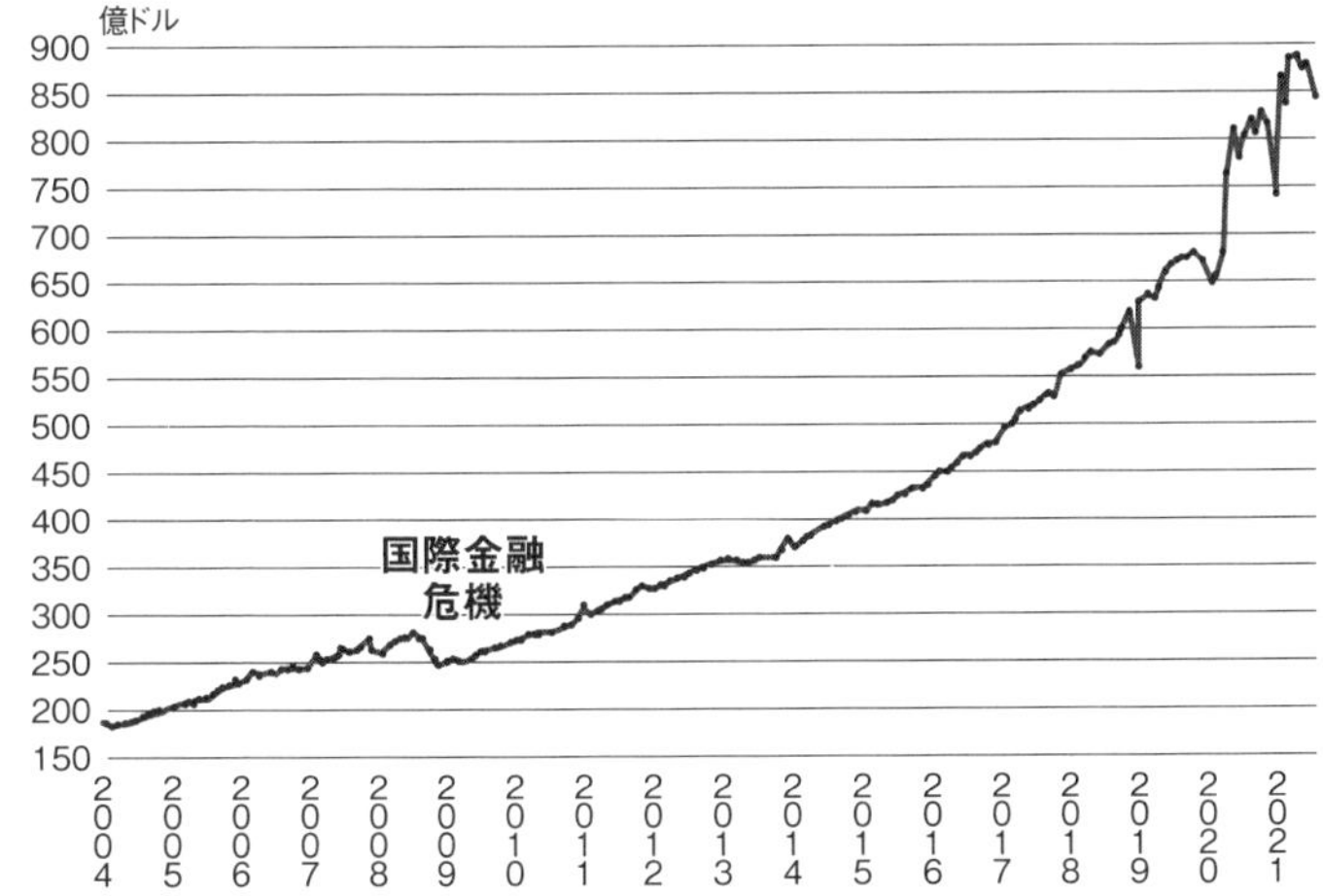

原資料：米連邦商務省国勢調査局データをWolf Streetが作図
出所：ウェブサイト『Wolf Street』、2021年8月17日のエントリーより引用

を抜いた。

とくに耐久消費財は大幅に伸びていた。寡占企業と金融機関の思惑どおり、中小零細中心のサービスから、大企業中心の耐久消費財へと収益の移転が進んでいたわけだ。

この状態は、ワクチン接種が進む一方でデルタ株に対する恐怖キャンペーンは本格化していなかった2021年初夏にだいぶ改善してきた。何よりもサービス業各分野の中でも壊滅的な打撃を受けていたレストラン・バーがやっとコロナ前水準を抜く一方で、成長率が加速していたネット通販（無店舗販売）の売上がやや減少に転じたのだ。

デルタ株の恐怖キャンペーンが本格化し、ワクチン接種証明を持たない人間は公共の場所やレストラン・店舗にも入れないようにしようといった規制強化策があちこちの国や自治体から出てきたのも、このころのことだ。おそらく中小零細中心のサービス業がしぶとく健闘していたので、寡占企業が存在しなかったり、寡占企業の価格支配力が弱かったりする市場は潰すという方針を一段と強化しているのだろう。

これだけ消費行動がサービス主体になっているのだから、本気でそんなことをしたらアメリカ経済全体を収縮させるに違いない。だが一握りの寡占企業と金融機関は、1990年代以降かれこれ30年、アメリカ経済のみならず世界経済全体の動向を自分たちの投資判断で動かしてきた。

今では自分たちの思いどおりに動かせないアメリカ経済が成長するよりは、自分たちが経済権力を握ったままアメリカ経済が縮小したほうがいいと思っているのではないだろうか。

アメリカ経済は都市から衰弱する

当面の危機は乗り越えたが、アメリカ経済が都市圏から衰弱していく兆候は明らかだ。所得が高いグループが大都市圏を脱出して、郊外や地方の小都市に引っ越している。また公共交通機関は間引き運転では対応することができないほど、乗客数が激減したままなのだ。

地方での自動車走行距離は2018年水準を超えたが、都市圏ではまだ少しへこんでいる。アメリカは今も着実に人口増加が続いているのに、3年前の水準に達していない。これは人口1人当たりベースではかなり落ちこんでいることを意味する。

サンフランシスコ湾岸高速交通にいたっては、いまだにコロナ前ピークの4分の1にも到達していない。アメリカの公共交通網で黒字経営をしているところはひとつもなく、赤字は覚悟の上で経営している。

とはいえ、これほど乗客数が落ちこんではいつまで運行を続けられるか、危機的な情況だろう。15分に1本のダイヤを1時間に1本にしたのでは、利便性が悪化しすぎる。全面運行停止とか廃線とかになれば、かろうじて公共交通で通勤できていた貧困層への打撃は大きい。

大都市圏の消費者は金持ちは金持ちなりに、貧困層は貧困層なりに、巨大寡占資本の提供する画一的な製品・サービス群では取りこみにくい需要を持っていた。それを地方に分散させてしま

2018年の同月と比較した自動車走行距離数増減率
2019年1月～2021年6月

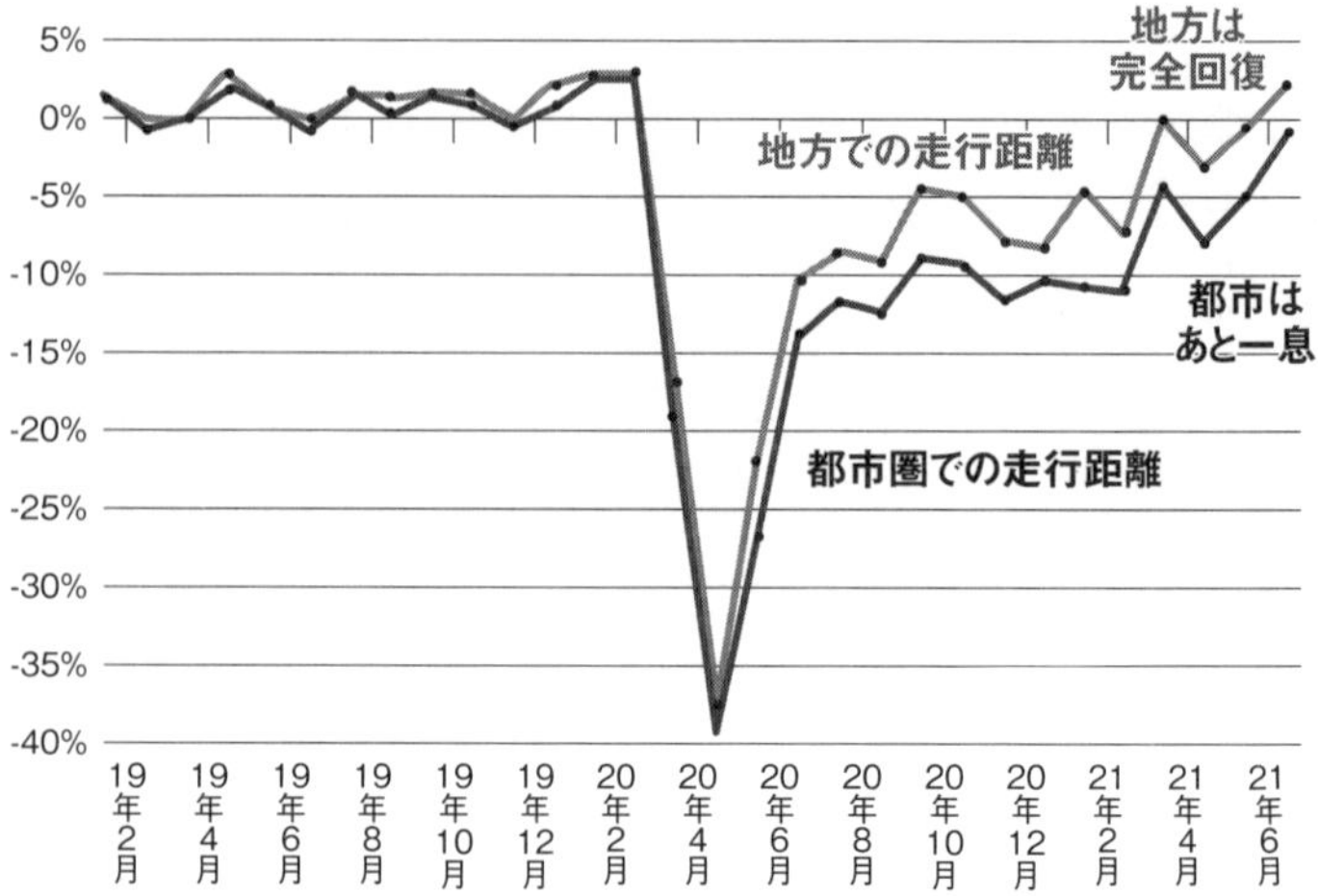

原資料：米連邦高速道路局データをWolf Streetが作図
出所：ウェブサイト『Wolf Street』、2021年8月13日のエントリーより引用

サンフランシスコ湾岸高速交通月間乗客数推移
2019年1月～2021年7月

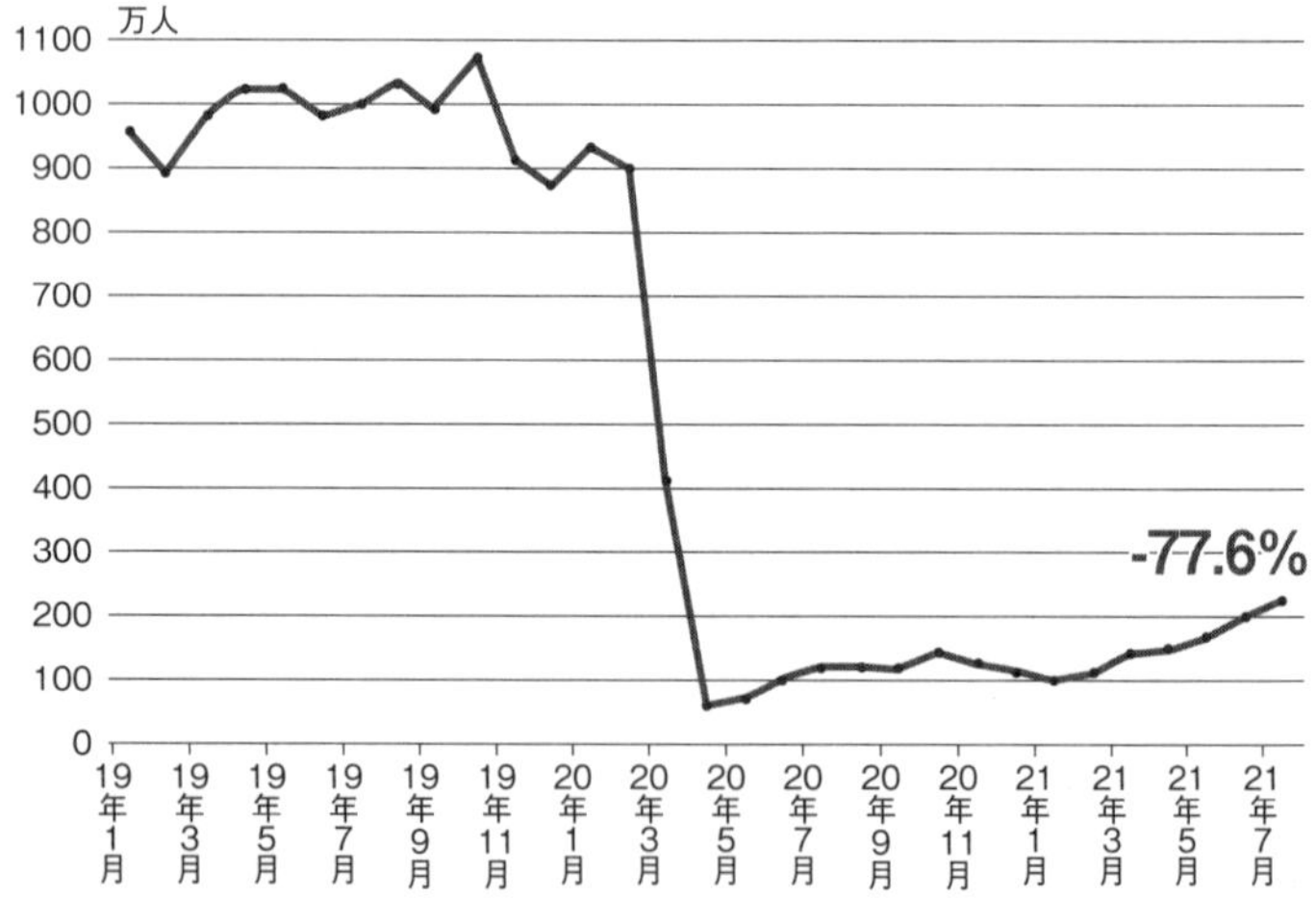

原資料：Bay Area Rapid TransitデータをWolf Streetが作図
出所：ウェブサイト『Wolf Street』、2021年8月13日のエントリーより引用

米10大オフィス市場の週次占有率*推移

（コロナ前を100%とするパーセンテージ表示）2020年2月～2021年7月

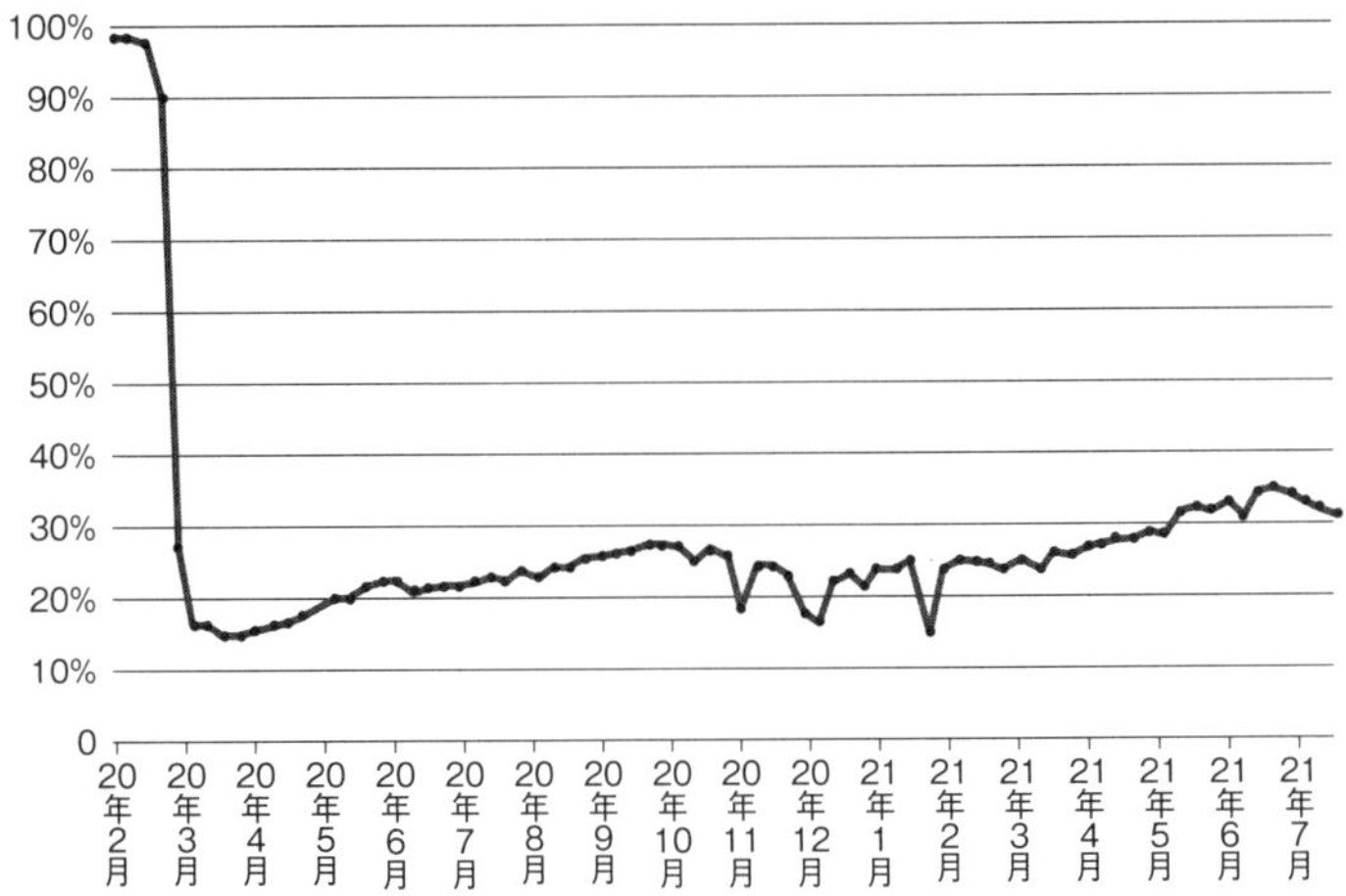

＊）実際にオフィスに通ってきた人のフル稼働時の人数に対する比率。
原資料：キャッスル・システムズのデータをウォルフ・ストリートが作図
出所：ウェブサイト『Wolf Street』、2021年8月24日のエントリーより引用

えば、どうせ選択肢は狭まるのだから取りこみやすくなるだろうと思っているのかもしれない。

従来であれば、こうした大都市切り捨て型の発想に対する歯止めとなっていたのは大企業のオフィスワーカーたちの存在だった。大企業の本社はなるべく多様な交通網の結節点になる場所にあり、基準階面積の広いビルのなるべく少ない階数の中に集中させ、さまざまな部署の人間が必要に応じてフェイス・トゥー・フェイスのやりとりで問題を解決することが大事だとされてきた。大企業本社が大都市に人員を集中させているかぎり、そこからの個人消費も大きな比重を占めつづける。

いま、この前提自体に疑問が出ている。大企業が本社の規模を縮小したり、移転したりといったケースはあまり多くないが、本社勤務の人間が実際に本社に出勤する比率はコロナ騒動以

降激減したままなのだ。

このグラフに関してはご注意いただきたいことがふたつある。ひとつ目は、これがふつうの入居率を調べた数字ではなく、実際にオフィスに通って仕事をしている人たちの人数が満杯状態に比べてどの程度下がっているかを「占有率」として調べた数字だ。したがって入居率よりはるかに低くなっている。

たとえばアメリカのオフィス仲介大手ジョーンズ・ラング・ラサール（JLL）によれば、2021年第2四半期（4〜6月）でニューヨークの入居率は89・8％、サンフランシスコの入居率は88・2％となっていた。一見したところ、もう完全回復間近と思える数字だ。だが占有率で見れば、実際にオフィスに通ってくる勤労者たちはいまだにコロナ直前に比べてわずか30％台にとどまっているわけだ。

ふたつ目の注意点は、これが占有率自体の数値ではなく、コロナ前（2020年3月初め）の占有率を100として、それに対するパーセンテージで表示したグラフだということだ。そして都市圏ごとにコロナ前の水準はかなり違っていた。

ニューヨークやサンフランシスコのようにほぼ一貫して90％台後半を維持してきたマーケットもあれば、ヒューストンやダラスのようにどんなに景気が良くても、せいぜい80％台後半にとどまるマーケットもある。当然のことながら、同じように実質占有率が約30％に低下したとしても、それぞれの都市圏でピーク比の数値はかなり違ってくる。

事業継続中の企業は実際にオフィスで仕事をしている従業員の人数が激減したからと言って、急に賃料の値切り交渉をしたり、契約面積の縮小をしたりしないだろう。突然そんなことをすれば、「経営危機か」などと痛くない腹を探られる。だから現在オフィス市況がいかに深刻な危機に瀕《ひん》しているかは、通常の入居率を見ていただけではわからない。

いったいどうやって、毎週特定のオフィスビルに入居している企業の勤労者たちがオフィスに出てきているか、いないかを調べるのだろうとご不審の向きもあるかもしれない。原資料として名前が出ているキャッスル・システムズは、オフィス仲介業者ではない。オフィスの警備保障・出入管理で全米最大級の企業なのだ。

そして、このグラフが示す占有率とは、この会社が自社で管理しているオフィスビル1棟1棟から入居している企業の従業員が毎日何人入館証を使ったかを集計して出している数字なのだ。占有率ベースで見ると、オフィス市場の先行きはそうとう暗そうだ。

2021年の春先には一時楽観的なムードが漂っていて、占有率も35%程度まで回復していた。ところが、もともとのコヴィッド-19よりやや若年層での感染率が高いデルタという株が出現してからまた占有率が下がり、直近ではかろうじて30%台を維持するにとどまっている。

もうひとつ気がかりなことがある。このトップ10大市場の平均値だけではなく、それぞれの市場ごとに見ていくと、コロナ前に人気の高かった市場ほど回復が遅れているという事実だ。サンフランシスコ、サンノゼ、ニューヨーク等の従来高水準が当たり前と見られていた都市圏で落ちこみが激しい。

ヒューストン、ダラス、オースティンのテキサス3市場では「デルタ恐怖」前には占有率がピーク比で約50%に回復していた。その後やや下がったとはいえ、直近でも45%前後を維持している。

それにくらべてシリコンバレー中心地であるサンノゼ、用途規制がきびしいので慢性的なオフィス床不足と言われていたサンフランシスコ、そしてニューヨーク市場の沈滞ぶりは極端だ。この3都市圏ともピーク比占有率で見て20%前後にとどまっている。

問題はこれがコロナ禍による一過性の低迷なのか、それとも主要な企業テナントが大多数の従業員が在宅勤務になってもやっていけるという長期的判断を下したのかだ。アメリカの大企業経営者たちの中にも「ズーム会議ができれば、在宅勤務で支障なし」との考えが支配的になっているようだ。

とくにニューヨークとかサンフランシスコとかシリコンバレーのように、なんでも新しいものに飛びつきたがる「ファッショナブル」な経営者の多い都市圏で、その傾向が強い。

真剣にオフィスワークをした経験のある人ならだれでも感ずるだろうが、オフィスワークでマニュアルどおりにやっていればうまくいくことなどほとんどない。営業とか企画とかは当然、先輩たちが積み重ねてきた実績を継承した上で、さらに何かを付け足す必要がある。

比較的形式的に整った業務の多い経理・税務などでも似たようなものだろう。今、アメリカのオフィスワークの世界で、その暗黙知をいかに継承するかについて赤信号が点《とも》っている。だが、それもまた、何がなんでも自分たちが判断する投資行動次第で世界経済の方向性が決まるという経済権力を手放したくない寡占企業や大手金融機関にとって枝葉末節なのかもしれない。

それでも経済に占める投資の役割は低下する

有力産業の巨大寡占企業や大手金融機関がどうあがこうと、消費がサービス主導になるにつれて、経済全体に占める投資の比重が低下する傾向は変わらない。同じ生産高をあげるのに必要な投資額が、サービス業では製造業よりずっと低いからだ。まず、どんなに耐久財の受注額が下がってきたかから見ていこう。

景気のピーク同士で比べると、1999年の実質（つまりインフレの影響を除去した）ベースで3400億ドルだったものが、直近2018年のピークでは2800億ドルに下がっている。谷同士では、2002年の2500億ドル弱から2020年の1700億ドルまで落ちこんでしまった。

企業経営者たちは、これが積極投資によるキャパシティ拡大や新製品投入で解決する問題だとは見ていない。

2020年第3四半期には、「設備拡充は不要」という選択肢は2、3位の「手元流動性確保」

アメリカの耐久財実質受注総額
1990～2020年

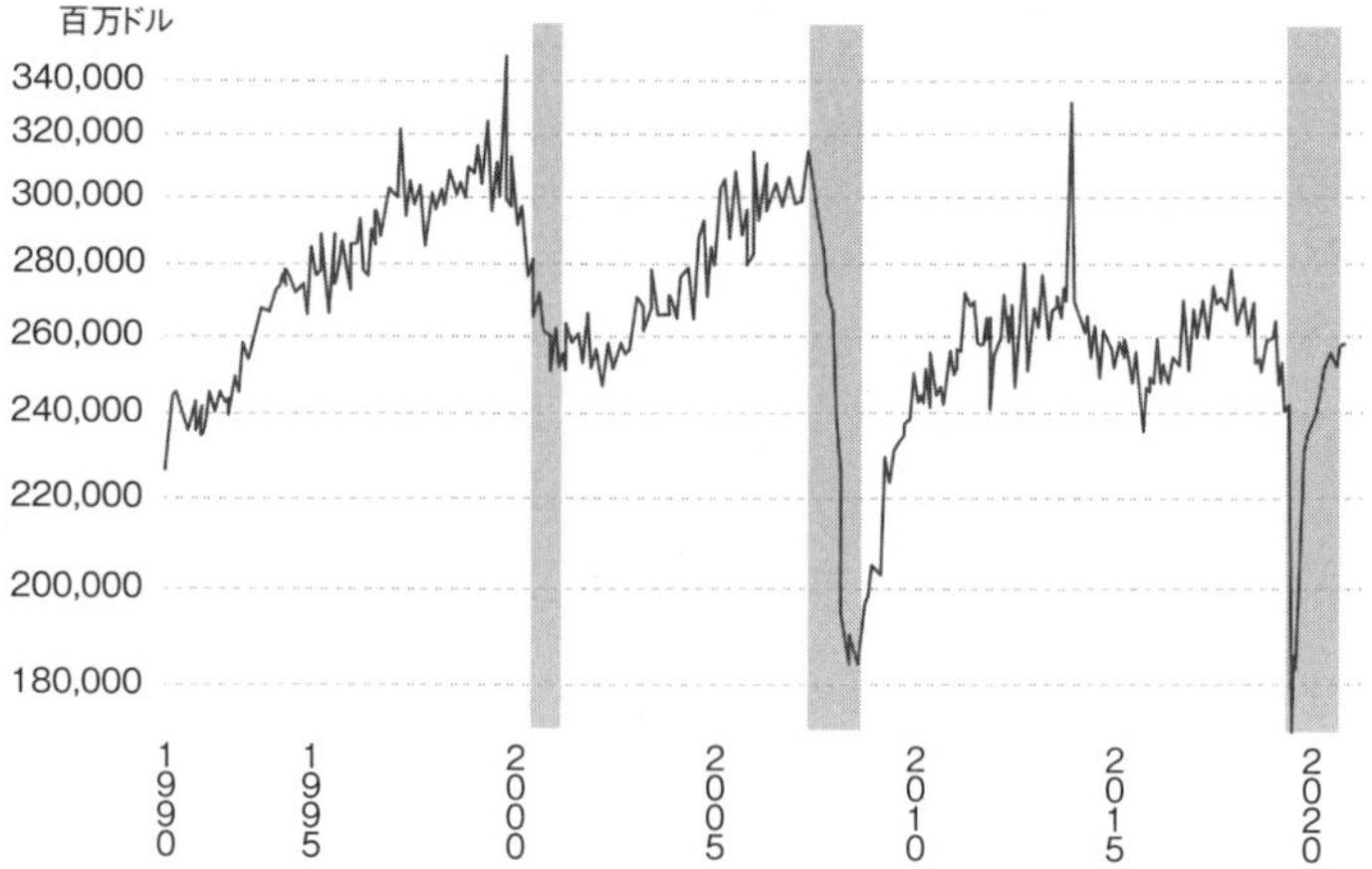

出所：ウェブサイト『Kelsey Williams Gold』、2021年8月11日のエントリーより引用

最高財務責任者に聞く「なぜ設備投資をしないのか」
2020年第3四半期対2021年第1四半期

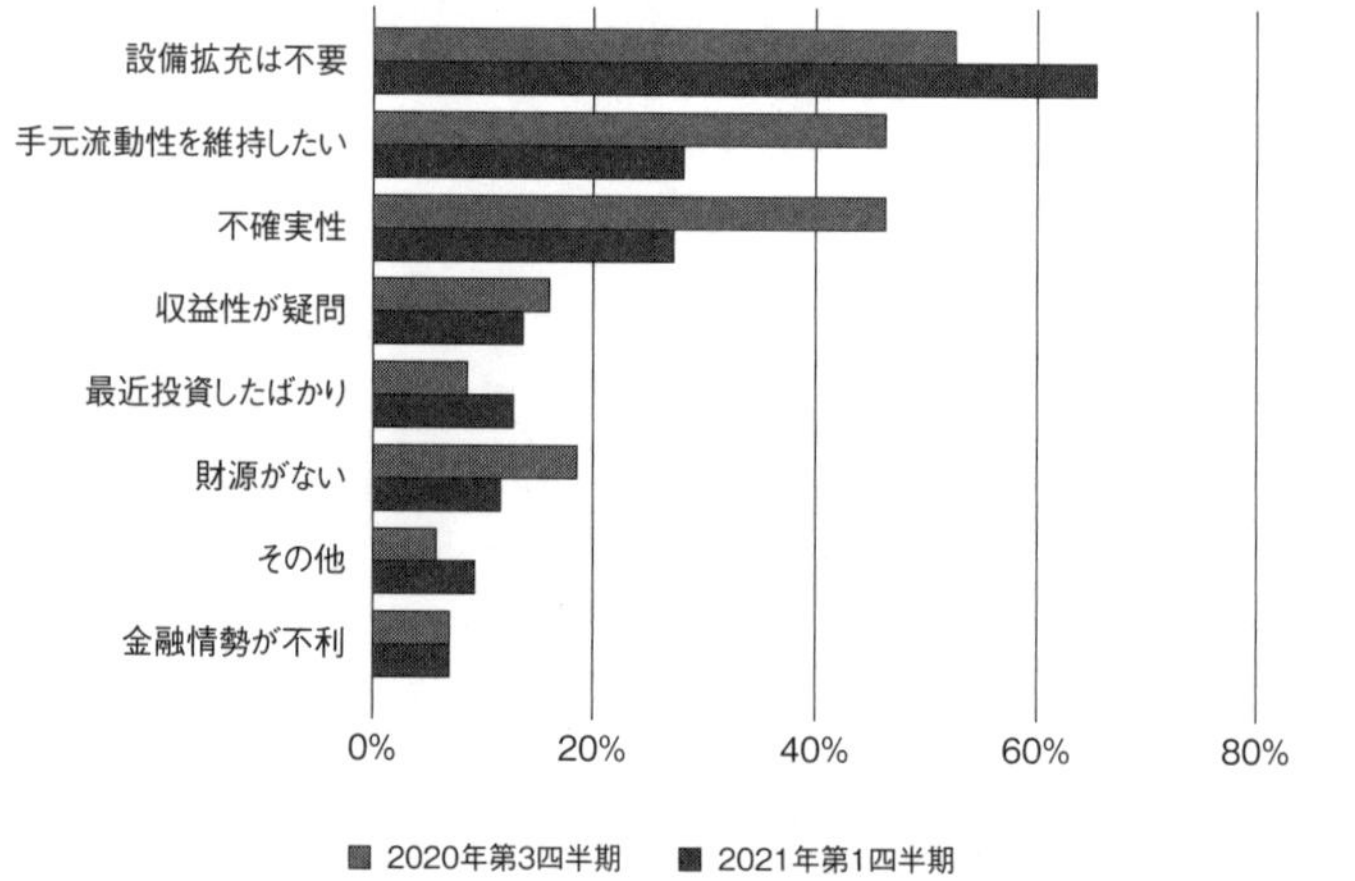

注：複数回答可
原資料：デューク大学「最高財務責任者サーベイ」、リッチモンド連邦準備銀行、バンク・オブ・アメリカ 「銀行業界と市場」部門・投資委員会

アメリカの設備稼働率
1967〜2020年

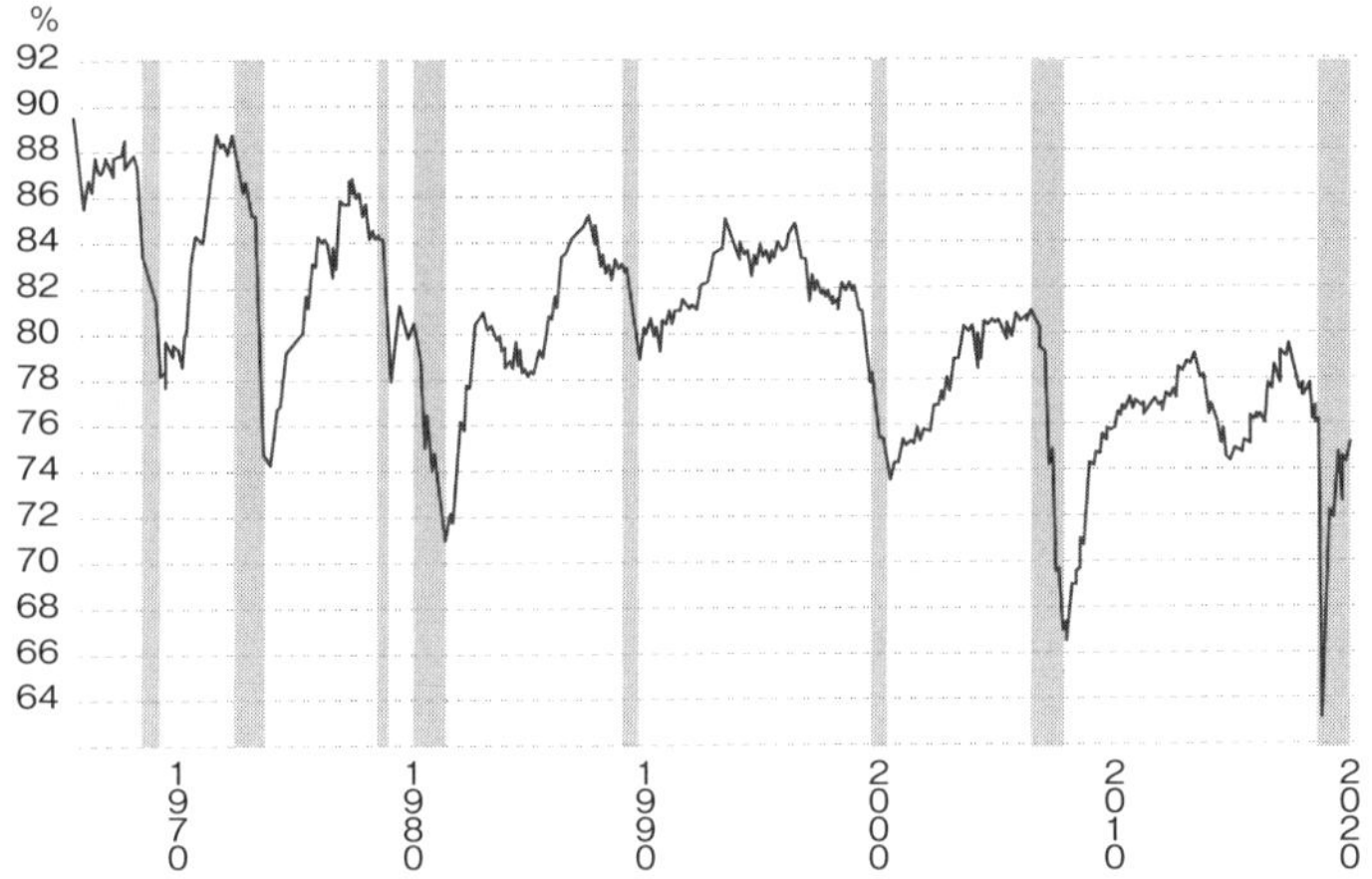

出所：ウェブサイト『Kelsey Williams Gold』、2021年8月11日のエントリーより引用

や「不確実性」といった選択肢に比べて僅差の１位だった。２０２１年第１四半期には大差のトップになった。上のグラフを見れば理由は単純明快だ。

アメリカの設備稼働率はほぼ例外なく景気循環のたびに、山も谷も前回より低くなっている。山と谷の中間をとれば、１９６０年代末の84％から、直近では70％に低下している。延々と金融緩和を続けても金融資産の価格が上がるだけで、実体経済の設備投資は冷え込んだままだと指摘されつづけている。設備がありあまっているので、新規投資をしても投下資金が回収できない状態だからだ。

世界中で慢性不況に陥るはずだった金融業界の最後の悪あがき

サービス業主導経済への転換によって、製造業大手のさらなる巨大化では経済発展を牽引できなくなった。この転換は１９８０年代末から１９９０年代初めにはすでに明白だった。

重厚長大型製造業による巨額の資金調達を有利にするために存在する金融業の経済に占める地位は、そこで低下すべきだった。世界中で唯一、この時点ですなおに急成長から大暴落＝急収縮へと転じたのが日本の金融業界だった。

日本の企業部門はバブル崩壊直前の4～5年で、新株発行と起債を合わせて約20兆円の調達を実施していた。そしてバブル崩壊後の約10年では、ほとんどなんの工夫もなく企業部門の特別損失を約20兆円計上した。空騒ぎをして掻き集めた20兆円というカネをきれいさっぱり特別損失で落としたのだ。

それに比べて頭脳明晰な人たちが多すぎるアメリカの金融業界は、鵜《う》の目鷹《たか》の目で世界中投融資の機会を探し回った。

預金として集めた金額に対する融資をおこなった金額の比率を預貸率という。アメリカで次ページのグラフが出回ったときには、２００８年の国際金融危機以降、４大銀行でさえもこんなに急激に預貸率が下がっているのかと話題になった。たしかに２００８年まで延々と90％台後半を

アメリカ4大銀行の預金総額・融資総額推移
1999年第1四半期～2021年第1四半期

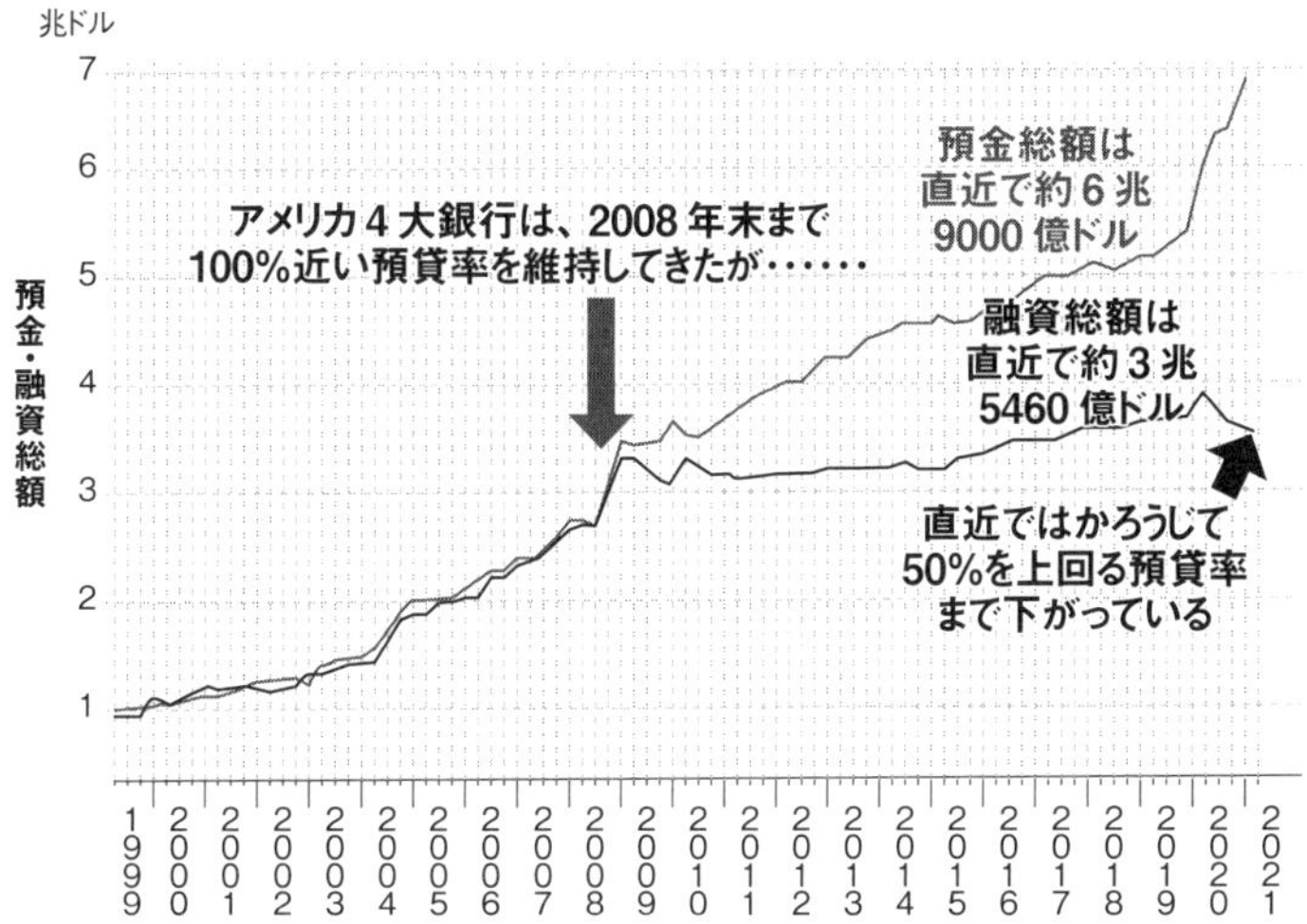

原資料：ブルームバーグ
出所：ウェブサイト『Zero Hedge』、2021年4月19日のエントリーより引用

維持してきたものが、その後13年間でかろうじて50％を上回る水準まで低下してしまったのだから衝撃的な急落だ。

だが私には、２００８年末までアメリカで４大銀行が１００％近い預貸率を維持してきたことのほうが驚きだった。１９９０年代以降の先進諸国経済では、きちんと利益を乗せて投下資金が回収できるビッグプロジェクトなどほとんどなかった。資金の投下先がなければ、企業はカネを借りようとしない。企業がカネを借りなければ、銀行が掻き集めた預金は金庫に眠らせておくか、自分で投資先を見つけて運用するしかない。

融資なら借り手が破綻しないかぎり、元本は回収できる。だが投資は全額消えてなくなることもある。アメリカの４大銀行が２００８年までこのリスクの大きな自主運用をしないでも、

100％近い預貸率を確保できていた最大の理由は、対外投資を得意とする資金運用会社への融資を増やしていたことだろう。具体的には成長途上の中国民間企業への投資をしている、国内やオランダ、ルクセンブルク、アイルランドなどの投資顧問会社への融資だ。

だが世間的には「中国企業の成長こそ世界経済の救世主」と言われていた国際金融危機後の回復期にはもう、中国企業の大半が収益性も成長性も鈍化しはじめていた。だからこそ、その後のアメリカ大手銀行預貸率は下がりつづけたのだ。

ようするにアメリカ金融業界はほとほと投融資先に困り果てている。しかも自分たちと一握りの巨大寡占企業のあいだで景気動向を左右する権力を握りつづけるためには、無理やりにでも投資が経済全体に占める比率を高止まりさせなければならない。

だからこそ、ひとつ新型の細菌やウイルスが発見されると、予防のためのワクチン開発で莫大な研究開発費を必要とする感染症の流行は大歓迎すべき事態なのだ。狂牛病、SARS、MERSと新種が出てくるたびに、大はしゃぎで騒ぎ立てたが空振りに終わってしまった。今回のコヴィッド-19はどんなに誇大宣伝でも、待ちに待った「大疫病」でなければならなかったのだ。

「地球温暖化を防ぐための再生可能エネルギー利用とEVの普及」は彼らにとってもっと魅力的だ。まず平均稼働率が10～20％なので、従来の発電所に比べて4～5倍のキャパシティを造らなければいけない時点で、再生可能エネルギー発電には莫大な設備投資額が必要になる。さらに10年か20年放置しておいた火力発電に戻るときに、また大きな投資が不可欠になる。ひと粒で2度おいしいわけだ。

よく考えると、新型コロナウイルス対策としてのロックダウンとワクチン大量接種もまた、ひと粒で2度おいしい仕掛けになっている。まず、どうしても巨大寡占企業が牛耳ることのできない都市型個人消費に直接打撃を与えることができる。そして、薬品会社の製品自体は「軽薄短小」の典型だが、研究開発には巨額の投資を必要とするので巨大寡占企業や金融機関が主導権を握りやすい。

結局、空前の経済権力を手にしたアメリカの巨大寡占企業と大手金融機関は、こうした策略によって投資が経済全体を決める世の中を守りとおしてしまうのだろうか。

そうは思えない。過去の大帝国で権力が集中から急激な分散に転じたときより、アメリカ寡占企業・金融企業の権力基盤は脆弱だからだ。東ローマ帝国の三代続いた軍人皇帝にしても、宋朝の太祖・太宗にしても、神聖ローマ帝国のカール五世にしても、それぞれに時代の先駆けという使命感があった。

軍人皇帝たちは近代合理主義的とさえ言えるほど、軍隊と戦争の効率化を追求していた。宋朝創始者たちは平和主義・文治主義で国を治めようとした。カール五世は「神は存在するとしても、この世には髪の毛一筋の影響もおよぼさない。それなら都合のいいときだけ神の権威を利用して、自分のやりたいことをやるべきだ」という能動的ニヒリズムを持っていた。自分たちが大衆の先を行っているという自負があったからこそ従わない者は権力で抑えつけてでも、自分の道を突っ走ったわけだ。

現代世界経済の君主たちはどうか？　先駆どころか、必死になって時計の針を逆戻りさせようとしている。

消費者需要の中心は明らかにモノよりコトに移行している。サービス業主導の経済では投資の重要性は下がる。一握りの寡占企業と金融機関が決める投資動向より、無数の消費者と多数の中小零細企業のやっさもっさの市場のやり取りの中から形成される消費動向のほうが、はるかに重要な時代になっているのだ。

たとえ「疫病蔓延」を口実に全面監視社会をつくりあげたとしても、画一的なお仕着せより、多種多様なサービスの中から自分の趣味にあったコトを選ぶという消費者行動を防ぎ止めることはできないだろう。むしろ、そんなことをすれば、自分たちが舞台から退場しなければならなくなる時期を早めるだけだ。

第7章

欧米諸国は日本の何を恐れているのか

サービス業主導の経済ですべてが小型化、軽量化、省エネ化する

1989〜90年のバブル崩壊以来、無為無能に終始した日本政府・日銀を世界中の政財界人や金融機関が笑いものにしてきた。しかし最近になって彼らは無為無能であろうと有為有能であろうと、世界は着実に日本化していることに気づいて、ほぞを噛《か》んでいる。

主要産業が製造業からサービス業に変わり、製造装置や兵器殺傷能力の大規模化が必ずしも効率化とは限らなくなり、戦争がなくなり、あらゆる資源が戦略資源の地位を失った世界では、世界中の人たちが第二次大戦直後の日本人と同じ覚悟を決めなければならないのだ。それは資源の少なさを粋な工夫で補った江戸時代の町人や農民の行動様式を世界が受け入れることも意味する。

第二次世界大戦に惨敗し、戦前にもまして極端に「資源プアー」となった日本は、省エネを武器にして高度成長を実現した。そして1960年代末を境に資源リッチ国が低迷し、資源プアー国が成長を加速させる世の中になった。これについては皮肉なことに世界の政治経済から見れば弱者連合だった石油輸出国機構（OPEC）が原油価格の支配権を握ったことも一因となっている。

1973年、1978年の2度のオイルショックによって、それまでバレル当り2〜3ドルで低迷していた原油価格が1980年代初頭には30ドル台後半まで急騰した。人間は切羽詰まればいろいろ工夫する動物だ。それまで「湯水のように使えるもの」と思いこんでいた石油が貴重な

資源となったことで、先進諸国はいっせいに工業生産過程の省力化、省エネ化に取り組んだ。

だが日本経済ははるかに早く惨敗に終わった第二次世界大戦直後、それどころか戦前、戦中から民間企業主導で省エネ化に取り組んでいた。1947年の「熱管理規則」公布と「熱管理士制度」の創設は、こうした地道な努力の成果だった。そして日本の粗鋼生産1トン当たりの消費エネルギー原単位がもっとも大幅に縮小したのは、1950～60年の10年間だった。

何よりすばらしいのは、この熱管理責任者制度という画期的な仕組みが特定の偉大な技術者や経営学者、あるいは先見性のある官僚が旗を振って指導した結果でき上ったものではないという事実だ。ごくふつうの実務家たちが、それぞれ自分の職場で悩んでいたことを持ち寄って業界横断的な制度へと練り上げていった。日本は知的エリート同士の比較では欧米に勝てないが、一般大衆同士の比較では欧米よりはるかに優れていることを象徴する話ではないだろうか。

つまり1970年代に欧米諸国があわてて省エネに取り組みはじめたころ、日本はすでに20年以上の実績を蓄えていたのだ。1960年代半ばに「省エネで勝つ」日本経済の力が顕在化したころ、ヨーロッパ諸国は旧植民地やトルコなどからの低賃金労働力を移民として大量に受け入れて対抗した。

「ヨーロッパ諸国は人道的だから移民や難民を早くから受け入れていた。その結果、現在移民問題で苦しんでいる」というのはヨーロッパ白人に典型的な自己正当化に過ぎない。省エネの実績で日本に劣っている分を海外からの低賃金労働力の導入で補っていたというだけのことなのだ。

モノ主導の経済からコト主導の経済に転換したことの意義は大きい。資源の埋蔵量で豊かさが決まる不公平な世界から、努力と着想で豊かさが決まる公平な世界に変わったからだ。

資源をめぐる北風と太陽の闘い

「有限な資源の枯渇で経済成長は止まる」と脅せば無知な大衆はおとなしく欲望を抑えて貧乏暮らしを受け入れるだろうという、ローマクラブ型「北風」路線は完全な失敗に終わった。そもそも中国資源浪費バブルが顕在化する2010年前後まで約30年間、商品市況は低迷続きだった。消費者大衆が貧乏暮らしを受け入れたからではなく、モノをたくさん買いこむより、おもしろいコト、楽しいコト、めずらしいコトを体験したいという需要が高まりつづけたからだ。

それは同時に「少ない資源で良いモノを造れば、製造業者も消費者もみんなが豊かになる」という日本型「太陽」路線の勝利でもあった。できるかぎり忠実に欧米のマネをしているあいだは、なんとか欧米について行けるが、うまくマネができなくなるとどんどん遅れていくという日本的知識人の描く自画像ほど欧米人が肌で感じている日本人像とかけ離れたものはない。

もちろん欧米、とくにアメリカにはまったく外国人と接触した経験がない人も多い。だからこそ「日本人はものマネの天才だが、オリジナルなことは何一つできない」といった偏見を丸出しにする人もいる。

だが実際に日本人と交流のある欧米人が共通して感じているのは、ほぼ正反対の日本人像だ。日本人は当人たちは忠実に欧米のマネをしているつもりでも、コピーとはまったく違うものを創り出してしまい、しかもたいていの場合この模造品としては不完全なもののほうが実用性も審美性も高いという脅威なのだ。

欧米の市場経済は、製造業主導からサービス業主導への転換点で完全に道を誤って、いまやさまざまな利権集団が利益を吸い取れば吸い取るほど一般大衆の生活が苦しくなるというドロ沼に落ちこんでいる。幸い日本には舌先三寸で軽く大衆をだましおおせるほど頭のいい知的エリートがいないので、比較的平等性の高いサービス化経済を運営できている。

これから先10年、20年、50年、100年を見通せば、悠々と我が道を行けばいいのが日本だ。必死に日本のマネをしなければ生き残れないのが、欧米であり中国なのだ。モノよりコトが消費者需要のシェアを高めるにつれて、日本経済はますます優位に立つ。さらにバブル崩壊後の「失われた20年」でさえも、株にも不動産にも手を出していなかった多くの日本国民の家計はほとんど無傷だった。

愚鈍な知的エリートと賢い大衆が共存するからこそ、日本はサービス業主導経済で最強国となる。サービス業主導経済で起きる最大の変化は、企業の小規模化と意思決定機能の分散だからだ。「知的エリートが無知な大衆のために考えてやる」社会ではなくなる。主義主張という大きなストーリーより、趣味趣向という小さなストーリーのほうが企業の盛衰も生活の豊かさも決定する世界になる。

2021年、日本は「最高の国」の座を採点変更でだまし取られた

2016年以来、「最高の国はどこか」という調査を米『USニューズ・アンド・ワールド・レポート』誌がやっている。直近2021年の結果は日本が総合点で98・1点を獲得して、カナダに次ぐ2位となった。1位が100点となるように総合点も、各部門での採点も、正規分布によって得点を配りなおすという調査なので、もちろんトップのカナダは100点だった。

日本の評判が悪ければ飛びつくが、良ければだいたい無視する日本のマスコミは、当然のことのように話題として取り上げなかった。評価対象国78ヵ国中、トップ10を上げるとカナダ、日本、ドイツ、スイス、オーストラリア、アメリカ、ニュージーランド、イギリス、スウェーデン、オランダとなっていた。トップ10ヵ国のうち半数が、旧大英帝国に属していた国々だった。

ちょっとおもしろいのは去年まで9部門の得点を総合していたのに、今年は急に1部門増やし、1部門の名前と質問事項を変えていることだ。しかも変わった2部門のウエイトを見ると、「俊敏性」が100%中の14・18%で最重要部門、「社会正義」が12・23%で5番目に重要と、この2部門だけで全体の26・41%と4分の1を超える配点になった。

何がおもしろいかというと、主催者側が「これまで日本は7位、5位、5位、2位、3位と着

「最高の国」トップ10ヵ国の部門別・総合得点

	俊敏さ 14.18%	起業家精神 14.16%	生活の質 13.88%	将来の成長見込み 13.87%	社会正義 12.23%	文化的影響力 10.45%
カナダ	97.2	83.9	100.0	24.0	100.0	49.3
日本	88.4	100.0	69.2	74.8	29.7	77.7
ドイツ	94.3	99.5	84.9	28.1	73.0	56.2
スイス	75.2	80.5	89.9	46.6	89.1	59.2
オーストラリア	97.7	69.1	89.5	48.7	87.1	45.7
アメリカ	100.0	97.3	46.0	42.3	34.9	85.7
ニュージーランド	86.0	55.5	84.0	55.0	95.8	42.3
イギリス	80.7	88.2	69.0	25.6	67.0	78.1
スウェーデン	85.0	73.7	93.7	24.2	94.2	53.3
オランダ	87.5	70.4	88.3	27.4	93.1	43.3

	ビジネスの容易さ 9.42%	外交・軍事力 6.09%	冒険（旅先としての刺激） 3.79%	伝統 1.93%	総合点	新規2部門をのぞいた総合点
カナダ	83.9	41.1	50.0	30.9	100.0	47.1(5)
日本	57.1	68.8	41.6	72.2	99.1	54.8(1)
ドイツ	66.4	86.1	20.6	39.8	98.0	48.7(3)
スイス	100.0	23.9	58.0	47.1	97.3	50.5(2)
オーストラリア	71.6	28.3	75.0	4.0	96.6	45.9(7)
アメリカ	48.8	100.0	39.7	50.4	93.3	48.1(4)
ニュージーランド	83.2	11.7	77.6	37.6	92.6	43.8(8)
イギリス	59.3	83.7	34.1	63.2	92.3	47.0(6)
スウェーデン	83.3	14.9	47.3	27.6	90.6	43.4(9)
オランダ	76.9	17.2	53.9	34.3	88.3	41.5(10)

各部門で疑問のある設問での得点比較

	適応力	資本アクセスの容易さ	良い生活の手に入れやすさ	所得の平等性	差異性	気候変動への対処
カナダ	97.2	79.0	7.7	61.6	2.1	87.4
日本	43.3	57.2	1.4	15.1	48.2	34.7
ドイツ	62.4	65.4	1.7	47.0	4.2	64.6
スイス	71.0	68.2	0.4	56.5	16.8	64.5
オーストラリア	100.0	60.0	3.4	44.1	23.3	67.3
アメリカ	63.8	100.0	7.9	10.3	9.0	4.5
ニュージーランド	93.4	32.7	4.3	54.7	32.3	97.7
イギリス	56.8	68.2	0.9	17.3	4.3	36.3
スウェーデン	79.6	45.4	2.0	83.3	7.1	84.1
オランダ	82.9	53.7	3.2	70.0	5.5	81.7

	信仰の自由	幸せ度	製造費の安さ	軍事力の強さ	セクシーさ	食べもののおいしさ
カナダ	100.0	81.0	0.1	4.4	1.6	5.8
日本	20.1	31.2	3.6	27.7	1.2	60.0
ドイツ	67.2	22.5	0.1	54.6	1.0	13.2
スイス	82.5	84.4	0.1	0.4	6.0	16.6
オーストラリア	96.9	84.5	0.1	2.3	5.5	10.5
アメリカ	88.6	15.0	0.5	97.6	9.5	22.5
ニュージーランド	88.8	100.0	0.2	0.1	4.0	13.3
イギリス	88.2	20.8	0.1	65.8	2.0	9.3
スウェーデン	87.4	90.7	0.2	0.3	9.1	2.5
オランダ	100.0	87.7	0.1	0.4	9.8	8.2

出所：US News and World Report社『Best Countries 2021』より著者作成

実に順位を上げてきた。このままの部門立てで採点すると、日本が首位になってしまうかもしれない」と思ってあわてて配点を変えた形跡が見受けられるのだ。

たとえば突然最大の配点をもらって登場した俊敏性だ。日本の企業経営者とか政治家を見ているといかにも鈍重で、「こんな連中がトップに立っている国ならさぞかし、国民全体では鈍重さが目立つだろう」と思ってウエイトを最大にしたのではないか。ところが結果は日本の得点が88・4点で7位と案外好成績だった。トップは鈍重でも国民全体が俊敏だから、当然だろう。

一方、社会正義については去年までは市民権と呼ばれて全体で3番目に高い15・88％の配点だった部門の名称を変更するとともに、「地球温暖化対策にどれだけ真剣に取り組んでいるか」という設問を入れている。こんな党派的な質問には低い点を取ったほうが名誉と言うべきだ。この部門では案の定、日本は29・7点で20位と、かなり総合点の足を引っ張っている。ちなみに去年の市民権では、日本の順位は17位と今年よりやや高めだった。

それにしても、この部門の各国の得点はひどい。「地球温暖化教」とか「コロナ教」とか、そのときどきに流行っている新興宗教にすばやく迎合する能力だけを測っているのではないだろうか。ほとんど犠牲者も感染者も出ていないのに、ロックダウンを強行しつづけて市民の行動の自由を奪っているニュージーランドが、カナダの100点に次ぐ95・8点という高得点なのがその証拠だ。果たせるかな、この2部門をのぞいた集計では日本は2位スイスを大きく引き離した首位だった。

部門別の中で、日本は「起業家力」で1位100点となっていることに驚かれる方が多いだろう。だが詳細を見ると、この部門は11問でかなり緻密《ちみつ》に採点していて、そのうち「革新性」「労働力のスキル」「テクノロジー習熟度」「インフラの充実度」「デジタルインフラの充実度」と5部門で満点の1位となっている。

あとでくわしく触れるが、毎年新規開業企業が全企業に占める比率が低いことをもって日本は起業家力が弱いと主張するのは間違いだ。むしろ零細中小企業にいたるまで既存企業が強いので、なかなか新規参入の余地がないと考えるべきだ。

部門別でもうひとつ注目すべきは「文化的影響力」部門だ。この部門で日本は77・7点と5位の好成績をあげている。この部門のトップ10はイタリア、フランス、アメリカ、イギリス、日本、スペイン、韓国、スイス、ドイツ、スウェーデンとなっていた。

日本は「モダンか」では99・6点、「消費者に対する訴求力の高いブランドがあるか」では92・7点、「影響力の大きな文化があるか」では90・6点と好成績を連発している。半面「幸せ度」ではアメリカの15・0点、イギリスの20・8点、ドイツの22・5点より高いだけで、下から4番目の31・2点になってしまう。

将来の成長見込みが78・4点で全体の6位なのは大変な偉業

ウエイトが13・87%で10部門中4位の「将来の成長見込み」で、日本が78・4点で調査対象78ヵ国中6位となったのは大変な偉業なのだ。と言うのも、この部門のトップ10ヵ国を挙げていくと、UAE、インド、エジプト、シンガポール、中国、日本、タイ、韓国、ブラジル、サウジアラビアとなっていて欧米先進国はまったく入っていないからだ。

この部門の設問はたった4つで「差異性」「識別しやすさ」「ダイナミックさ」「独自性」となっている。こういった特徴が将来の成長力につながると見られているわけだ。だいたいほかの分野でうまく行っている国ほど、この部門全体の得点が低く出ている。それは、とくに最初の設問である差異性に現れている。そして日本はここでトップ10ヵ国にしては得点が高い。これは現代経済の中でもうまくいっているが、将来世界経済を取り巻く環境が大きく変わったときにも成長を保てる可能性が高いことを示唆している。

各部門の個々の設問になると、もっとおもしろいところが多くなる。

たとえば「パワー」部門の「軍事力の強さ」という項目では、日本は27・7点とそうとう低くなっている。個別設問ごとの順位は公表していないが、おそらく下から4分の1あたりだろう。

ただ、その日本がじつは総合点トップ10ヵ国の中ではアメリカ（97・6点）、イギリス（65・8点）、ドイツ（54・6点）に次ぐ4位だということにも驚く。

スイスなどは国民皆兵で今もかなりきびしい軍事教練をやっているが、そういう「センチメンタル」な要素はあまり得点に影響しないようだ。もっと露骨に言えば、アメリカ軍需産業のいいお得意さんになっているか、いないかの差とも考えられる。

「冒険」部門というのは、旅先として刺激的かどうかを評価する部門となっている。その中に「セクシーさ」という設問があって、この設問での日本の得点はなんと1・2点だった。対象78ヵ国中最下位だったことは間違いなさそうだと思って調べたら、下には下があるものでドイツは1・0点となっていた。

全体としてうまくいっている国はセクシーさが欠けるようで、トップ10ヵ国の中にセクシーさの配点が2ケタになっている国はない。この中ではオランダが9・8点、アメリカが9・5点、スウェーデンが9・1点と低次元の争いになっている。はじめは売春が合法化されている地域があるか、ハードコアポルノが公然と売買されているかの順だと思っていた。

だが、それにしてはハンブルクの飾り窓があるドイツの得点が低い。結局、移民をめぐる深刻な抗争があって性的魅力を売る店周辺が暴力や麻薬がらみでも「危ない」国が高くランクされているのではないかと思う。どちらにせよ社会正義部門と並んで、あまり高得点が自慢にならない設問のようだ。

部門としての配点が1・93％と極端に低い「伝統」の中で「食べもののおいしさ」が「将来の

成長見込み」中の「差異性」とよく似た得点分布になっている。日本だけが上半分に入っていて、あとの9ヵ国は下4分の1なので、もっと大きな差とも言える。「文化的影響力」中の「幸せ度」のように、いったいだれがだれの幸せさを測っているのか得体のしれない設問より、こちらのほうがずっと生活満足度を反映しているのではないかと思う。

「ビジネスの容易さ」中の「製造費の安さ」も先進諸国全滅の設問だ。経済が発展している国ほどあらゆるコストが高くなることを示しているが、その中で日本は比較的新興国、発展途上国とのコスト差が小さい。このへんに慢性的なゼロインフレ／デフレ傾向の影響が出ているのかもしれない。

どう考えても低すぎる日本の得点ふたつから見えてくるもの

明らかに何かの間違いだろうと思うほど、日本の得点が低い設問がふたつある。ひとつは「所得の平等性」で日本はアメリカの10・3に次ぐ15・1点という、トップ10ヵ国中2番目に所得の不平等性が高い国になっている。日本がアングロサクソン系諸国ばかりかドイツやスイスやオランダより所得が不平等な国となっているのは、使っているデータそのものが歪曲《わいきょく》されているのだろう。

ふたつ目は「信仰の自由」が20・1点と、ほかの9ヵ国と比べてすさまじく低いことだ。キリスト教徒でなければ大統領になれないアメリカの88・6点の4分の1にも達していない。こんなバカなことがなぜ起きるのかと首をひねっているうちに、気づいたことがある。

トップ10ヵ国中、日本以外は全部キリスト教国だという事実だ。そして、この調査に参加した回答者は2万人強だが、対象国78ヵ国の半分にも満たない36ヵ国の知的エリート1万68人、企業のデシジョンメーカー4919人、一般大衆5817人で構成されているという。おそらく欧米の回答者が圧倒的に多いのだろう。

そう考えると、「日本には信仰の自由がない」という回答にも納得がいく。たぶん欧米のキリスト教徒にとって「信仰の自由がある状態」というのは、世界中どこに行っても母国と同じような教会で礼拝できる環境のことなのだろう。

欧米諸国はたしかに日本を怖がっている。だがそれは、たとえば「日本が突然強大な軍事力を持ったらどうしよう」という非現実的な恐怖ではない。欧米のようにしっかりしたエリートがいなくても国として困ることはない。むしろ、しっかりしたエリートなんかいないほうが国民全体は楽しく暮らしていけることがバレてしまうのが怖いのだ。

欧米には、いまだに知的エリートが大衆の首根っこを抑えている国が多い。そういう国では「これが科学の教える唯一の真理だ、お前はこの真理を受け入れるのか、受け入れずに地獄に行くのか」といった宗教団体が布教活動でやるような手口で大衆を引きずり回している。

そんな国より日本のように知的エリートが無能でだらしない国のほうが大衆にはずっと住みや

すいという真実を自国の大衆に知られてしまうのが、欧米の知的エリートたちにはほんとうに怖いのだ。

OECDが教える「日本経済低迷の原因」

さて、ここからはなぜ日本経済は1990年代以降の長い低迷期からいまだに脱出できていないのかという問題について代表的な見方を紹介しながら、その間違いを指摘していこう。まず次ページ上段のグラフをご覧いただきたい。

1950〜2013年の主要な国と地域の労働生産性を、同じ年のアメリカの労働生産性に対してどのくらい低いかで比較したものだ。一目瞭然と言うべきだろうが、日本の労働生産性は1995年まで順調にアメリカとの差を詰めていたが、それ以後は逆に差が開きつづけている。このグラフでは最新になる2013年では、1995年以降もアメリカとの差を詰めつづけている韓国にもかなり接近されている。

さて、それはなぜかということになるのだが、代表的な国際協調経済機関である経済開発協力機構（OECD）のお見立てでは創業したばかりの企業が少なすぎて、経済全体に活気も成長も見られないからだという。次ページ下段のグラフに表れているとおりだ。

たしかに日本の創業直後企業のシェアは、OECD加盟諸国の中で突出して低い。なお、ここ

アメリカとの労働生産性ギャップ推移
1950年、1972年、1995年、2004年、2013年各時点での比較

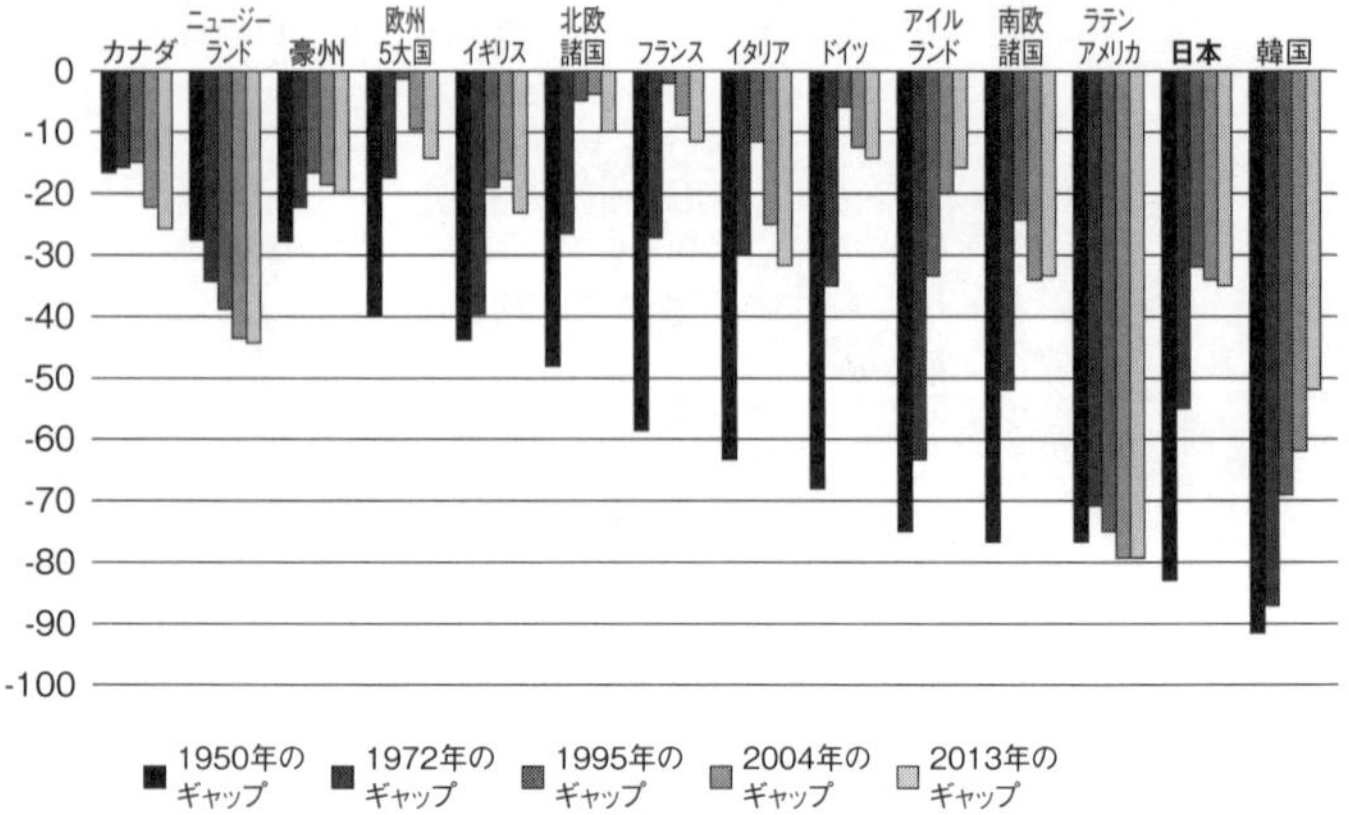

注：欧州5大国とはヨーロッパ諸国中で人口が上から5番目までのドイツ、イギリス、フランス、イタリア、スペインの5ヵ国を指す。
出所：OECD 、『Future of Productivity 2015 – Preliminary Version』（2016年刊）より

全企業に占める創業直後企業のシェア
2001～11年

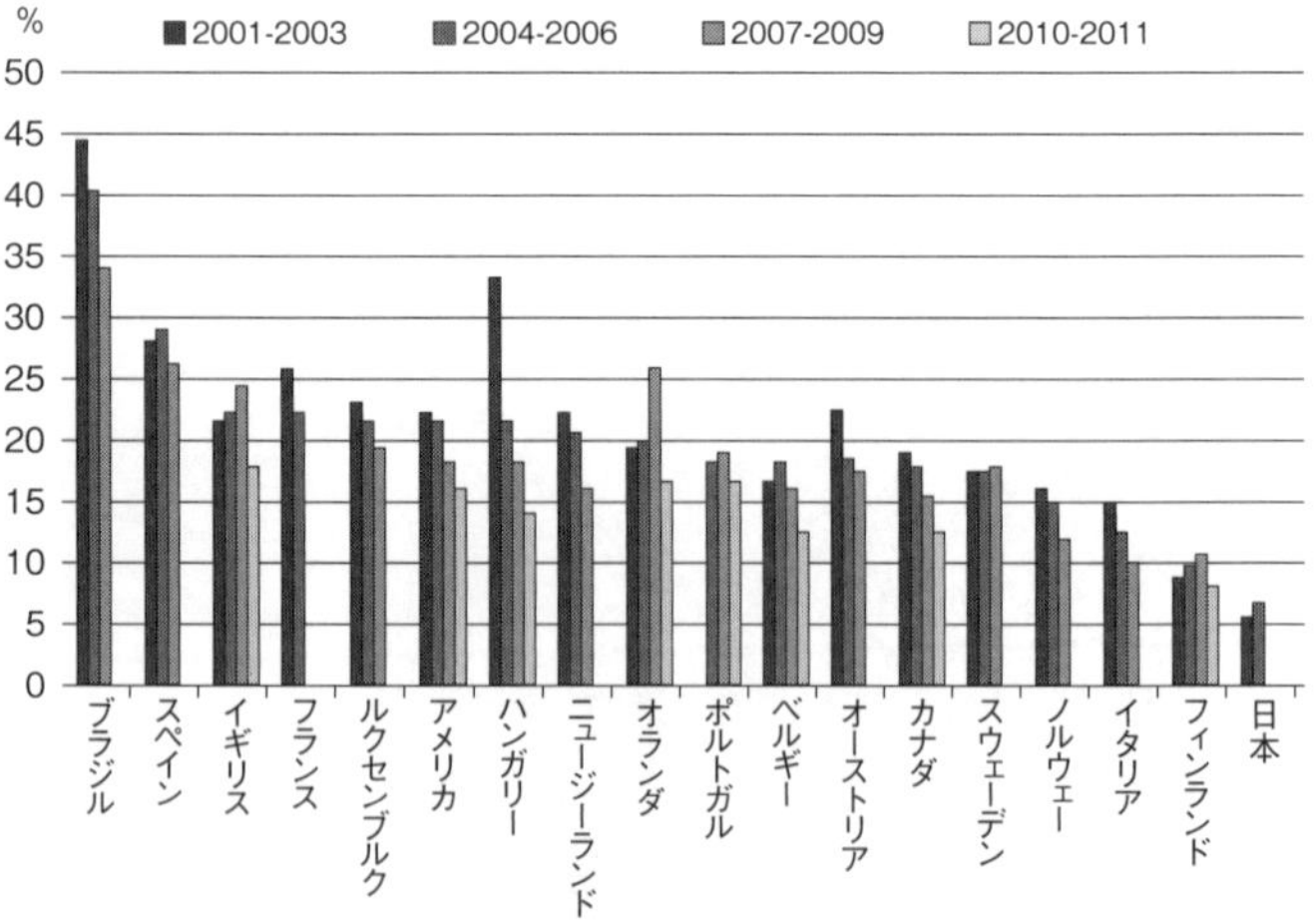

出所：OECD、『The Future of Productivity』（2015年刊行）より引用

で創業直後企業とは社歴が0〜2年の企業を指している。

ただブラジルやスペインのように創業直後企業のシェアが高い国は経済効率も高いのかと問うと、大いに疑問が残る。むしろ成算もなく始めてしまった企業があっさり潰れることが多いので、創業直後企業のシェアは高止まりしているのではないだろうか。

さらに日本に次いで創業直後企業のシェアが低いフィンランドは、昔は北欧の日本とも言われたほど戦後復興期の成長率が高く、現在にいたるまで比較的順調に安定成長を続けている。つまり創業直後企業のシェアが高いか、低いかで経済全体の効率性を測ること自体にかなりの無理がありそうだ。

だがOECDの経済リサーチ担当者たちは、強引にこの議論を突き詰めていく。なぜ創業直後企業のシェアが低いかと言うと、10年以上も存在しているのにちっとも成長せずに中小零細企業のままでいる非効率な企業が多い。それはまたなぜかと言うと、そういう非効率な企業を消費者がきびしく淘汰《とうた》してやらないからだということになる。それを証明するのが次ページのグラフだというわけだ。

このグラフはすぐ前のグラフの横軸の左右をそっくり逆転させたような並びになっている。中小零細企業のうちで社歴が10年以上の比率が高い順で左から右に並んでいるからだ。当然、社歴の短い企業がいちばん少ない日本が今度はいちばん左側に位置している。

またそれぞれの国の棒グラフのてっぺんに書かれた数字は、全企業に占める中小零細企業の比

中小零細で老いた企業が多いのは消費者の選別が甘いから?

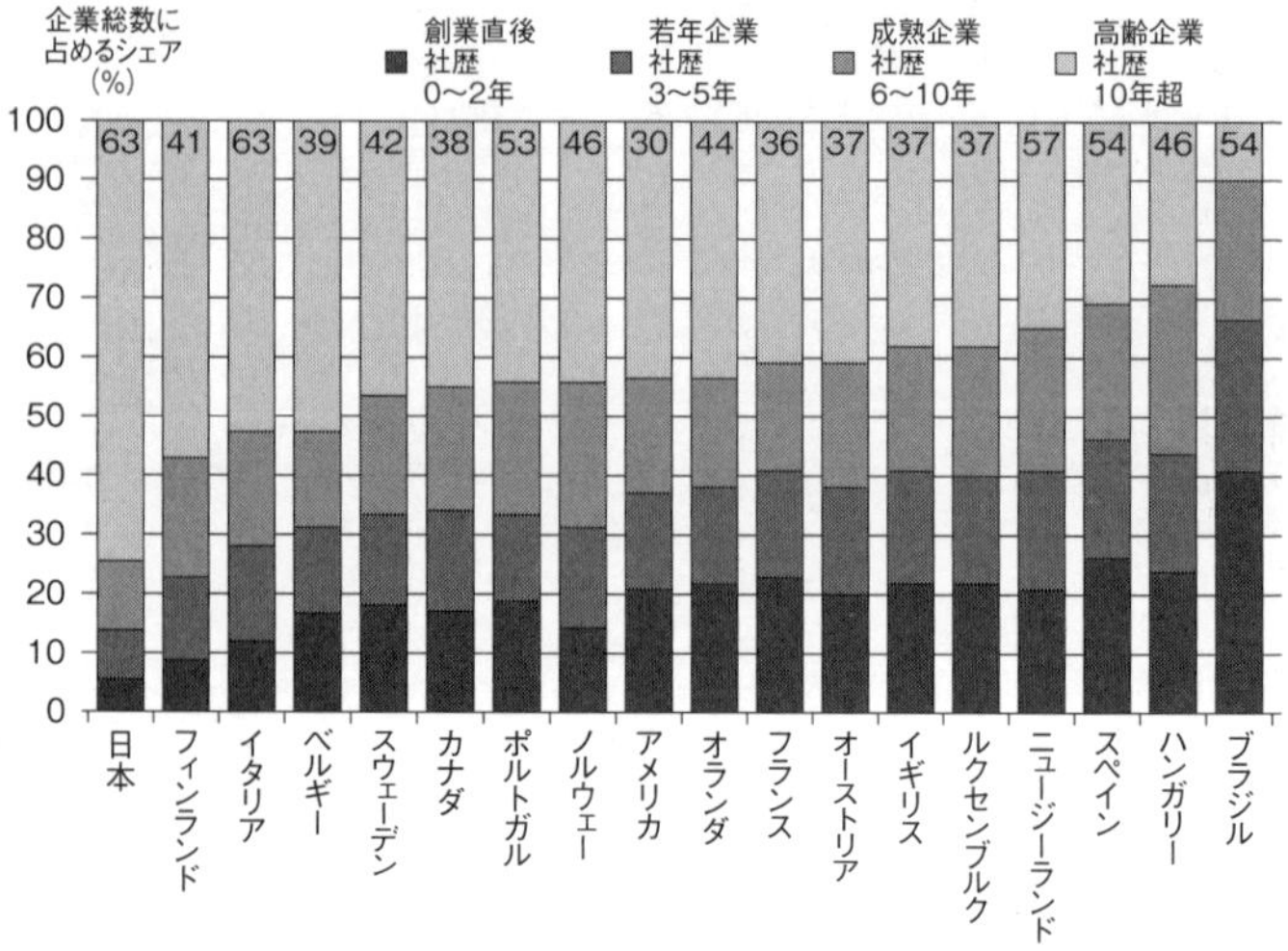

出所：OECD、『The Future of Productivity』(2015年刊行) より引用

率を示している。日本の場合、そもそも中小零細企業が全企業の63%とイタリアと同率で高い上に、その中で社歴10年以上の会社が4分の3近く存在している。「なんと消費者の選別が甘く、非効率な企業がいつまでも淘汰されない緩すぎる経済か。だから、いつまで経っても生きのいい新興企業が育たないのだ」というわけだ。

だが操業後10年以上経っても中小零細のままでいる企業は、効率が悪いから規模を拡大できない企業ばかりなのだろうか。このリサーチの著者たちは、そう信じこんでいる。

このへんまで来ると、日本の小売店や消費者向けサービス業者の実態をよくご存じの読者は、そうとう違和感を持たれるのではないだろうか。著者たちは「効率の良い企業は必ず規模を拡大する。また規模を拡大した企業の効率は向上する」という「規模の経済」の論理があらゆる業種のあらゆる企業に当てはまると信じているだけではないか。

信仰に祭り上げられた「規模の経済」

規模の経済は重厚長大型製造業の会社にはなじみやすい議論だが、どんな業種にも通用するわけではない。小売や消費者向けサービスでは、急に経営規模を拡大して事業が傾く企業もあれば、なじみ客をしっかりつかんで、あまり規模を拡大せずに安定成長を続ける企業もある。日本の場合、世界的に見てもめずらしいほど後者の安定成長志向の強い企業が多い経済になっているのではないだろうか。

そのへんの事情は、規模の経済が適用しやすい製造業と、あまりうまく当てはまらない非製造業とではかなり違ってくるだろう。それをチェックするために、製造業と非製造業にわけて、社歴の長さと従業員規模の大きさを比べてみよう。

次ページ上段のグラフではたしかに日本とイタリアの製造業企業は、アメリカに比べて規模を拡大するペースが遅すぎる気がする。アメリカでは社歴10年超の企業は社歴0〜2年の会社の7・5倍の従業員を雇っている。一方、日本とイタリアは8年以上の歳月をかけてやっと2倍になったかどうかという程度だ。ただ、これも一概に悪いこととは言えない。

日本とイタリアには1点、1点を手間暇かけて造りこむ職人気質《かたぎ》の中小零細企業が多いのかも

社歴の若い企業と老いた企業の雇用規模比較：製造業

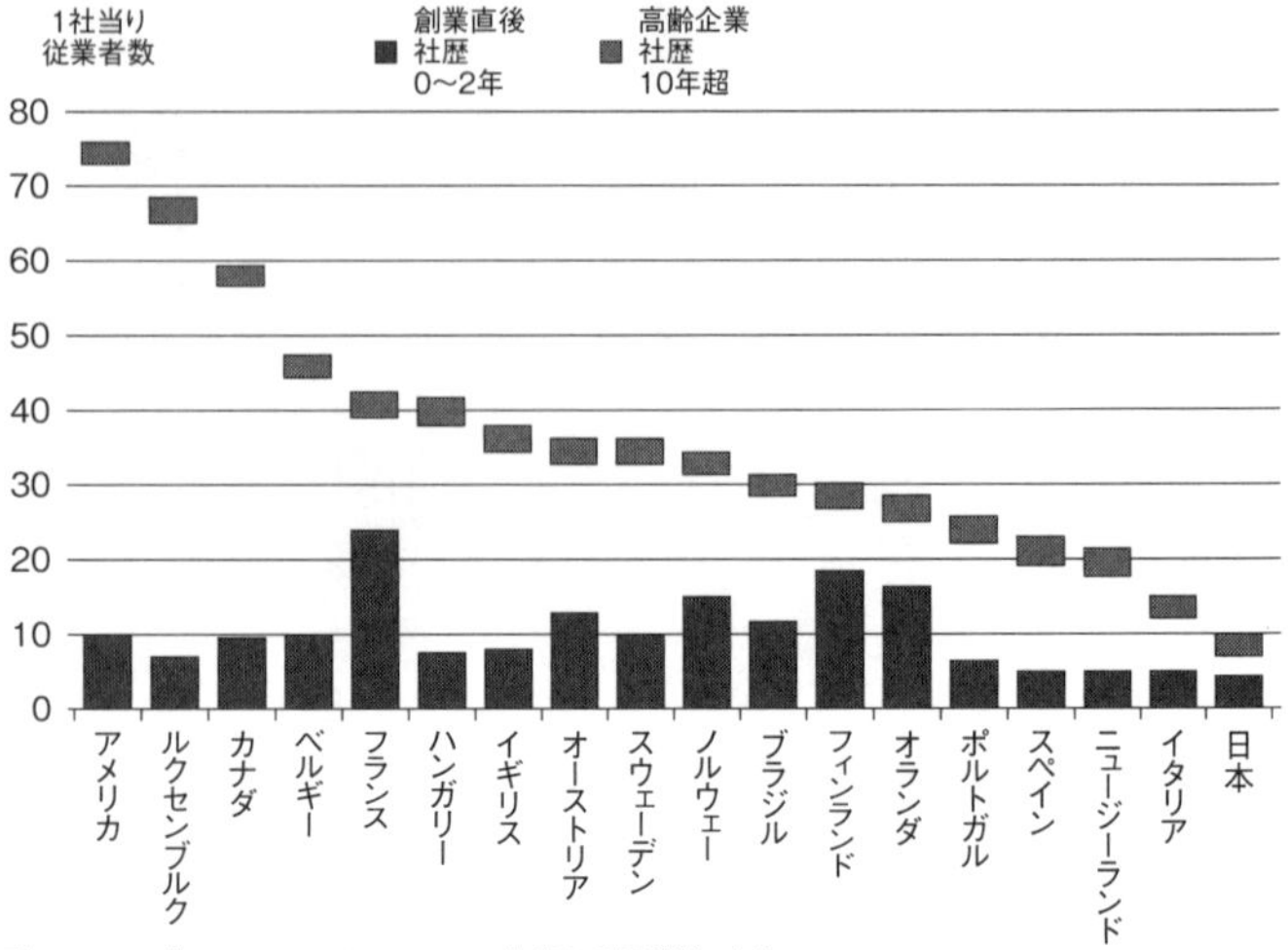

出所：OECD、『The Future of Productivity』（2015年刊行）より

社歴の若い企業と老いた企業の雇用規模比較：サービス業

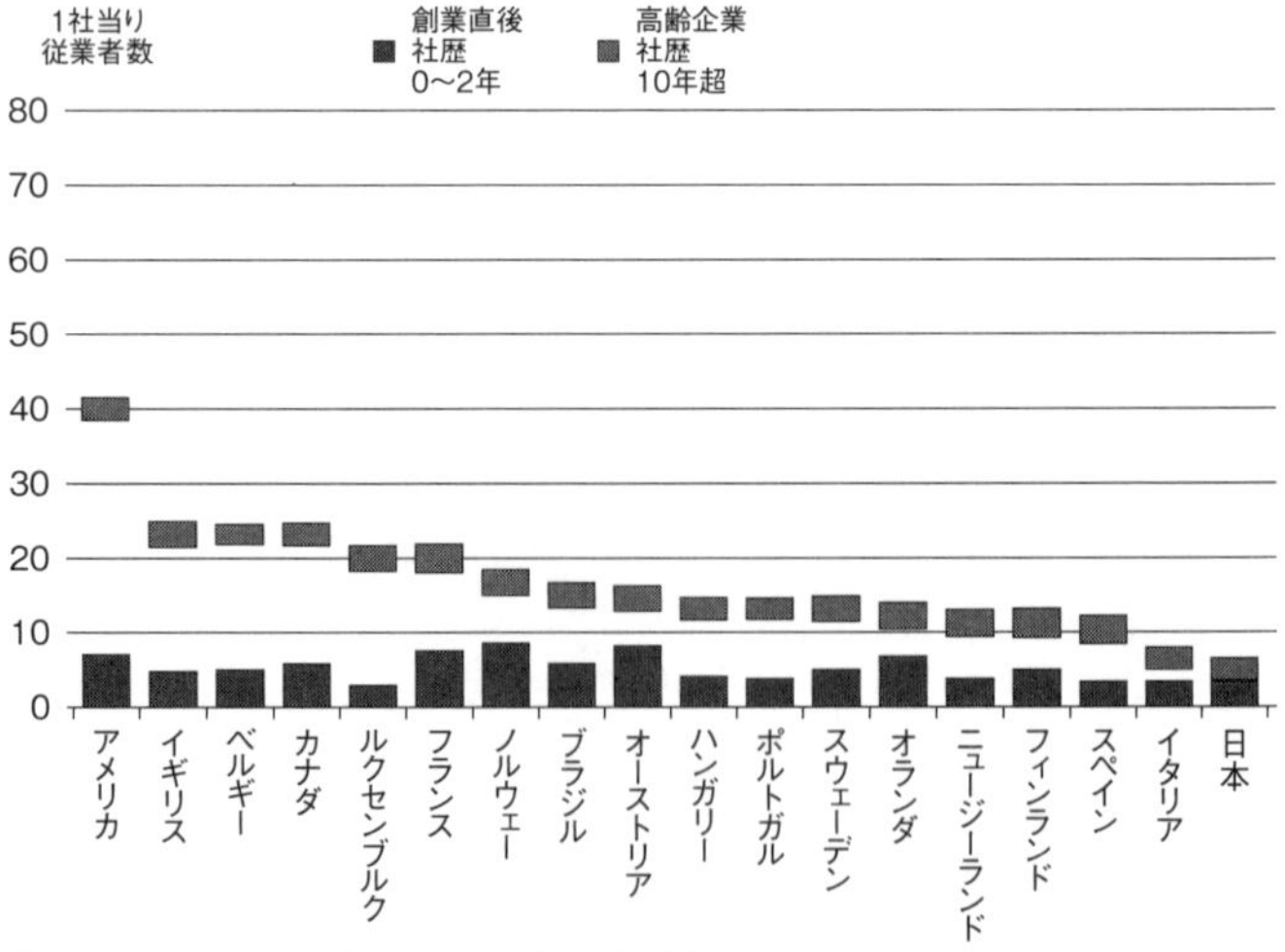

出所：OECD、『The Future of Productivity』（2015年刊行）より

しれない。職人の個性が出るまで造りこまれた製品は、たとえサービス業全盛の世の中になっても、こだわる固定客をつかみつづけるだろう。

今度は同じ構図で非製造業の社歴による従業員規模の差を見ていただこう。

こちらはむしろアメリカだけが異常に規模の経済を追求していて、それ以外の国ではむしろ規模拡大を抑制する傾向があるのではないかと思わせるパターンを示している。とくに日本、イタリア、スペインといった小売や個人向けサービス業の顧客満足度に定評のある国で、それが顕著に出ている。

アメリカでは全国、ときには全世界どこに行ってもマニュアルどおりのサービスを受けられるが、それ以上は期待できない。それ以上のサービスをしてもらいたければ、目玉が飛び出そうな価格設定の高級店に行かなければならない。サービス業全体がそんなふうに規模ばかりを追い求める「成長」をしていいものか、大いに疑問だ。

次のグラフに著者たちがつけた解説が傑作だ。

これは各国・地域の企業規模別生産性ギャップを、製造業・非製造業別に比較したグラフだ。まずアメリカについては「製造業も非製造業も規模が大きいほうが生産性は顕著に高い。これは経済理論が教えるとおりで、大変よろしい」と太鼓判を押されている。

EU諸国になると「非製造業では規模の格差が生産性格差にほとんど反映されていない。これは規模の大きな企業が自社の優位性を十分に発揮できていないのか、それとも本来規模の大きな

製造業でも非製造業でも規模の経済は成り立つ?

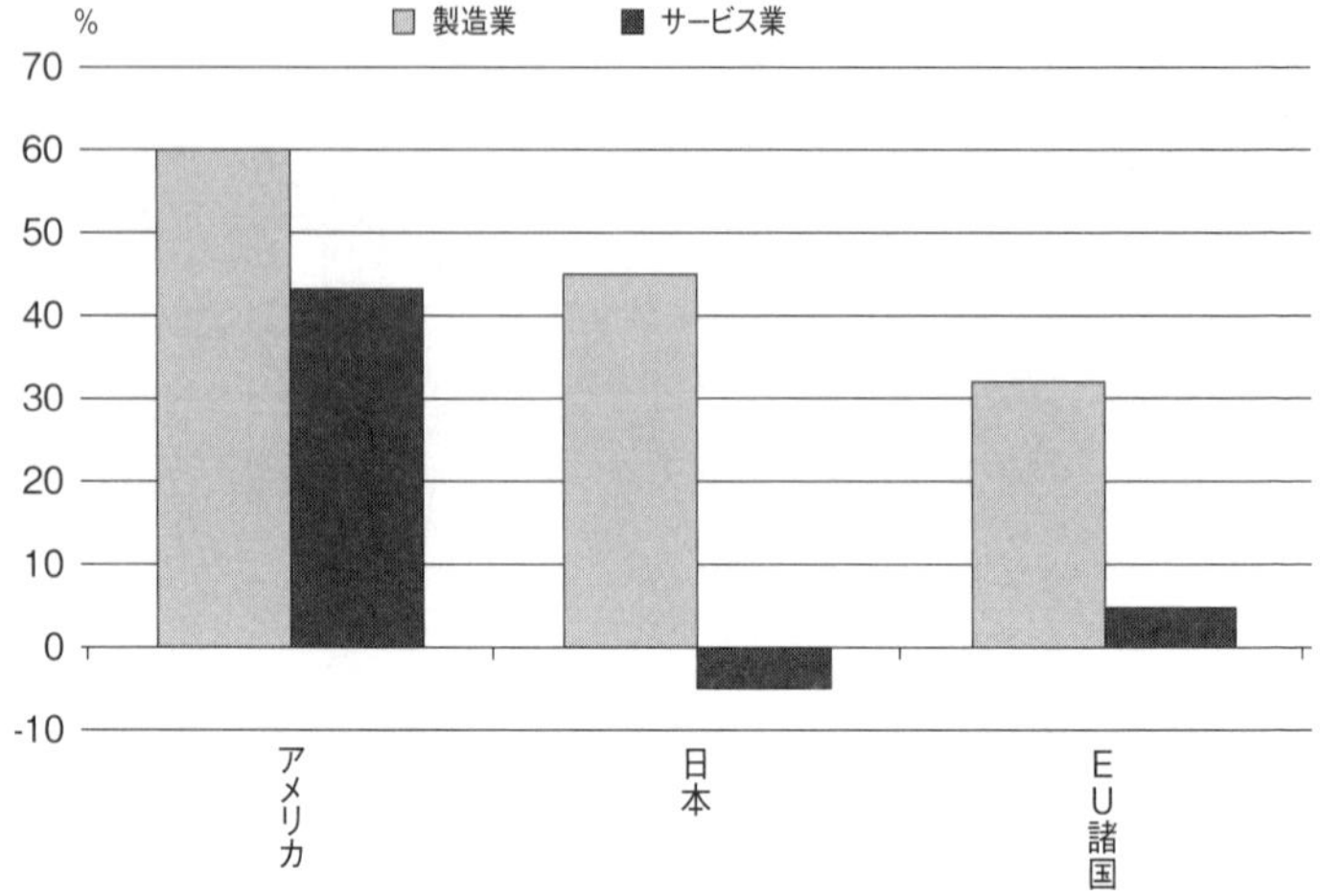

出所：OECD、『The Future of Productivity』（2015年刊行）より引用

企業に行くべき優秀な人材や新鋭機械が、かなりの量で間違って小規模な企業に行ってしまっていることを意味する。どちらにしても経済全体にとってロスとなっている」というご託宣だ。

当然のことながら日本の非製造業では小規模企業のほうが大規模企業より約5%生産性が高いのは、著者たちの想像を絶する非効率が生じていることになる。「本来生産性が低いはずの小規模企業の生産性を逆に大企業より高くしてしまうほど優秀な人材や新鋭機械が小規模企業に集中している。こんなバカげた資源の浪費をしているのだから、日本経済がいつまでも低迷を抜け出せずにもがき苦しんでいるのも無理はない」という結論になる。

労働生産性は経済パフォーマンスの適切な評価基準ではない

ここでもう一度、「アメリカとの労働生産性ギャップ」グラフをご覧いただきたい。労働生産性は労働1時間当たり、あるいは労働者1人当たりの生産量の増分を測る概念だ。それ以外の生産要素、たとえば生産設備などの資本や、天然資源などの量や質は一切考慮されていない。

つまり投入する資本の量と質を増やしたり、採掘しやすい場所ですぐに収益になる天然資源が発見されたりすれば、簡単に上がるものなのだ。このグラフで言えば1972〜95年にイギリスと北欧諸国の労働生産性ギャップが急速に縮小したことにお気づきになるだろう。別に当時、経済の効率化が進んだわけではない。サッチャー信者たちはいまだにそう確信しているが。

このころイギリスとノルウェーの排他的経済水域の境界線あたりで発見された北海油田の採掘が本格化したので、労働生産性が急上昇したのだ。とくに分母になる経済規模が小さかったノルウェーでは、その効果が顕著だった。これは偶然の幸運と言うべきなのであまり罪はない。

だが労働生産性で経済パフォーマンスを測ろうとする人たちは、どうしても「労働の投入量をそのままにして（あるいは削減して）、投入する資本の質と量を高めれば経済効率が上がる」と考えがちだ。そして、この考えは自分たちの投資判断が経済動向全体を左右するという特権的な立場を維持したがる巨大寡占企業や大手金融機関にも受けがいい。

4大経済圏の全要素生産性年間平均成長率推移
1890～2015年

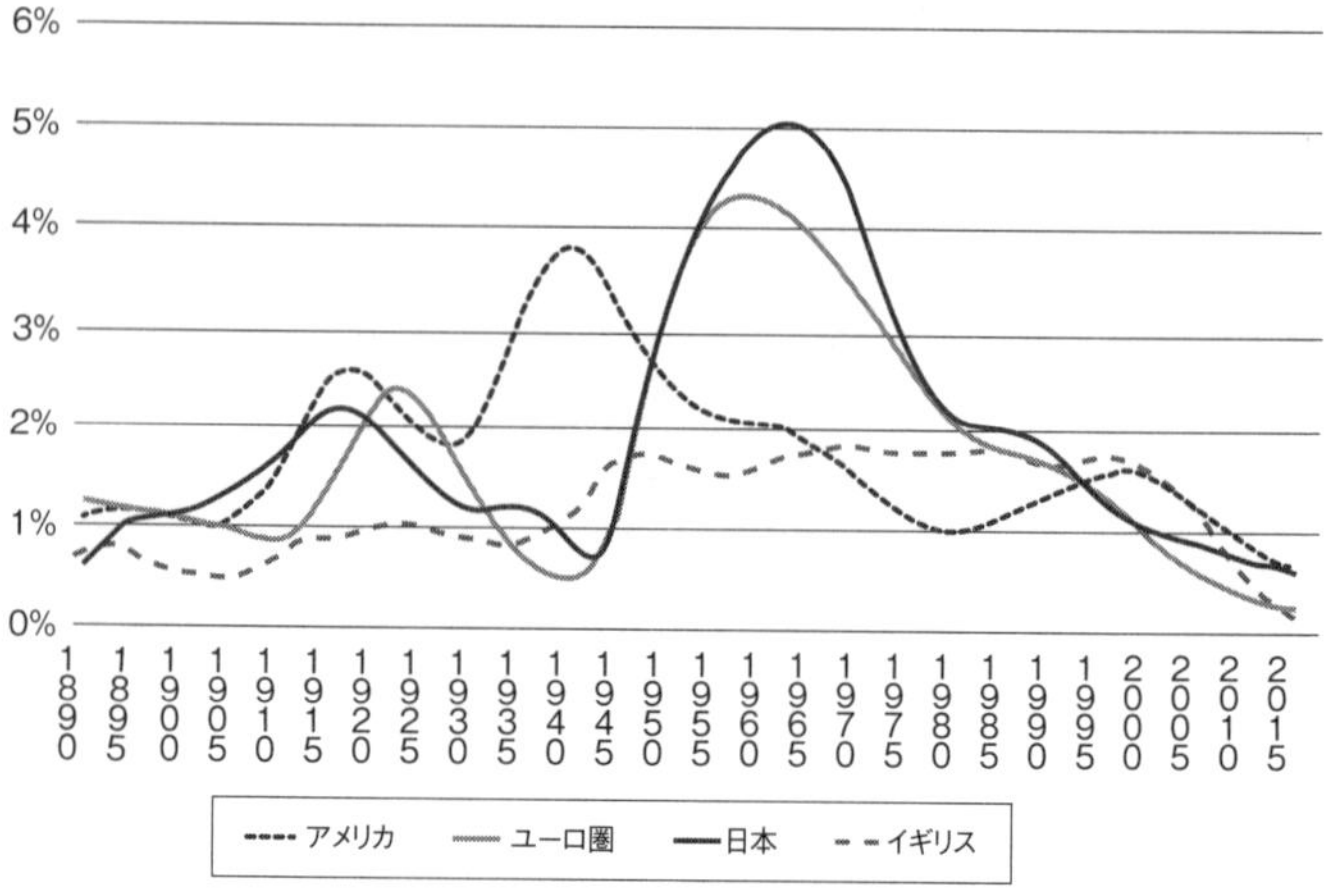

原資料：Bergeaud、Cette、Lecat共著、2016年論文、同アップデート版
出所：Antonin Bergeaud=Gilbert Cette=Remy Lecat共著、『Total Factor Productivity in Advanced Countries: A Long-Term Perspective』、『International Productivity Monitor』 32号（2020年春）所収より引用

そこで非常に不正確で不公平な尺度であるにもかかわらず、労働生産性が経済パフォーマンス全体を評価する基準とされがちだ。この傾向は慢性的な過剰投資を生む。もちろん重厚長大型製造業の全盛期には、業界大手による過大投資になりそうな投資が、むしろ画一的な製品の製造コストを下げ、他社の市場シェアを食ってますますその企業の成長が促進されるという結果オーライになりがちだった。

だがサービス業主導の現代経済では過大投資は過大投資のままで、いつか減損会計を適用すべき余剰設備になる可能性が高い。そうした間違いを避けるためには、労働生産性ではなく全要素生産性を尺度に使うべきだ。投入した労働量だけではなく、投入した資本の量と質もきちんと勘定に入れた上で、どの程度生産量が上がったかを見る指標だからだ。それが上のグラフになる。

このグラフを見ると、日本経済が他の３経済圏より目立って悪いパフォーマンスをしたことは第二次世界大戦以後一度としてなかったことがわかる。１９５０～80年代まではあまりにも良かったので、それに比べると１９９０年代以降がパッとしないのは事実だが。

それにしては労働生産性の実績が悪い。これは無理な投資を積み上げて見かけを取り繕うほど、巨大企業や大手金融機関がずる賢くなかったからだ。

日本経済の回復は不定期・非正規労働の待遇改善で

ただし労働力年齢人口が下がっていることがこれだけ騒がれているにもかかわらず、労働参加率が下がり気味なのは気がかりだ。明らかに勤労報酬を押し下げて、日本経済全体の活気をそいでいる。次ページの表は、前のグラフと同じデータを生産要素別に分解して数値で示したものだ。

いちばん下の日本部分の、労働時間にご注目いただきたい。１９７３～95年でも１９９５～２００５年でも年率換算で０・６％ずつ下がっている。このうち１９９５年までの下落は実質賃金も順調に上がっているので、あまりあくせく働かなくてもよくなったという余裕の下げだが、その次の20年間の下げはそれほど余裕のある下げではない。

むしろ、たとえば女性の不定期・非正規労働者などのあいだで、もっと働きたいけれどもあまりにも賃金が低いので労働時間を増やす気にならないという人が多かったのだろう。それでなく

4大経済圏の成長要因別年間平均成長率推移

1890〜2015年

	アメリカ					
	1890〜1913	1913〜1950	1950〜1975	1975〜1995	1995〜2005	2005〜2015
GDP	3.8	3.3	3.5	3.2	3.4	1.4
資本の深化	0.6	0.5	0.7	0.2	0.6	0.5
人口	1.9	1.2	1.4	1.1	1.0	0.8
就業率	0.5	0.0	0.1	0.8	0.1	-0.5
労働時間	-0.4	-0.9	-0.4	0.0	-0.2	-0.1
全要素生産性	1.3	2.5	1.8	1.1	1.8	0.6

	イギリス					
	1890〜1913	1913〜1950	1950〜1975	1975〜1995	1995〜2005	2005〜2015
GDP	1.7	1.3	2.9	2.4	3.0	1.0
資本の深化	0.2	0.4	1.2	0.9	0.6	0.4
人口	0.8	0.3	0.5	0.2	0.4	0.6
就業率	0.1	0.3	0.0	0.0	0.7	0.1
労働時間	0.0	-0.8	-0.6	-0.5	-0.3	0.0
全要素生産性	0.5	1.2	1.8	1.8	1.6	-0.1

	ユーロ圏					
	1890〜1913	1913〜1950	1950〜1975	1975〜1995	1995〜2005	2005〜2015
GDP	2.4	1.0	5.1	2.5	2.0	0.6
資本の深化	0.5	0.4	1.6	1.0	0.5	0.6
人口	0.8	0.4	0.7	0.3	0.4	0.4
就業率	0.0	-0.5	-0.2	-0.1	0.8	-0.1
労働時間	-0.3	-0.5	-0.7	-0.6	-0.4	-0.3
全要素生産性	1.4	1.2	3.6	1.8	0.7	0.2

	日本					
	1890〜1913	1913〜1950	1950〜1975	1975〜1995	1995〜2005	2005〜2015
GDP	2.5	2.2	8.2	3.7	1.1	0.5
資本の深化	1.6	1.1	2.3	1.6	1.0	0.4
人口	1.1	1.3	1.1	0.6	0.2	-0.1
就業率	-0.4	-0.5	0.4	0.3	-0.4	0.0
労働時間	-0.3	-0.5	0.0	-0.6	-0.6	-0.3
全要素生産性	0.5	0.7	4.4	1.7	0.9	0.4

原資料：Bergeaud、Cette、Lecat共著、2016年論文、同アップデート版
出所：Antonin Bergeaud=Gilbert Cette=Remy Lecat共著、『Total Factor Productivity in Advanced Countries: A Long-Term Perspective』、『International Productivity Monitor』32号（2020年春）所収より引用

とも日本の雇用人口比率（全人口に占める就労中の人口の比率）は、アメリカと比べると大幅に低かった。次ページ上段のグラフが示すとおりだ。

アメリカでは2001年の64・5％でピークを打って、直近でも60％近い水準を維持している。日本は1997年に53％でピークを打って、直近では50・5％にとどまっている。これは絶対に日本人が働くことを嫌っているからではない。それどころか日本人はたとえ無給でも働きたがる国民性を持っている。次ページ下段の表に目を転じていただきたい。

ご覧のとおり日本は報酬のある仕事の労働時間でリーダーであるだけではなく、無報酬・ボランティアの仕事でもリーダーなのだ。ここまで働くことの好きな日本人がそれでも労働時間を圧縮するというのは、いったいどれほど待遇や労働環境の悪い仕事が増えているのかと思う。

企業はムダに利益を拡大したり、内部留保や手元流動性を積み上げたりせずに労賃を上げ、労働環境を改善することにそのカネを遣うべきだ。それがサービス主導・消費主導のこれからの経済を活性化させる王道なのだから。

「いや、それでは株主が承知しない」とおっしゃる企業経営者にぜひうかがいたい。巨額投資のための資金調達がいっさい要らなくなり、たまの資金需要はクラウドファンディング程度で十分満たせる世の中になったとしても、それでも株主のご機嫌を取り結びたいと思いますか？

そして株式投資家の皆さまには「どうせ延々と縮小していく市場なんだから、早めに手仕舞っておいたほうがお得ですよ」とも申し上げておく。

日米雇用人口の対総人口比率
1980～2016年

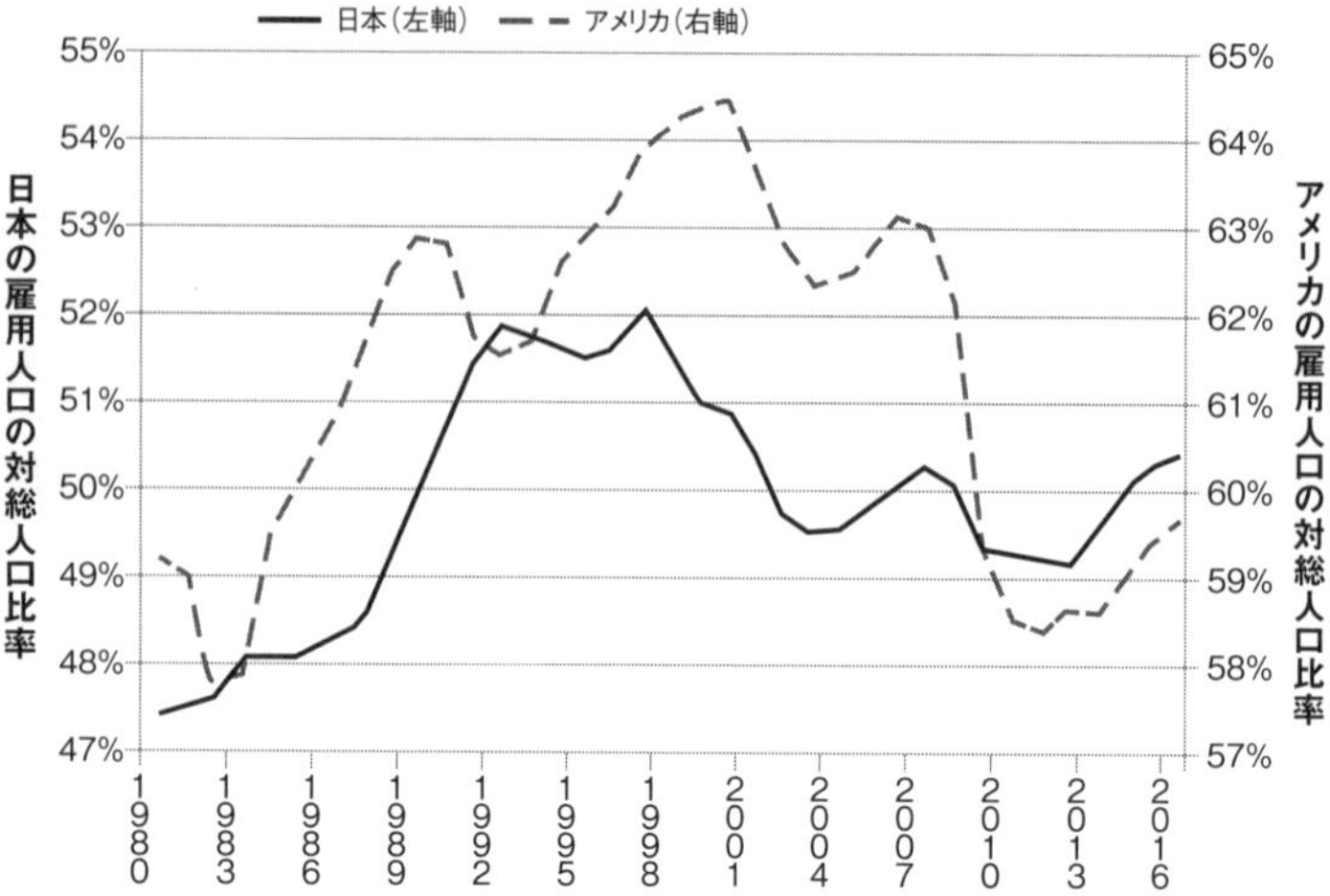

出所：ウェブサイト『Real Investment Advice』、2018年7月6日のエントリーより引用

活動分野別投入時間リーダー国

活動分野	最長時間投入国	1日当たり投入時間(分)
報酬のある仕事	日本	326 (約5時間半)
教育	韓国	57
家族の世話	アイルランド	61
家事	メキシコ	187 (約3時間)
買いもの	ドイツ	32
その他報酬のない仕事・ボランティア	日本	98 (約1時間半)
睡眠	南アフリカ	553 (約9時間)
食事	フランス	133 (約2時間)
パーソナルケア	フランス	107 (約1 時間45分)
スポーツ	スペイン	42
イベントに参加	アイルランド	42
友達と会う	南アフリカ	82
テレビ・ラジオ	アメリカ	148 (約2時間半)
その他レジャー (宗教活動、市民の義務、目的を特定せず)	ノルウェー	154 (約2 時間半)

出所：ウェブサイト『Visual Capitalist』、2020年12月11日のエントリーより引用

第8章

地球には今、江戸時代が必要だ！

日本の農民は昔から勤勉なら豊かになれる環境にいた

江戸時代の日本人のことを現在の東京である江戸で生まれ育った人たち、つまり江戸っ子と区別するために江戸人と呼ばせていただこう。決して江戸時代の都市に住んでいた町人や武士たちだけではなく、地方に住み農林漁業を営んでいた人たちもふくめて江戸時代を生きた人たちだ。江戸人はなるべく資源を節約しながら、豊かに暮らすすべを身につけた人たちだった。

江戸時代に関連して「農業」とか「資源節約」とか書くと、条件反射のように「地主や悪代官にいじめられ、最低の生活水準で年中働きづめでやっとこさ生きていけるだけの食べものにありつける、かわいそうな農民たち」を思い浮かべる人が多い。貧農史観というやつだ。

たとえば「江戸時代の農民にとって白米は年に一、二度祝いごとのときだけ食べられるごちそうだった」とか平然と書いている人もいる。もし人口の約8割を占めていた農民が白米を食べられなかったら、彼らが収穫した膨大な量の米はいったいだれがどうやって消費していたのか、考えたことがあるのだろうか。

もちろん武士や町人が毎日3人分か4人分の米を食べていたわけではない。食べきれない米を全部日本酒にして呑んでいたとしたら、江戸時代の武士や町人は大変な酒豪揃いということになる。輸出していたわけもない。

彼らは日本の農民たちもヨーロッパの農民たちと同じように、王侯貴族に余剰生産物の大部分を奪われ、戦争のたびに慰みものとして虐殺されつづける哀れな人々だと思いたいだけなのだ。まあ、もっと悪質な欧米崇拝論者はヨーロッパの農民があんなにかわいそうな身分だったのだから、日本の農民はそれよりさらに悲惨だったに違いないと思いこんでいるようだが。

もともとヨーロッパは地盤も固く、地下水脈も貧弱な農業に向かない土地が多い。重い犂《すき》を馬に牽かせて掘り起こしタネを蒔いたら、あとは雨水が適度に降ってくれるのを待つだけだ。降水量は少ないので、収穫量が激減するほど雑草が生い茂ることもない。丹精してもサボっても収穫量はほとんど変わらないのが、中世から近世までのヨーロッパ農業だった。

この点で日本の農業が気候風土上の適合性から、水田稲作を中心に発展してきたことの影響は非常に大きい。ヨーロッパのように岩盤がそのままむき出しになった風土では、初期には牛、馬具が発達してからは馬に重く大きな犂を牽かせて地面を掘り起こさなければ種を蒔いても発芽しないほど植物の生育に適していない。

逆に播種をして芽が育ち始めたら、それから収穫期まではほとんど重労働を必要としない。だから大農場主が奴隷や農奴を使役して大規模経営をするのに適している。

日本の農業はまったく違う。まず今でも大陸プレートが移動しつづけているし、ひんぱんに地震が起きるので、しょっちゅう攪拌《かくはん》されているから地盤が軟らかい。水脈も豊富だし、川という川がヨーロッパの土木技師には流れのゆるやかな滝と言われるほど高低差が大きいので田んぼ一枚一枚に水を回しやすい。

粒子の細かいドロ地が多いので、畦《あぜ》を固めて水田の水を保つにもあまり大規模な土木工事を必要としない。冬はそうとう寒くなる地域は豪雪になることが多いので、雪が積もっているあいだは地中の温度を氷点前後に暖かく保ってくれる。こうした条件すべてが、畑で麦を栽培するより種籾《たねもみ》1粒当たりの収量がはるかに多い水田稲作農業に有利なのだ。

さらに初夏を始めとして米を育てている最中に大量の雨が降ることも多い。これは雑草が繁茂しやすいことを意味する。だから日本の稲作農業では播種、田植え、収穫以外にも、夏の暑い盛りにひんぱんに草取りをする必要がある。サボれば収穫が減るし、勤勉にやれば収穫は増える。

増えた収穫のほとんどを巻き上げるつもりで奴隷や農奴に鞭《むち》を打っても、いい加減に手抜きをしてやるから、あまりうま味はない。だが増えた収穫のほとんどが農民のものになるとすれば、農民は精を出して田の草取りに励む。勤勉に働くと得をする、すばらしい農業環境なのだ。

戦国末期には日本の農民は教育水準も高く勤勉になっていた

宮崎克則著『逃げる百姓、追う大名』を読むと、戦国末期から江戸時代初期に大名たちのあいだで自分の領地から逃亡した農民を他国の大名とお互いに返還し合う協定が結ばれていた事実に遭遇する。一村丸ごと他国領内や山の中に逃げこんで耕作放棄をする「逃散《ちょうさん》」ではなく、個人や核家族レベルでより良い生活条件を求めて他国領に逃げる農民のことを当時「走り百姓」と呼んだ。そして戦国末期から江戸初期にかけて、日本中の大名たちが走り百姓の誘致合戦をくり広げた。

たとえば住宅地の年貢を免除したり、家そのものを無償供与したり、農地についても当初3年間は年貢を免除したりして、少しでも多くの走り百姓を自国領内に取りこもうとしたのだ。また他国領に走った百姓を取り戻すことにも力を注いでいた。

室町幕府時代の管領家の流れを引く細川氏の領地では1621年に他国との境界に帰国を勧める高札を建て、その高札には「いかなる罪科でも免じる」（同書、60ページ）から帰国するようにとまで書いてあった。戦国末から江戸時代への大転換期に細川家の当主だった細川忠興《ただおき》は、最後の室町将軍足利義昭に仕えた人だ。のちに織田信長、豊臣秀吉、徳川家康と、つねに天下人に寄り添って領国を拡大した政界遊泳術に長《た》けた武将だった。

と同時に、走り百姓については「走らせ損、取りどく」と言い切り、施政方針としては「国に人を多く」（ともに同書、73ページ）をスローガンとして民政にも手腕を発揮した大名だった。細川家で家訓のように継承されたこの積極的な人口拡大志向は、たんに「人口は多ければ多いほど良い」ことではなかった。

たとえば年貢が軽いとか、商人として事業を起こしやすいとかの理由で、他国から領民を呼び寄せて経済発展を図る大名もいれば、そんなことには無頓着《むとんちゃく》な大名もいる。また年貢を重くすれば領主としての取り分が増えるという単純な発想で、農民を追い出してしまう拙劣な領国経営をする大名さえいただろう。

農民はたとえうわさ程度でもそういう他国の情報を収集して、少しでも自分の置かれた境遇を豊かにしようという自主的な判断力を育て、そのほうが得だと思えば他国領に「走って」いった。より良い環境を求めて自主的な行動を取れる賢い領民を他国から呼び寄せ、他国に出ていった領民の帰国を促す優遇措置を取るのは、そういう賢い領民こそ自分の領国を繁栄させる基盤になるという判断があったからだ。

日本の庶民は室町時代に飢餓を克服していた

世界中どこでもいったん農業が入りこんだ地域では、比較的短期間のうちに農耕専業民が圧倒的な多数派となって、狩猟・漁労・採集経済を衰退させる。自然なままの風土には、人口を安定的に増加させるほどの食料を恵む力がなかったからだ。

ところが日本の縄文時代後期には、約3000〜4000年間にわたって両者が併存していた。しかも農業は、狩猟・漁労・採集活動の実入りが悪かったときの安全弁的な副業程度の位置づけでやっていたようだ。そして、さまざまな食材を混ぜ合わせて煮込むとできるだし汁のうま味についての認識も縄文時代からあったと言われている。

奈良時代には昆布やかつおをだしとして使った記録が残っている。さらに室町時代後期、すなわち戦国時代には昆布やかつおといった特定の食材ではなく、普通名詞としての「だし」が料理に関する文献に登場する。

これが世界史的に見てどれほど例外的な事態だったかは、はるかのちの明治大正期になってから、日本の栄養学者たちが次々にグルタミン酸やイノシン酸などのうま味成分の抽出に成功したとき、欧米の化学者たちが「この世にうま味などという味は存在しない」と否定しつづけたことでもわかる。

世の中に単品で満腹感を与えられる食材は食料油、バター、ラード、ヘットなどの油脂、砂糖、ブドウ糖などの糖、そして和だしの3種類しかないという。そのうち油脂と糖は高カロリー食材だが、和だしはほとんどゼロに近い低カロリー食材だ。

日本料理研究家の多くが日本人はひもじさをなんとかごまかさなければならない時期が長く続いたので、これさえすすっていれば十分なカロリー補給がなくても満足感を味わえるように和だしを開発したのだろうと推測している。

だが、ほんとうに飢餓に直面する機会が多い人たちにとって空腹感は手に入る食物はとにかく食べておけという重要な危険信号だ。これをごまかしたりしたら、餓死者が激増してしまう。

はるかに自然なのは、日本人全体として室町時代後期には食べ過ぎないうちに満腹感を得るための工夫として和だしが発達していたという考え方だろう。そして世界中のどこよりも早く日本で低カロリーでも満腹感を味わえる食材が開発されていた。この事実は一般大衆ベースで見て日本人がいちばん早く、飢餓より飽食が危険な栄養状態に到達していた証拠だろう。

江戸時代には周期的に飢饉《ききん》による大量死があったことを無視する暴論だと、お怒りの向きもあるかもしれない。だが狩猟・漁労・採集経済や初期農業経済には、飢饉による大量死はない。土地に大量死を出すほど大勢の人間を養う力がなかったからだ。自然災害や農作物の疫病さえなければ、かなりの人口を支持することができるまで農業が発展した状態になって初めて飢饉が深刻な問題になるのだ。

そして室町時代から一般庶民のあいだにも趣味嗜好、あるいは流行に応じて食材や味付けを変えるという、ヨーロッパの農民などには想像も及ばないようなぜいたくが浸透していた。当時の日本の大衆の消費水準の高さを示唆するエピソードがある。柳田友道という微生物学者が戦前はごくふつうだった各家庭で買っておいた鰹節を必要に応じて削る作業を近年見かけなくなったが、その代わりに復活したものがあると指摘した次の文章だ。

室町時代からあったといわれる「花鰹」のような「削り節」が広く出回るようになった。

（柳田『うま味の誕生』、128ページ）

削り節は絶対に一握りの富裕層に売りさばくだけで商売になるほど、客1人当たりの売上高が大きくなる商品ではない。大勢の消費者がいなければ、とうてい成立しない商売だろう。

しかも料理をうまくすることはできるが、それ自体で人間が生存を維持するために必要とするカロリーの補給にはほとんど貢献しない。そういうぜいたくな食材が、日本では室町時代からちゃんと商品として成立していたというのだ。

戦国末期から江戸時代初期のごく短い期間に入りこんできた天ぷら、金平糖、カステラといった料理や菓子が、その後連綿として食べつづけられてきたのも、多様性のある食文化を支える生活の基盤が庶民のあいだに確立されていたからだろう。天ぷらにいたっては、徳川幕府の神経質なまでの火災予防対策として「常設店で揚げものを調理することを禁ず」というお達しもあって庶民が気軽に屋台で食べられるファストフードになっていた。

帝国主義時代になってから、ヨーロッパ列強が征服した地域の料理を植民地支配の戦利品のひとつとして自国に取りこんだ例はある。イギリスの中華料理やインド料理、フランスの東南アジア料理がその典型だ。

だが遠い異国の料理を平和な日常生活の中で庶民が食べつづけて、ついには自国の伝統料理に組み入れてしまった例はめったにないだろう。日本の天ぷらと中国の麺の製法をマルコ・ポーロが持ち帰って始まったという伝説のある、イタリアのパスタぐらいのものではないだろうか。

フランスの農業経済学者であり人口学者だったジョゼフ・クラッツマンが執筆した『百億人を養えるか――21世紀の食料問題』は1983年に原書が出版され、1986年に邦訳版が出ている。

クラッツマンはこの本で「二八〇〇キロカロリーを必要かつ適切なDES（食事エネルギー供給

量）として、世界人口のうち一〇億人は食べすぎ、四〇億人は栄養不足で、満足できる食料消費をしているのは日本人だけだ」（荏開津典生『「飢餓」と「飽食」――食料問題の十二章』、1994年、講談社選書メチエ、104ページより重引）と書いていた。

これも日本国民全体として、飢餓から解放されたのが早かったからこそできたことではないだろうか。

江戸中の辻という辻がコンビニだった

さて徳川初期三代ほどの将軍たちは、ふたつの課題に直面していた。ひとつはすでにお伝えしたとおり、「元和偃武」を空虚なスローガンに終わらせないために、武士が町人を威嚇しないようにさせることだった。もうひとつは、のちにほぼ間違いなく世界最大になる江戸という巨大都市を建設するために日本全国から集まってきた職人たちの食をどう確保するかだ。

この課題もまた、幕府はみごとに解決した。職人たちが寝泊まりする江戸中の長屋の辻（四つ角）という辻をコンビニに変えてしまったのだ。もちろん実売店舗が出現したわけではない。いかにも需要のありそうな時間帯を狙って、両端にさまざまな商品を乗せた天秤棒《てんびん》を担いだ零細商人棒手振り《ぼてふ》りがひっきりなしにやって来る。彼らが日常生活のためのたいていの買いものを、家で待っているだけでできるようにしてくれたのだ。

長屋の辻々が便利なコンビニで、ところ狭しと看板が

出所：飯野亮一『居酒屋の誕生　江戸の呑みだおれ文化』（ちくま学芸文庫、2014年）、56ページより引用

これは幕府がやらせたというより、ビジネスチャンスをとらえた零細商人の営業を妨害せずに容認しただけだろう。だが世界中のほとんどの国の権力者は、何かしら口実をつくっては庶民が働いて稼いだ収入をピンハネしようとする。徳川幕府は零細商人の上前をはねるようなマネはしなかった。これは特筆にあたいする。

その結果、江戸の辻々がどんなに便利で賑《にぎ》やかな場所になったかを絵と文章でご紹介しよう。

ちょうどまん中あたりで長屋の向かい合った路地に入っていく人も、そのすぐ下の人も、左下の上半身だけ描かれている人も棒手振りだ。なお壁、柱、軒にところ狭しと貼られ、ぶら下げられている看板にもご注目いただきたい。

街は美感が大事とおっしゃる方は「日本の街は江戸時代から広告宣伝で汚されていたのか」とお嘆きだろう。おおあいにく様だが、私は見ていて美

ウィリアム・ホガース画『ジン横丁』

出所：小林章夫・齊藤貴子『諷刺画で読む十八世紀イギリス　ホガースとその時代』（朝日選書、2011年）、口絵2ページより引用

しいより住んでいて便利な街のほうが好きだ。

そこでどんなものが売り買いされていたかは、中野三敏著『江戸文化評判記』から、私のつたない現代語訳でお読みいただこう。

遠出をしなくても、松江名物スズキの奉書焼も食べられるし、西陣織も買うことができる。口がさびしいなあと思ったら、生肴《なまざかな》を売る声がする。夕飯を食べてさて一服と思ったころに、箱に刻みたばこを詰めたたばこ売りが来る。病気になったら医者も多いし、体が汚れたら近くに銭湯もある。行灯《あんどん》を点《とも》そうとすれば、「油、油」と売り歩く声が聞こえてくる。煎茶を淹れようとすれば、「薪、薪」と売りに来る。味噌や塩も小口で買える。酢醤油なら1銭ずつから売ってくれる。酒は鳥が鳴きはじめる明け方から、次の日の夜明け前まで、小僧が「御用、御用」と売りに来る。（同書、21〜22ページを現代語訳）

こんなに便利な生活を送れる大都市が世界中探しても、ほかにどこにあっただろうか。ヨーロッパはまったく問題外だ。

家という家でおまるに溜めておいた糞尿を夜中に2階、3階の窓から道にぶちまけていたのだから、町中に糞尿の匂いが立ちこめている。これはロンドンだけの話ではない。糞尿垂れ流しではパリのほうが本場と言っていい。ルイ十四世がベルサイユというい なかに新宮殿を建てたのは、パリに充満する糞尿の匂いに耐えられなかったからだとの説もある。だが、そのベルサイユもトイレがひとつもない宮殿だった。

そして下層階級の人間は、強い酒でも呑まなければやっていられない過酷な長時間労働をさせられた。仕事帰りに家までたどり着けずに、道端にとぐろを巻いて寝ているのもざらに見かける光景だった。

大都会という概念は江戸時代の日本で生まれた

人間が利便性や消費生活での選択肢の多さから「自分は大都会に住んでいる」と感ずるようになったのは、どの時代のどこでのことだったのだろうか。室町時代後半の京、大坂、堺ではまだそこまで行っていなかっただろう。しかし江戸時代の京、大坂、江戸のどこかで絶対にそういう認識が芽生えていたはずだ。次の2枚組の絵をご覧いただきたい。

大津絵の都会的なセンスは、そもそも大都会（おおつえ）だから

いなせな江戸っ子（『大都会《おおつえ》ぶし』）

出所：（左）クリストフ・マルケ『大津絵　民衆的諷刺の世界』（角川ソフィア文庫、2016年）、219ページ、（右）倉田喜弘編『江戸端唄集』（岩波文庫、2014年）、120ページより引用

まず左側だ。これは江戸時代中期以降に東海道有数の宿場町大津周辺で安上がりの土産《みやげ》ものとして売られていた大津絵を、大正時代に楠瀬日年《くすのせにちねん》という人がなるべく原版に忠実に刷り直したものの1枚だ。

大盃になみなみと注がれた酒を呑んでいる鼠《ねずみ》に、眼をらんらんと輝かしながらも猫が親切そうにつまみの唐辛子を差し出している。盃の内側、唐辛子、猫のたすきとひょうたんのひも、そしてひょうたんの口に鮮烈な朱色を使った以外は地味な色でまとめている。ピカソが大事にコレクションに入れていたのも、これと同じ原版から刷ったものだったらしい。うまい話にはご用心というわけだ。

これがいなかの粗末な土産ものなので色数も少なく、大胆なタッチになってしまった絵だろうか。もっとはるかに都会的なセンスを感じないだろうか。なお工房が大津にあったわけでもなく、大津だけで売られていたわけでもないので、大津絵という名前

の由来にも諸説あるらしい。

だが大津の宿が京と江戸を結ぶ東海道と大坂に行く道との分岐点だったことを考えれば、大津絵は大都会の絵だったと考えるのが自然ではなかろうか。江戸時代の三都、江戸、京、大坂で形成するYの字の要に位置するところだから、都会風にしゃれていて、しかも安上がりな土産もの用の絵を大津絵と呼んだのだろう。右側には、まさに大都会と書いて「おおつえ」と読ませていた証拠となる絵を添えておいた。

下に「いなせな江戸っ子『大都会《おおつえ》ぶし』」と注釈がついている。提灯を持ち、鉢巻をきりりと巻いた火消しの兄いの背景には、次のような端唄の文句が書きこまれている。

江戸の華　名物は　白魚に　浅草海苔
みやこ鳥　回向院　御免の大相撲
盛り場は　両国山下で　吉原
意気地は　里の花
紫は　高踏で　押し出しゃ　良いが
主によう似て　醒めやすい
荒気《あらき》の売り手も　初鰹
向こう鉢巻き　ありりゃん
龍吐《りゅうと》で　出がかかりゃ

上へ水道《すいど》の水で　産湯を使って
育ったおかげにゃ　負けるが嫌い

やっぱり大津絵は大都会の絵でしょう。

なぜ江戸時代の存続は見果てぬ夢だったのか

こうして見てくると、政治社会制度は江戸時代のままで、海外貿易だけを解禁するというかたちでは何か不都合なことがあったのだろうかという疑問が湧いてくる。そのほうが庶民にとって、ずっと幸せな近代を迎えられたのではないかというわけだ。実際、そういう視点から原田伊織のように明治維新完全否定論を唱える人もいる。

江戸時代を全面的に賛美する原田は「新政府のリーダーに成り上がった開化主義者や新しく生まれたエリート層が江戸期武家社会の倫理観や武家らしい佇まいというものからほど遠かった」(『三流の維新　一流の江戸』、112ページ)と述べている。

残念ながら幕末維新期の約60年も前から、3000石から7500石取りの旗本大身たちの立ち居振る舞いは、明治維新期の成り上がりリーダーたちよりもっと武家の佇まいからかけ離れたものに成り下がっていた。

1787年に3000石の番頭《ばんがしら》、水上美濃守《みののかみ》のところに、同僚の旗本たち7人が押しかけた。芸者を呼ぶ、高級料亭から高い仕出しを取る、はては飯椀に脱糞し、湯呑に放尿するという乱暴狼藉《ろうぜき》を働いた。この年はフランス大革命が勃発する2年前に当たる。

子どもではない。立派な社会人のはずの連中だ。それまで大事な使者役をワイロで決めていたのを番頭としては新参の水上にとがめられて、意趣返しをしようとやったことだった。そして打ち首はないにしてもひとりぐらいは切腹させられたかと思うと、首謀者2人が免職の上出仕停止で、あとの5人は出仕停止だけだった。

こういう手合いが旗本番頭、つまり親衛隊警備隊長を仰せつかっていて、それでもその後60年ぐらいは破綻を見せなかったのはたしかに驚異的だ。だが徳川幕府は絶対に近代国民国家同士の総力戦を戦う国民軍を創設できる組織ではなかった。

西暦0年前後の権力集中から分散への混乱期も、1000年前後の混乱期も、日本は外交謝絶でやり過ごした。2000年前後の混乱については、17世紀初頭という早い時期からお断り申し上げていた。そのころから約250年は無事に済んでいた。

こちらが辞退すれば、欧米列強のほうも強引に乗りこんできて植民地にしてしまうなどというむちゃをするだけの軍事力も輸送力も持っていなかったころの話だ。残念ながら、そういう時代は19世紀半ばには終わっていた。

強引に力尽くでも押し入って来ようとする相手には世界から消えて、権力の集中・一元化の時期をやり過ごし、権力の分散・多元化の時代が来るのを待って再登場するという手が使えなくなったのだ。250年あまりの太平の世に慣れた「庄屋仕立て」の徳川幕府には、どう頑張ってもこのピンチを突破する力はなかった。

国民皆兵の軍隊をつくるとか、しっかり税をとるといった国民の大部分の負担を増やすために必要な制度も財源も持っていなかったのだ。冷静に考えれば、日本にはやはり明治維新が必要だったと結論せざるを得ない。そこを見極めて「尊皇攘夷《じょうい》」から「尊皇倒幕」に踏み切った、幕末維新期の日本人たちは偉いと思う。

17世紀初頭の徳川幕府は、自国の方針だけで厳重な管理貿易を貫くことができた。だが19世紀半ばの欧米列強による「必要とあらば武力占領も辞さず」という開国圧力は、軽税・軽装備を貫きつづけた徳川幕府にとうてい抵抗することができないほど強かったのだ。この点については水谷三公の名著『江戸は夢か』が、こう明快に分析している。

近代戦の遂行には、軍隊や武器弾薬の装備・強化だけでは足りません。というより、全国一元的な徴税・財政制度と全国民を対象にした動員体制なしに、いくら武器弾薬を買い込んでみても、近代戦は続けられません。そしてこのふたつは、ついに「封建」江戸体制には無縁でした。

（水谷、176ページ）

さらに深刻な問題として、兵農分離による、「国民意識」の稀薄さもあります。尊皇と佐幕の戦争を、弁当持参のリクリエーションとばかり、のんびり見物しかねない庶民の態度が、明治政府にとってどれほど深刻な問題だったか、今日では想像が困難なくらいです。

（同書、177～178ページ）

つまり幕末から明治維新にかけての日本国民は、近代国家なき市民社会を選ぶか、市民社会なき近代国家を選ぶかという選択に直面していた。そして徳川幕府はアダム・スミスの理想とした夜警国家に非常に近い、市民生活を守るための最小限の統治しかせず、かなり自由な社会を実現した国家だった。

レストランのメニューから食べたい品を選ぶように選べるものなら、よっぽどの権力亡者でもないかぎり、だれもが近代国家なき市民社会を選んでいたことだろう。だが迫りくる帝国主義列強の脅威は、その選択を許さなかった。市民社会なき近代国家を選ばざるを得なかったのだ。

武力を行使してでも独立を守らなければならないとすれば、軽税・軽装備国家からの脱却はほぼ不可能とわかっている徳川幕藩体制を維持するよりは、できるかどうかわからなくても薩長連合政権にやらせてみようということになった。これは、いたし方ないぎりぎりの賭けだったのだろう。

江戸時代の持続が日本の植民地化を招いたであろうというのは推測に過ぎない。だがこの推測が当たっていたであろうことは、ほぼ確実だ。最後の将軍徳川慶喜は最初から最後まで、武力行使に消極的だった。

彰義隊のような少数の例外をのぞけば、旗本・御家人軍団の士気はあまりにも弛緩《しかん》していた。

かといって、あそこまで平和な文化が爛熟《らんじゅく》していた江戸時代の農民や町人を突然兵士に変えようとするのも非現実的だった。

江戸時代の農民は明治期よりずっと軽税で済んでいた

日本では田植えから刈り入れまでの酷暑の時期にひんぱんに田の草取りをしないと、収穫量が伸びない。真夏の田の草取りはどんなに厳格な監視人が鞭をふるっても、伸ばした収穫量のかなりの部分を自分が収得できるというインセンティブがなければ、とうてい耐えられないような苦渋労働だ。

だから日本では、大地主が大農場で奴隷や農奴を使役する農業生産様式はまったく発達しなかった。たとえ大農地を集積した地主でも、実際の農作業は一軒の農家で経営できる程度の規模に割り振って小作に出すという生産様式が定着した。

ともに田中圭一著になる『日本の江戸時代』（1999年、刀水書房）と『百姓の江戸時代』（2000年、ちくま新書）には先入観にとらわれずにすなおに地方《じかた》・村方文書《もんじょ》を読むと、こんなに新鮮な江戸時代像が浮かび上がってくるのかという驚きに満ちている。

たとえば徳川幕藩体制下で農民がいかに圧政と重税に苦しめられたかの象徴のように持ち出される「五公五民」という表現は、農作物の5割を年貢に取られてしまうので農民の手元には5割しか残らないという意味ではないと田中は断言する。

わたしは本書で、「五公五民」というのは、事実として、地主と小作との分け前であることを明らかにした。

つまり江戸時代の小作人たちは、地主と収穫を折半していたのだ。そして小作人にはこの半分がそのまま残るが、地主は日本全国の平均で収穫量の3割強に当たる年貢を自分の取り分の中から納めるので、手元に残る取り分は2割弱となる。

（『日本の江戸時代』、247ページ）

もし自営で農作物を育てずに農地を小作人に貸し出すだけだったら、最低3〜4軒の小作人に貸さなければ、平均的な小作人並みの収入さえ得られなかっただろう。江戸時代までの日本の農業ではいかに労働の地位が高かったか、いかに農地というかたちを取った資本の地位が低かったかを雄弁に物語っている。

そして明治初期に農民反乱が激増したのは、地租が農地評価額の3％になるか、2・5％で収まるかといった些末《さまつ》な問題が原因ではなかった。江戸時代には実測よりはるかに狭く査定されていた検地帳記載の公式農地面積が、耕地整理事業によって実測値に統一されたことが最大の原因なのだ。上越市の老農の証言を引用しておこう。

（地主の）旦那さんたちが進めたのは耕地整理事業でした。いままで二畝歩とか三畝歩とか図面にのっていた田んぼが耕地整理によって一反にもなってしまったのです。このことによって地主は面積が増加して利益を得、小作人は大打撃をうけました。おおやけの生産高と実生産高が同じになってしまったのです。

（同書、127ページ）

読者の中には、なぜ江戸時代のうちに幕府の天領とか、有力大名の領地とか、旗本の知行地とかで検地帳に記載された農地面積を実測値に合わせて、年貢収入の飛躍的増大を図るという手が使われなかったのかを疑問に感ずる方もおいでだろう。だがそれは机上の空論だ。

高橋敏著『江戸村方騒動顚末記』などを読むと、徳川幕府の地方・村方行政は徹底した「民事不介入主義」に貫かれていたことがわかる。民事不介入というよりは、「触らぬ神に祟りなし」という表現のほうが適切なのではないかと思うほど農民同士のもめごとをなんとか当事者間で丸く収めてほしいという願望がにじみ出ている。

ようするに幕府も有力大名も、農民のあいだで不満が爆発したら、それを抑えきるほどの権力機構も、警察力も、軍事力も持っていないことを十分自覚していた。だからこそ農民からの年貢にしても、商人からの運上金《うんじょうきん》にしても、取り分は低率でも農民や商人をなるべく自由に働かせて、その増収増益からの低率税収を選んだほうが得策だと判断していたのだ。

重税・重軍備国家への転換は大きな負担だった

明治維新後の日本は、公平に考えて兵役でも租税負担でも徳川幕府よりはるかに重くなった世界だった。突飛なようだがこの変化を象徴する分野が化けもの・妖怪の世界だ。江戸時代の妖怪

名だたる妖怪たちが、鳩首協議の図
恋川春町画、1776年刊

出所：香川雅信『江戸の妖怪革命』（角川ソフィア文庫、2013年）、41ページより引用

は、どちらかと言えば憐憫《れんびん》や嘲笑《ちょうしょう》の対象だった。
アメリカ独立戦争勃発の年、1776年に描かれた『其返報怪談《そのへんぽうばけものばなし》』の挿絵の1枚だ。伝統的に妖怪たちの親玉とされている見越《みこし》入道を中心にろくろっ首やら一つ目小僧やらが、狐に化かされて恥をかかされたことにどう復讐するかを協議している場面だ。

とは言っても自分の妖怪の世界での地位を「化物本」始まって以来そういうことになっているとか、自分は『今昔《こんじゃく》物語』にも出てくる由緒ある妖怪だとか言っていて、ちっとも迫力がない。これでは狐ほども人間が怖がってくれないのも無理はないと思える。しかも怖がらせようと思っている相手は、「箱根からこっち（江戸側）は野暮と化物なし」と豪語するほど世俗的になっている江戸っ子なのだ。

結局、狐たちとの和議は成立したが、相変わ

「妖怪」豆腐小僧
北尾政美画、1788年刊

出所：香川雅信『江戸の妖怪革命』（角川ソフィア文庫、2013年）、49ページより引用

らず人間にはバカにされつづけるという結末になっている。「妖怪たちの不在を表明することわざがしきりに用いられるようになる。もはや妖怪たちの居場所は現実世界にはなかった」（香川、45ページ）という時代になっていた。

祟りも呪いもせず、いたずら程度の悪ささえしない連中がいた。豆腐小僧がその典型だろう。なんの悪さもせずに、ただただかわいい豆腐業界のマスコットとして存在していたのが豆腐小僧だった。ほかにも酒呑み小僧とか業界ごとにいろいろマスコットキャラクターがあって、それは完全に娯楽、愛玩の対象としての妖怪たちだった。

ところが明治維新を過ぎると、また妖怪たちが怖くなる。ふつうの仕事で食べていた人たちが、兵隊にとられたからといって突然見ず知らずの人と命を懸けて戦えと言われたら「はい、そうですか」と割り切れるはずがない。この不条理をなんとか納得するための理由をこしらえなければならない。

何万年ものあいだ、ふだんは優しいのに突然牙をむく自然災害とは付き合ってきたので自然災害はストレスの対象ではなかった。だが見たこともなければ、名前も知らない、ことばも通じない、恨みもない相手と突然命のやり取りをしなければならないのは大きなストレスだった。

そこで再登場したのが、理由もわからずいきなり人間に取り憑《つ》いて悪事を働く妖怪たちだったのだろう。彼ら、明治時代にコワモテぶりを取り戻した妖怪たちは、見も知らず、当然恨みもないよその国の兵士たちと命がけで戦わなければならなくなった日本の大衆が不条理を不条理のまま受け入れるために必要な心理的メカニズムとして日本に戻ってきたのだ。

1980〜2030年の転換期は、日本人がふたたび不条理な妖怪の存在を信じたくなるほど悲惨な環境になるのだろうか。そうなる可能性はかなり低いと思う。

メインシナリオは、戦争もどきは起きるが戦争は起きない世界だ。そこでは経済力が高くて最先端の兵器を使える強国は、それだけで不利になる。戦場で勝つより、同情を買った側が勝利する戦争なのだ。

今、我々の目の前に展開されているアメリカ軍のアフガニスタンからの撤退の過程でさらけだした醜態が、その事実を思い知らせてくれる。戦争はもう負けるが勝ちの世界に入っているのだ。この撤退作戦をトランプが指揮していたら、もうちょっと手際は良かったかもしれない。だが、どう転んでも不細工な退却戦にしかならなかっただろう。

戦争は絶対に起きないか

サブシナリオがないわけではない。たとえばアメリカでは「地球温暖化教」「再生可能エネルギー教」「コロナ教」といった新興宗教の信者たちと、真正キリスト教徒たちの反目は宗教戦争の様相を呈しはじめた。人口より民間で持っている銃器の数のほうが多い国だから、武装闘争になったら悲惨なことになる。永遠不変の真理と永遠不変の真理がぶつかり合う宗教戦争は、負けるが勝ちの戦争もどきにはなりそうもない。

それればかりではない。両派のどちらが勝っても、勝者は日本を不信心者の巣窟と見なすだろう。これは客観的に見ても事実なのだから、しかたがない。彼らが日本を排撃の対象とするだけなら、逃げ回っていればいい。殲滅の対象としてきたら、残念ながら戦うしかないだろう。

それでも私は楽観している。250年続いた太平の世のあとで、日本国民はわずか1世代で近代国民国家と国民軍の創設が不可避だと悟った。そして見も知らぬ他国民と闘うことは、江戸時代に憐憫と嘲笑の対象だった妖怪が祟りや呪いをもたらす魔物に先祖返りするほどのストレスだったが、このストレスを耐えなければならない試練としてしのぎ切った。

そして「昔のままの太平の世を返せ」という非現実的な運動は、ほとんど国民の支持を得られなかった。ほんとうに戦わなければならないときには、日本人だって戦うのだ。

OECD諸国：輸出の対GDP比率
2018年

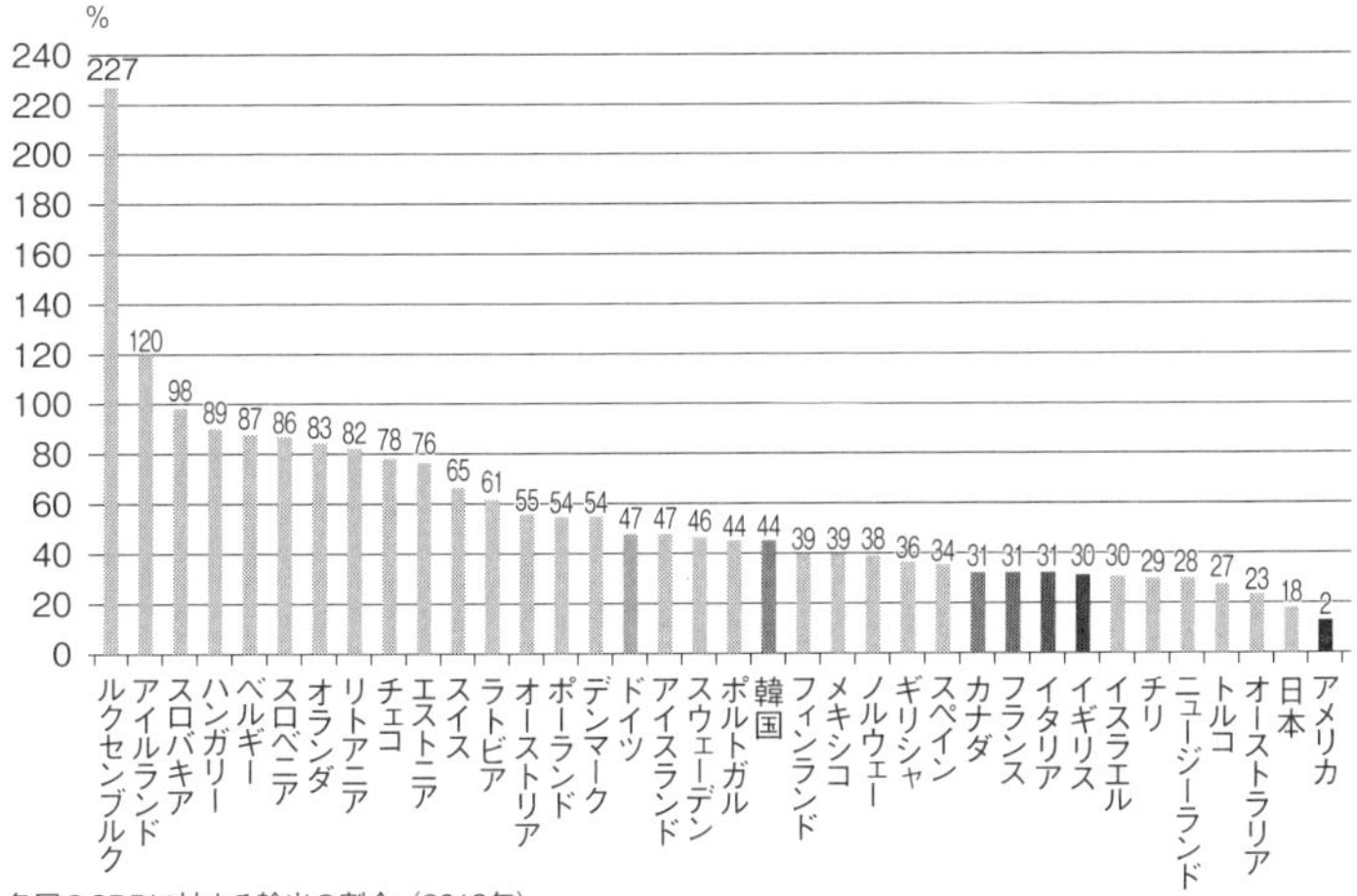

各国のGDPに対する輸出の割合（2018年）
原資料：OECD統計データを基にMONOist主宰者、小川由貴が作成
出所：ウェブサイト『MONOist』、2021年8月2日のエントリーより

とはいえ先方が世界制覇を目指さないかぎり、日本は逃げ回りながらなるべく平常どおりの経済活動を続けていればいい。そんなうまい話があるのかとお疑いかもしれないが、これはあると断言できる。あまりきちんと認識されていないが、日本は先進諸国の中でアメリカに次いで輸出依存度の低い国だ。

これは最近だけの現象ではない。日本の輸出比率は、高度経済成長のころから一貫して低かった。もちろん輸出競争力が弱かったからではない。先進諸国の中で2番目に広くて深い内需市場を持っていたから、安売りをしてまで海外市場を開拓する必要がなかっただけのことだ。

日本経済はもともと内需主導

基本的に日本の貿易は、どうしても工業製品造

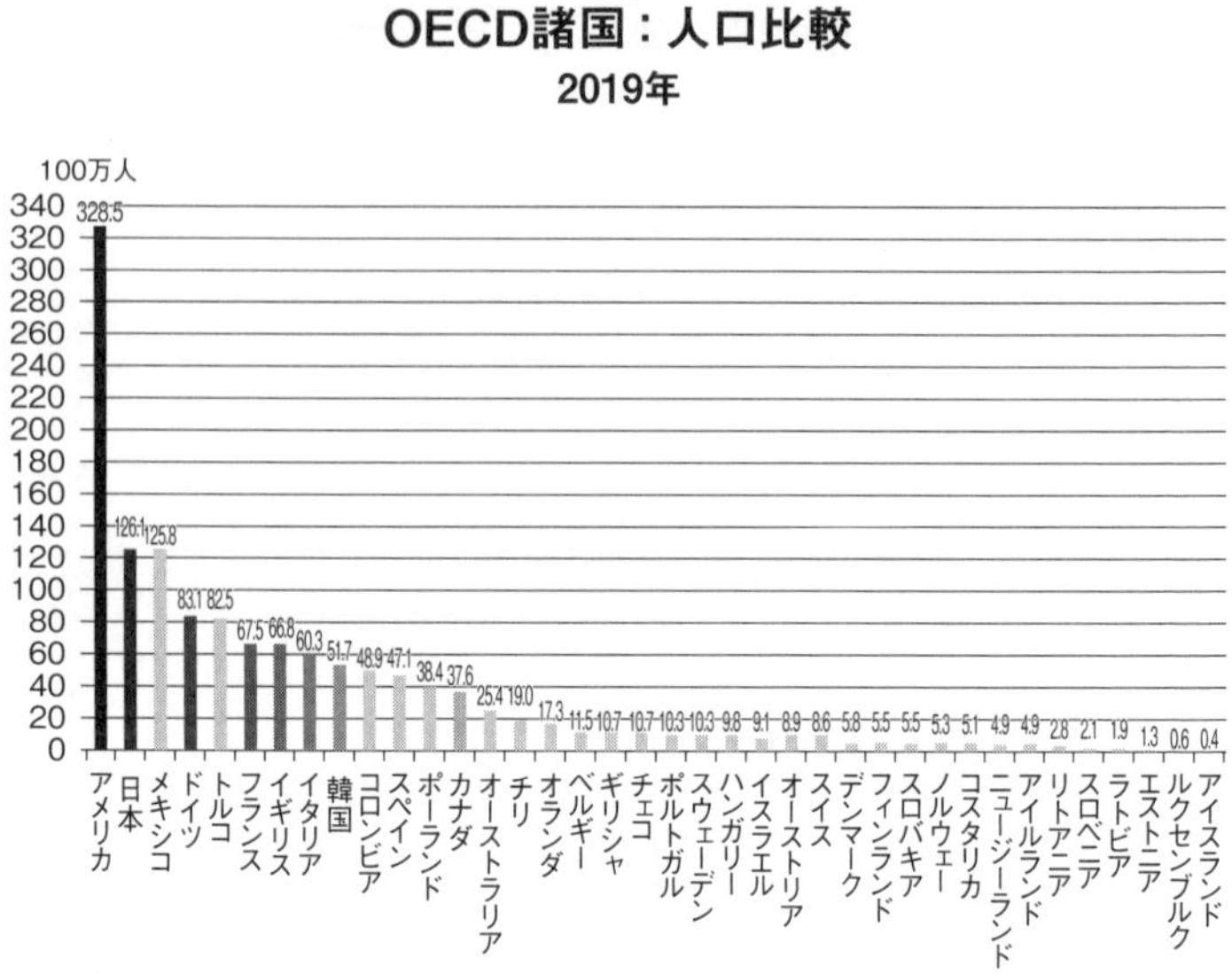

OECD諸国の2019年の人口
原資料：OECD統計データを基にMONOist主宰者、小川由貴が作成
出所：ウェブサイト『MONOist』、2021年5月17日のエントリーより

りに必要な金属資源やエネルギー資源を輸入するための外貨を輸出で稼げれば、それで十分という構造をしていた。金属資源にしても、エネルギー資源にしても、アメリカから買わなければ他国からは調達できないというものはほとんどない。

さらに最近では（金融）所得収支、つまり海外から稼ぐ配当・金利マイナス海外に支払う配当・金利の黒字が莫大な金額で安定している。だから貿易収支はそうとう大幅な赤字になったとしても、まったく困らない。

また日本の場合、これだけ大きな人口が首都圏、近畿圏、中部圏の3ヵ所にかなり集中している。今後のサービス主導経済には非常に重要な、狭い地域内に多種多様な商品・サービスを売る店が密集しているから、消費者にとって選択の幅が広がる。

さらに欧米諸国のように、公共交通機関の乗車率が「コロナ前」の20％とか30％とかに減ってしまったということがほとんどない。ひとつには公共交通機関の利便性が高いから、あまり乗車率が激減しないのだろう。もうひとつはマスコミなどは欧米並みに騒いでいるが、日本国民には何につけてもひとつの見方を狂信する人があまりいないので、密を避けろと言われても本気で人間が密集しているところにはまったくいかなくなる人もほとんどいないのだろう。

もうひとつ、サービス主導経済にとって好材料がある。それは、日本人はかなり早くから国民経済の成長より個人の幸福を選ぶ傾向が顕著だったことだ。今からちょうど50年前、1971年に出版された田中靖政著『現代日本人の意識』は、当時の日本人が圧倒的に国民経済の成長より個人の幸福を重視していたことを示している。

人間は、何が国民経済を成長させるかなどわからない。だが何が自分の趣味にあっているかはわかる。趣味にあったモノやサービスを買いつづけることが、結局は経済全体を成長させることになるだろう。そして日本のサービス経済が成長するにあたって上値余地は大きい。

アメリカのように利権団体がロビイストを通じて政治家を籠絡してやりたい放題の値上げをしている国は論外だ。だが逆に日本のサービス価格は、あまりにも低迷しすぎている。今後も需要さえついてくれれば、かなり大幅な値上がりが期待できる。

国の急速な成長と個人の幸福は必ずしも両立しませんが、あなたはもし選ぶとすれば国の成長と個人の幸福とどちらに重きを置きたいと思いますか？

	被験者数（人）	国の成長（%）	個人の幸福（%）	無回答（%）
被験者合計	2828	50.8	47.0	2.2
オーストラリア	190	25.8	69.5	4.7
スリランカ*	157	76.4	19.7	3.8
香港	165	47.9	48.5	3.6
インド	199	85.9	13.1	1.0
インドネシア	160	60.6	38.1	1.3
韓国	206	45.6	51.5	2.9
マレーシア	250	45.2	52.4	2.4
ニュージーランド	152	20.4	78.3	1.3
パキスタン	165	93.3	4.2	2.4
フィリピン	215	67.0	30.7	2.3
シンガポール	172	70.9	26.7	2.3
南ベトナム	100	88.0	11.0	1.0
タイ	180	79.4	19.4	1.1
日本	517	6.2	92.5	1.4

＊：当時の国名はセイロン　原資料：1970年読売新聞調査
出所：田中靖政『現代日本人の意識』（中公新書、1971年）、147ページを若干修正して引用

日・米主要サービス価格推移
2008〜2018年

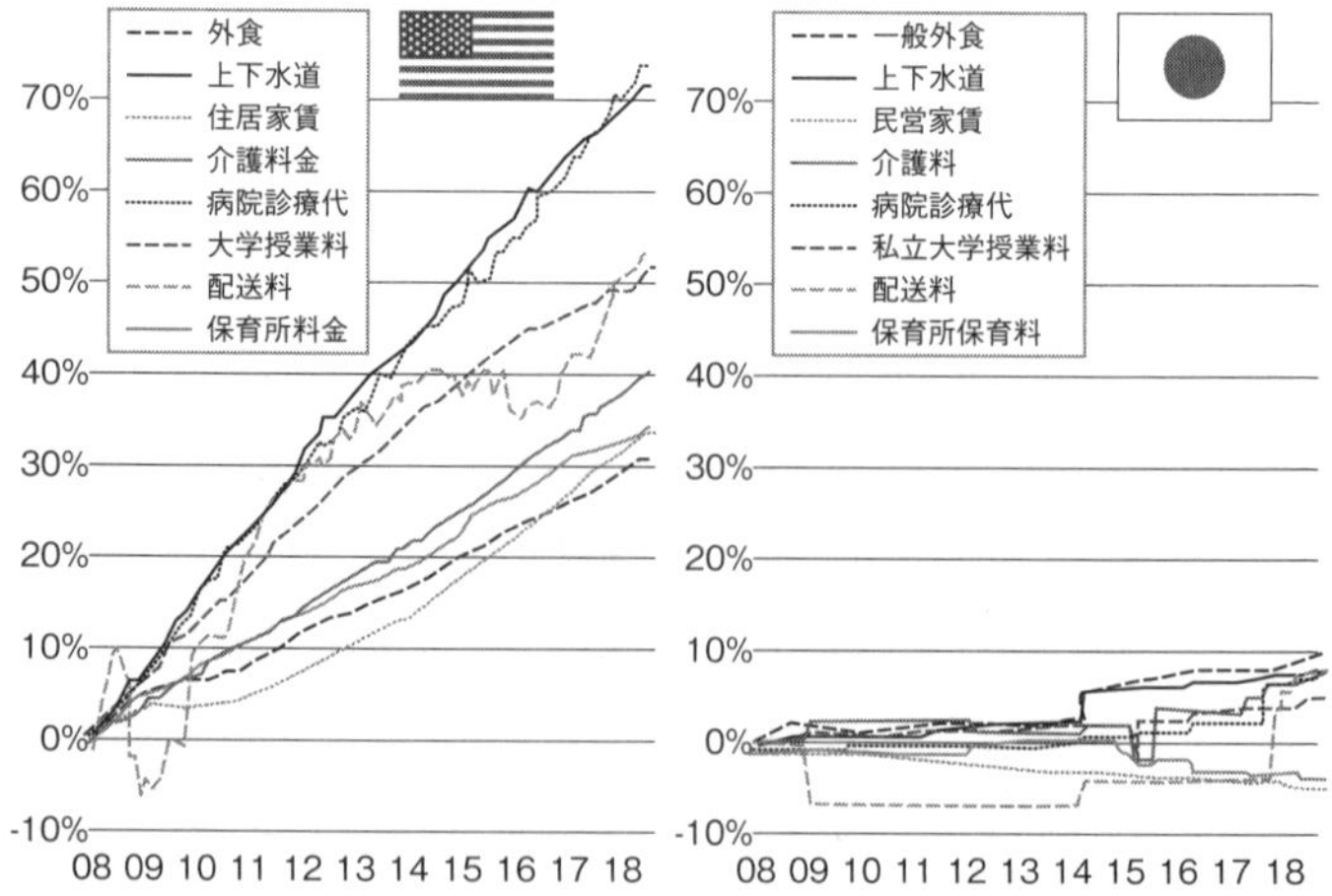

注：2008年年初来の変化率
出所：ウェブサイト『ありがとう投信』、2018年10月11日のエントリーより引用

平和こそ日本最大の無形資産

日本は世界で唯一、縄文時代の約1万2000〜4000年、平安時代の約350年、江戸時代の約250年と、3度も長い平和の持続期間を経験してきた。「戦後の日本人は平和ぼけ」とか「日本は戦争を放棄しても戦争は日本を放棄しない」と言われる。

だが偏見なく世界史を見れば、西欧がその他全世界を支配しようとした過去5世紀間が戦争に次ぐ戦争の「戦争ぼけ」の時代で、異常に多くの悲惨な事態が惹き起こされてきたことがわかる。戦争ができない時代に繁栄を謳歌するのは、世界一長期間にわたって平和がDNAに刷りこまれてきた日本国民だ。ごく最近の平和度指数を見ても、日本は経済大国としてはまれに見る平和な国でありつづけている。

平和度指数は低いほど平和で高いほど戦争、内乱、暴力犯罪などが多い国となっている。ご注目いただきたいのは、人口が1億人を超える国で日本に近い平和度を達成している国はないという事実だ。日本は世界中で権力が集中する時期には世界から「消えてしまう」ほど、権力の集中を避けてきた国だ。だからこそ人口が多くなっても近隣の国々に戦争を仕掛けようなどとしたことがめったになかったのだろう。

これまでのふたつの転換期に権力を自分に集中させようと画策した王侯貴族などのエリートた

トップ20ヵ国、ボトム20ヵ国、G20メンバー国の平和度指数と人口規模、2019年版

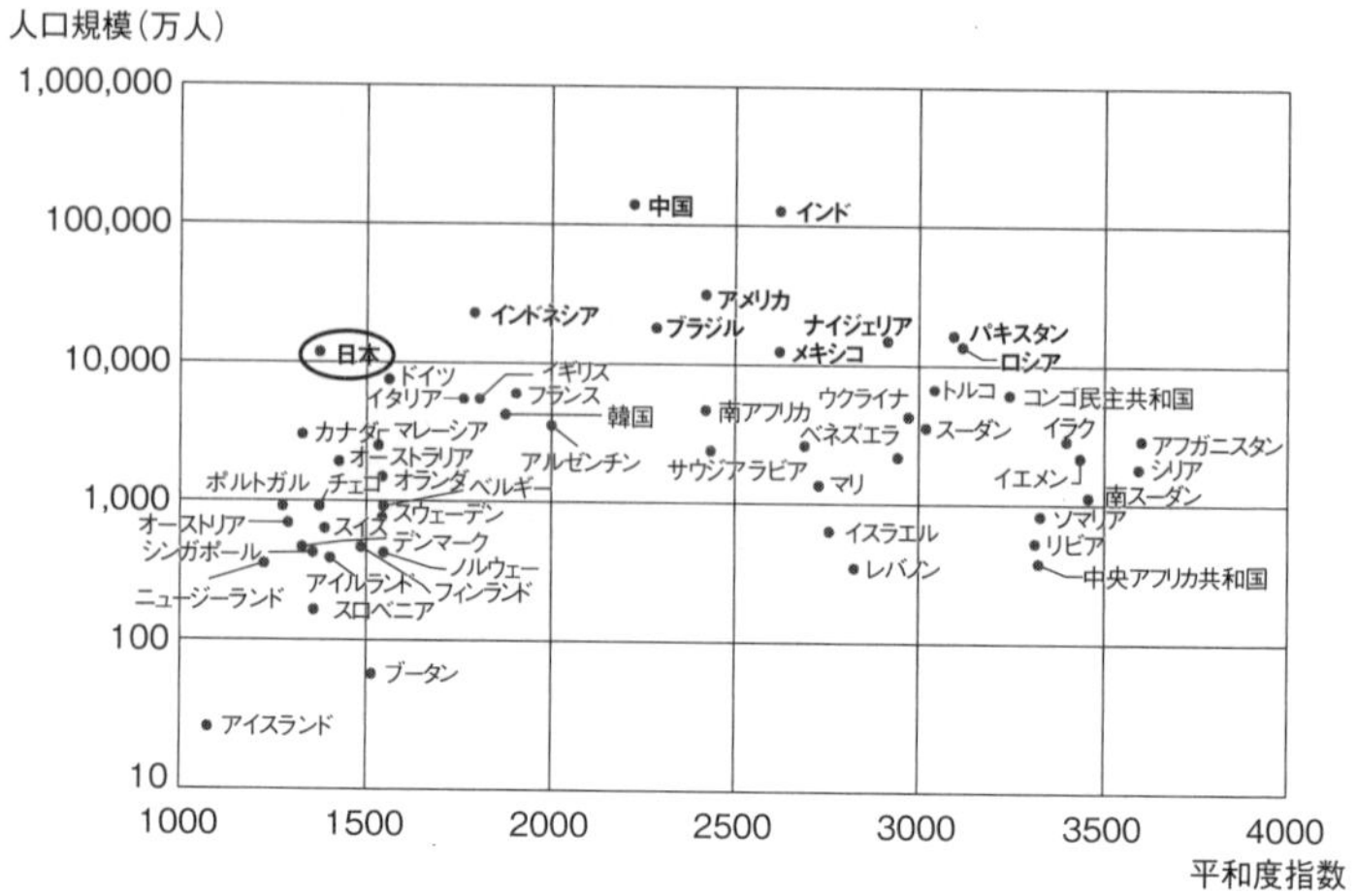

出所：Institute for Economics and Peace、『Global Peace Index—Vision of Humanity』、2019年版より著者作成

ちは、自分が正しいと信じる政策に大衆がついてこられないから、嫌がる大衆を無理やりにでも自分の思いどおりに動かそうとしたので強大な権力を掌握する必要があった。

その正しい方向は近代合理主義であったり、能動的なニヒリズムであったり、平和主義であったりさまざまだが、彼らは自分なりに時代に先駆けて何ごとかをやり遂げようとしていたのだ。先走りすぎて失敗に終わったのも事実だが。

現代世界を支配する知的エリートたちが戦っているのは、重厚長大製造業の天下とともにもう過ぎ去ってしまった、一握りの人間たちに経済権力が集中することに経済合理性があった時代を必死で呼び戻そうとする退却戦だ。かわいそうなことに、これが退却戦だとさえ彼らはわかっていないが。

大衆、とくに日本の大衆はもう一握りの人間に

集中した経済権力など有害無益だと本能的に知っている。

時代を引き戻そうとする力ともっと先に進めようとする力が激突すれば、勝つのは先に進めようとする力だ。その先に待っているのは、カネや資源を浪費せずに豊かな生活ができていた江戸時代の町人の世界だ。

「腹は減っても飢《ひも》じゅうない」はやせ我慢だった。「宵越しのゼニは持たねえ」は負け惜しみだった。だがサービス業主導の経済では、「モノはなくとも貧しゅうない」し、「宵越しのモノは持たない」心意気が、ほんとうの豊かさを築く基盤なのだ。

世界江戸革命のスローガンは3つ。

主義主張より趣味趣向！

反逆より諧謔！

士気より稚気！

これで地球は、平和で豊かで住みやすい世界に変わる。

おわりに

想定外に厚みのある本になってしまったが、メッセージは単純明快だと思う。

なぜか1000年に一度の大きなうねりで、世界中で権力の集中から分散への激変が起きる。最初は紀元前20年から紀元30年、二度目は980年から1030年だった。集中に向かう圧力が強ければ強いほど、分散に転じたときの混乱も大きくなる。

ふしぎなことに日本はこの混乱期に世界史から消えることで、うまく平和を保ってきた。最大の理由は、つねに自然災害と闘いつづけてきた縄文時代に日本人が身につけた戦争回避本能とも言うべきものだろう。

最近の世界情勢を見ると、1980〜2030年も前の2回に負けず劣らず、大混乱になりそうだ。今回はさすがに世界史から消えることができなかったから、危ないと思われる方もいらっしゃるだろう。だが1990年にバブルが崩壊してから日本が経験した「失われた30年」は、時勢に合わせた世界史からの消え方だったのではないだろうか。

そして今回もまた日本は世界各地で起きる混乱の被害を最小限にとどめることに成功するだろう。最大の理由は権力が弱くだらしなく、大衆が強くたくましいからだ。

王莽の派遣した赤眉《せきび》の乱鎮圧軍が大敗した西暦21年から2000年、
神聖ローマ皇帝ハインリヒ二世がノルマン人傭兵を率いて南イタリアを転戦していた西暦1021年から1000年、
神聖ローマ皇帝カール五世がビリャラールの決戦でコムネーロス反乱軍を破った西暦1521年から500年、
2021年9月中旬の吉き日に

増田悦佐

参考文献

書籍・雑誌・年鑑等

- C・アウエハント『鯰絵——民俗的想像力の世界』(岩波文庫、2013年)
- 青柳正規『皇帝たちのローマ——都市に刻まれた権力者像』(中公新書、1992年)
- 阿部珠理『メイキング・オブ・アメリカ——格差社会の成り立ち』(彩流社、2016年)
- 新井政美『オスマンvs.ヨーロッパ——〈トルコの脅威〉とは何だったのか』(講談社学術文庫、2021年)
- 飯塚一郎『大航海時代のイベリア——スペイン植民地主義の形成』(中公新書、1981年)
- 飯野亮一『居酒屋の誕生——江戸の呑みだおれ文化』(ちくま学芸文庫、2014年)
- 井上浩一『生き残った帝国ビザンティン』(講談社学術文庫、2008年)
- 荏開津典生『「飢餓」と「飽食」——食料問題の十二章』(講談社選書メチエ、1994年)
- NHK放送文化研究所編『現代日本人の意識構造〔第五版〕』(NHKブックス、2000年)
- 江村洋『中世最後の騎士——皇帝マクシミリアン一世伝』(中央公論社、1987年)
- 大石慎三郎『天明三年浅間大噴火——日本のポンペイ鎌原村発掘』(角川選書、1986年)
- 大島直行『月と蛇と縄文人』(角川ソフィア文庫、2020年)
- 岡村道雄『縄文の生活誌　日本の歴史01』(講談社学術文庫、2008年)
- 朧谷寿『藤原氏千年』(講談社現代新書、1996年)
- 香川雅信『江戸の妖怪革命』(角川ソフィア文庫、2013年)
- 梶谷素久『大英帝国とインド　Press and Empire』(第三文明社、1981年)
- 加藤謙一『匈奴「帝国」』(第一書房、1998年)
- 加藤隆『『新約聖書』の誕生』(講談社選書メチエ、1999年)
- 笠谷和比古『主君「押込(おしこめ)」の構造——近世大名と家臣団』(講談社学術文庫、2006年)
- 同『武士道と日本型能力主義』(新潮選書、2005年)
- 河合祥一郎『シェイクスピアの正体』(新潮文庫、2016年)
- ジョン・キーガン『戦略の歴史　上』(中公文庫、2015年)
- 菊池良生『神聖ローマ帝国』(講談社現代新書、2003年)
- 倉田喜弘編『江戸端唄集』(岩波文庫、2014年)
- P・J・ケイン＝A・G・ホプキンス『ジェントルマン資本主義の帝国　I・II』(名古屋大学出版会、1997年)
- 小林章夫・齊藤貴子『諷刺画で読む十八世紀イギリス——ホガースとその時代』(朝日選書、2011年)
- 小堀聡『日本のエネルギー革命——資源小国の近現代』(名古屋大学出版会、2010年)
- 小谷野敦『日本文化論のインチキ』(幻冬舎新書、2010年)
- 斎藤修『比較経済発展論——歴史的アプローチ』(岩波書店、2008年)
- 佐原真・小林達雄対論『世界史のなかの縄文』(新書館、2001年)
- 三省堂編修所編『地図対照　世界史年表——改訂増補版』(三省堂、1975年)
- N・P・ジェイコブソン『ジャパン・ウェイ　日本道』(理想社、1977年)
- J・ジェルネ『中国近世の百万都市——モンゴル襲来前夜の杭州』(平凡社、1990年)
- 繁田信一『殴り合う貴族たち』(角川ソフィア文庫、2008年)
- 篠田謙一『新版　日本人になった祖先たち——DNAが解明する多元的構造』(NHKブックス、2019年)
- 島田誠『コロッセウムからよむローマ帝国』(講談社選書メチエ、1999年)
- クルト・ジンガー『三種の神器』(講談社学術文庫、1994年)
- 新保良明『ローマ帝国愚帝列伝』(講談社選書メチエ、2000年)
- 杉山正明『モンゴル帝国の興亡〈上〉——軍事拡大の時代』(講談社現代新書、1996年)
- 周藤吉之・中嶋敏『五代と宋の興亡』(講談社学術文庫、2004年)
- 瀬川拓郎『アイヌと縄文——もうひとつの日本の歴史』(ちくま新書、2016年)
- 関裕二『日本人はなぜ震災にへこたれないのか』(PHP新書、2011年)
- 高橋敏『江戸村方騒動顚末記』(ちくま新書、2001年)
- 高橋富雄『もう一つの日本史——ベールを脱いだ縄文の国』(徳間書店、1991年)
- 伊達宗行『「理科」で歴史を読み直す』(ちくま新書、2010年)
- 田中圭一『日本の江戸時代——舞台に上がった百姓たち』(刀水歴史全書　50、1999年)
- 同『百姓の江戸時代』(ちくま新書、2000年)
- 田中史生『国際交易の古代列島』(角川選書、2016年)
- 田中靖政『現代日本人の意識』(中公新書、1971年)
- 竺沙雅章『征服王朝の時代　宋・元——新書東洋史③　中国の歴史③』(講談社現代新書、1977年)

- 辻善之助『田沼時代』(岩波文庫、1980年)
- 辻達也『江戸時代を考える——徳川三百年の遺産』(中公新書、1988年)
- 角田文衛『平安の春』(講談社学術文庫、1999年)
- 徳川恒孝『江戸の遺伝子——いまこそ見直されるべき日本人の知恵』(PHP研究所、2007年)
- 永積昭『オランダ東インド会社』(講談社学術文庫、1992年)
- 中野三敏『江戸文化評判記　雅俗融和の世界』(中公新書、2011年)
- 中橋孝博『日本人の起源　人類誕生から縄文・弥生へ』(講談社学術文庫、2019年)
- 西川和子『『狂女王フアナ——スペイン王家の伝説を訪ねて』(彩流社、2003年)
- 西嶋定生『秦漢帝国』(講談社学術文庫、1997年)
- 橋口倫介『中世のコンスタンティノープル』(講談社学術文庫、1995年)
- 羽田正『東インド会社とアジアの海　興亡の世界史シリーズ』(講談社学術文庫、2017年)
- 幅健志『帝都ウィーンと列国会議——会議は踊る、されど進まず』(講談社学術文庫、2000年)
- 林道義『日本神話の女神たち』(文春新書、2004年)
- 原田伊織『三流の維新　一流の江戸——「官賊」薩長も知らなかった驚きの「江戸システム」』(ダイヤモンド社、2016年)
- マルクス・シドニウス・ファルクス『奴隷のしつけ方』(ちくま文庫、2020年)
- ハインリヒ・プレティヒャ著・関楠生訳『中世への旅　農民戦争と傭兵』(白水社、1982年)
- ノエル・ペリン『鉄砲を捨てた日本人』(紀伊國屋書店、1984年)
- ヨハン・ホイジンガ『中世の秋』(中公文庫プレミアム、2018年)
- 松田毅一=E・ヨリッセン共著『フロイスの日本覚書——日本とヨーロッパの風習の違い』(中公新書、1983年)
- ピエール・マラヴァル『皇帝ユスティアヌス』(文庫クセジュ、2005年)
- クリストフ・マルケ『大津絵　民衆的諷刺の世界』(角川ソフィア文庫、2016年)
- 三池純正『モンゴル襲来と神国日本——「神風伝説」誕生の謎を解く』(洋泉社歴史新書y、2010年)
- 美川圭『院政——もうひとつの天皇制』(中公新書、2006年)
- 同『公卿(くぎょう)会議——論戦する貴族たち』(中公新書、2018年)
- 三田村泰助『宦官——側近政治の構造』(中公新書、1971年)
- 水谷三公『江戸は夢か』(ちくま学芸文庫、2004年)
- 宮崎克則『逃げる百姓、追う大名——江戸の農民獲得合戦』(中公新書、2002年)
- 村上兵衛『再検証「大東亜戦争」とは何か』(時事通信社、1992年)
- 森公章『遣唐使の光芒——東アジアの歴史の使者』(角川選書、2010年)
- アイヴァン・モリス『高貴なる敗北——日本史の悲劇の英雄たち』(中央公論社、1981年)
- 柳田友道『うま味の誕生』(岩波新書、1991年)
- 山内進『増補　十字軍の思想』(ちくま学芸文庫、2017年)
- 山口修編『ハンドブック年表世界史』(山川出版社、1985年)
- 山田邦明『日本の歴史　戦国時代　戦国の活力』(2008年、小学館)
- 山田康弘『縄文時代の歴史』(講談社現代新書、2019年)
- 弓削達『永遠のローマ』(講談社学術文庫、1991年)
- 夢枕獏・岡村道雄『縄文探検隊の記録』(インターナショナル新書、2018年)
- 義江明子『つくられた卑弥呼』(ちくま学芸文庫、2018年)
- 吉野裕子『隠された神々——古代信仰と陰陽五行』(講談社現代新書、1975年)
- 歴史読本編集部編『江戸おもしろ商売事情——商売に見せた江戸っ子の知恵とたくましさ』(新人物往来社、1995年)

ウェブサイト
- 『ありがとう投信』
- レイ・ダリオ『The Changing World Order:　Why Nations Succeed and Fail』(ウェブ版予告編、2020年7月)
- Institute for Economics and Peace、『Global Peace Index—Vision of Humanity』
- 『MONOist』
- 内閣府防災情報『参考資料　過去の災害一覧』
- US News and World Report、『Best Countries　2021——Global Rankings. International News and Data Insights』
- Wiki Source